日本の街道ハンドブック

新版

竹内誠【監修】

三省堂

はじめに

道は人を運び、物を運び、文化を運び、情報を運ぶ等々、人間の暮らしにとって欠かせぬ多様な機能をもっている。しかし、道が運ぶ人・物・文化・情報などは、地域地域によって決して一様ではない。

日本全国、それぞれの地域には異なる特色がある。自然も歴史もその土地固有のものがあり、産物や文化もその土地独特のものがある。その個性豊かな地域と地域とを結ぶのが道である。したがって道にも、それぞれの道に特色があった。旅の楽しみの一つは、それぞれの街道の異なる特色を、じっくり味わいながら歩くことにあったといえよう。

とくに江戸時代は、一般庶民が旅を楽しむ旅行爆発時代であった。伊勢参りや、四国八十八カ所・西国三十三所・坂東三十三所などの巡拝に、男女を問わず大勢の人びとが旅をした。

そのため、江戸時代には、五街道といった幹線道路のみならず、脇往還なども大いに整備され、宿屋などの交通施設も発達した。『旅行用心集』をはじめとする旅の心得を説いた本とか、旅に関する小説や版画などの出版も隆盛をきわめた。人びとは、日本各地のそれぞれ個性豊かな風物や文化をくらべながら、異文化交流の旅を楽しんだに違いない。

今日、日本列島総都市化の波のなか、日本各地の画一化が進み、地域の特色を喪失しつつある。そのため、それぞれの街道がもつ特色も消えつつあり、道は車が走るものという印象だけが強くなっている。

しかし街道は、やはり人が主役であろう。もちろん車道は車道で必要であることはいうをまたないが、かつての街道は、異文化交流の絆の道として、ゆっくり味わいたいものである。本書を携えての旅が、そのことに少しでもお役に立つとしたら、この上ない喜びである。

二〇〇六年四月

竹内　誠

もくじ

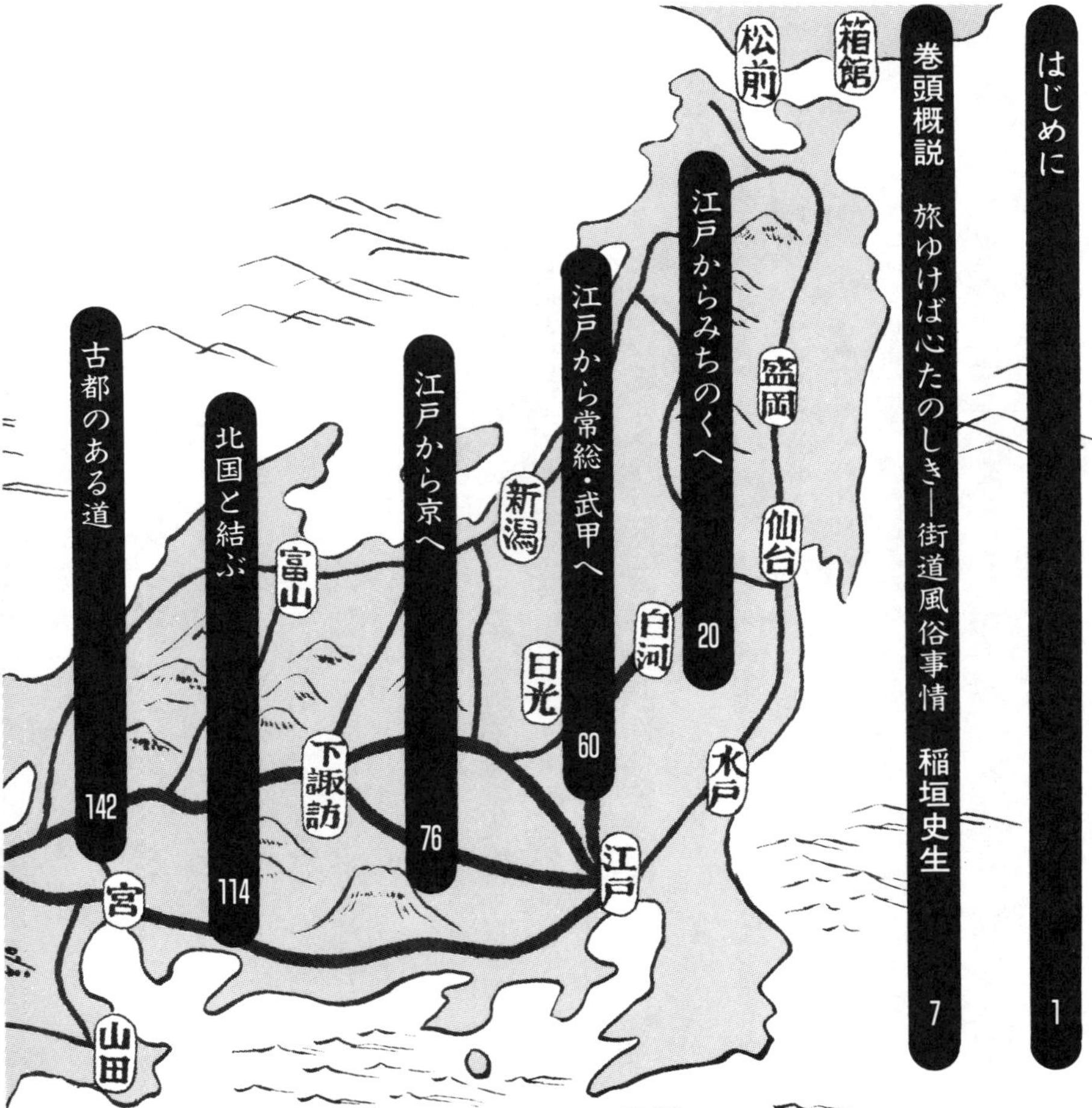

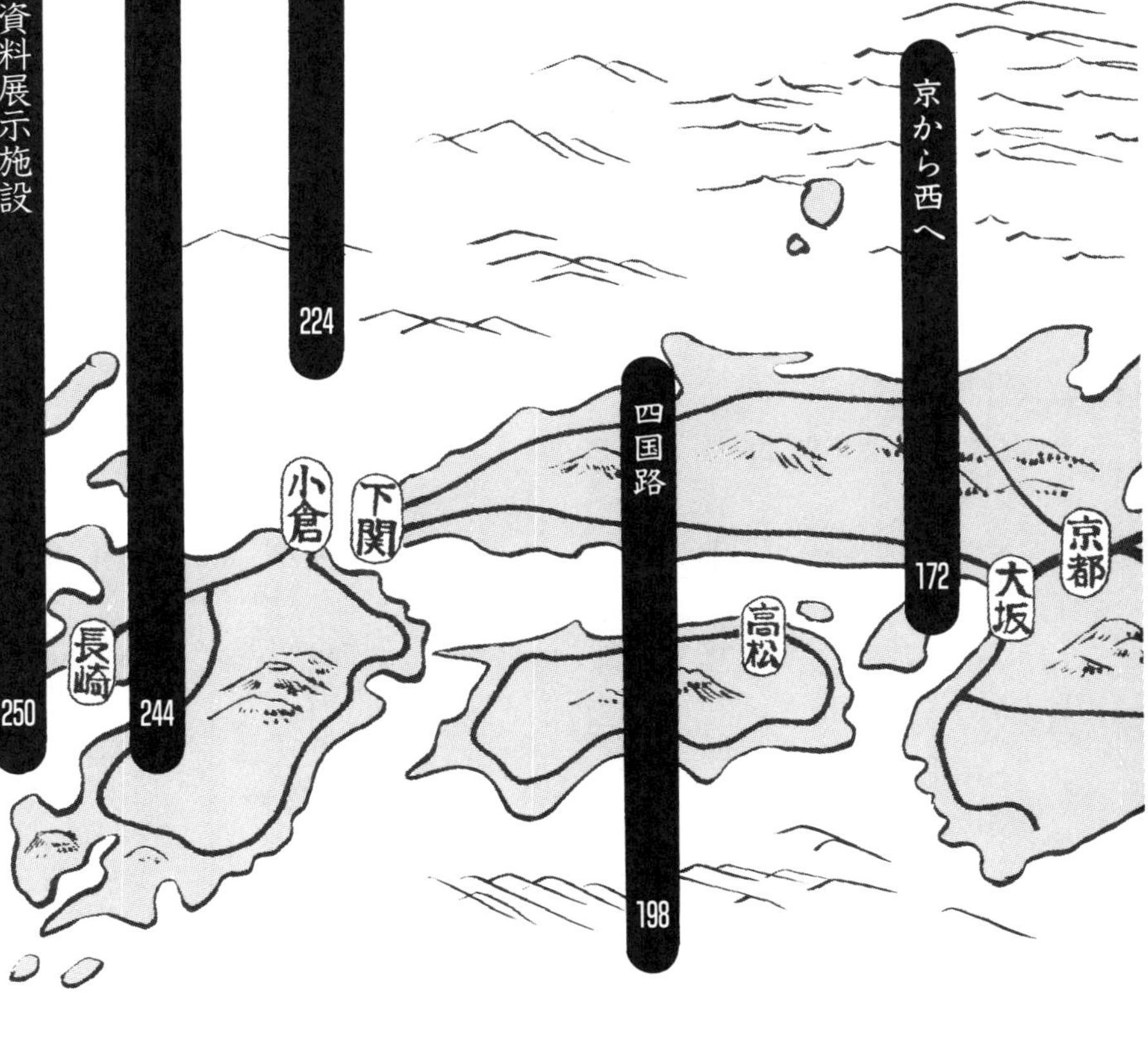

京都
大坂
高松
下関
小倉
長崎

街道一覧

監修●竹内誠《たけうちまこと》

昭和八年（一九三三）東京生まれ。東京教育大学大学院博士課程修了。文学博士。専攻は江戸文化史・近世都市史。現在、江戸東京博物館館長、徳川林政史研究所所長、東京学芸大学名誉教授。著書に、『江戸と大坂』『元禄人間模様』『江戸談義十番』、編書に『近世都市江戸の構造』『江戸東京学事典』『徳川幕府事典』『日本近世人名辞典』など。

巻頭概説　稲垣史生《いながきしせい》

写真●浅野　憲
預幡真一
大矢誠一
岡崎禎広
竹重満憲
矢野建彦
山内住夫
文化工房

資料協力●粟崎八幡宮
石井謙治
木曽郷土館
国立史料館
小学館
彰考館
尻海若宮八幡神社
太地町立くじらの博物館
東京国立博物館
東京都立中央図書館
東京美術
長崎市立博物館
成田山霊光館
南部利昭
松前郷土資料館

編集協力●ブルボンクリエイション
山口　到

巻頭概説

旅ゆけば心たのしき——街道風俗事情

稲垣史生

むかしの旅の苦難と携帯品

徳川幕府は治世の初めから、軍勢の移動と経済動脈として東海道・中山道など五街道の整備を急いだ。大街道では道幅六間《けん》（約一一メートル）、小街道は三間と定め、担当の大名に命じて畳《たたみ》の厚さに砂利・小石を敷きつめさせた。そのため旅が楽になり、江戸時代中期以後いちじるしく交通量を増している。

だが、その整備の目的は政策的なもので、庶民の旅に役立つことは少なかった。大河に橋がなく、山の難所に関所があって旅人をはばむ。雲助《くもすけ》に酒手《さかて》をねだられたし、人通りの多い街道にはスリがふところを狙《ねら》っていた。

芭蕉《ばしょう》は奥州《みちのく》の旅に出るとき、住みなれた深川の芭蕉庵を処分し、『東海道中膝栗毛《ひざくりげ》』の弥次郎兵衛・喜多八（北八）も家を売り、近所の人と水盃《みずさかずき》を交わして旅立っている。むかしの旅はふたたび帰れぬことを覚悟のうえで出たほど、それほど困難と危険に満ちていた。

旅人はこの危険に対し、彼らなりの予防策をとっていた。たとえば携帯品のごときも、まず旅行案内の「道中記」、手拭《てぬぐい》・扇子《せんす》・髪道具・薬など三〇品をあげている。が、その中に麻縄《あさなわ》三筋・刺《さす》刀《が》一本など、ちょっと腑《ふ》に落ちぬものもある。何に使ったのだろうか。

麻縄は道中でも、旅籠《はたご》屋へ着いてからも、濡《ぬ》れたものを乾かすための小道具である。街道でひと休みするとき、松並木の枝から枝へ張りわたして、雨で濡れた合羽《かっぱ》や手拭をかけて乾かしておく。旅籠屋へ入っても柱から柱へ張りわたし、湯手拭や洗濯ものをかけておくのだ。困るのは風呂場で

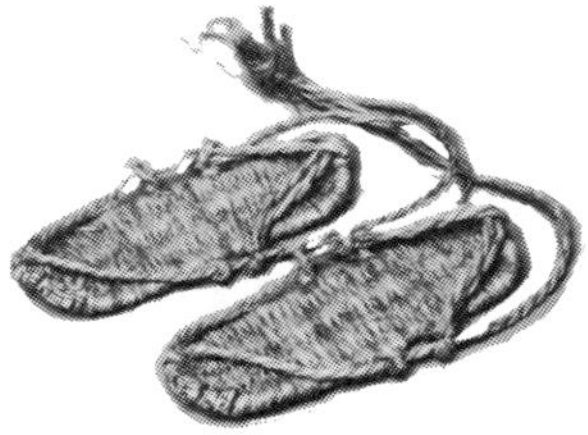

草鞋《わらじ》は常に予備を持参して歩いた

洗った下帯《したおび》だが、これは部屋にかけるのはまずいので、道連れがあるときは綱の両端を持って張り、それに鯉《こい》のぼりよろしく吊るして歩いた。独《ひと》り旅の場合は、棒きれの先にはためかせてゆく。とんだ街道の風物詩だった。

刺刀は組み打ちのとき敵の首を取る短刀で、戦《いくさ》でもないのになぜそんな物騒なものをと思うが、手にとってよく見れば、実は刺刀と見せた金《かね》入れなのだ。柄《つか》を握《にぎ》って抜こうとすると、刀身がなくて鞘《さや》の中はからっぽ、そこに小判や小粒《こつぶ》金をつめていた。説明するまでもなく、おっかない刺刀と見せかけて、中へ金を入れて安全をはかったのである。

路銀《ろぎん》の安全策といえば、そのほかに、旅人は大財布《さいふ》・小財布・巾着《きんちゃく》と三種類も持ち歩いた。大財布には所持金の大部分を入れ、腹巻の奥深くしまいこむ。小出しの金は小財布に入れ、首から吊るして懐中《かいちゅう》に持ったが、さらに小銭を巾着に入れて腰に吊るしていた。そうして腰からぶら下げた方が、切られればすぐわかるので、かえってスリには苦手《にがて》なのである。そこでスリの裏をかき、巾着に小判を入れたりした。

旅商人の木枕《きまくら》も、凝りに凝った持ち物の新兵器である。見たところ平凡な木枕だが、中に小さな引き出しや、仕切りが幾つもついていて、ミニ算盤《そろばん》やミニ楊子《ようじ》、櫛《くし》や鏡や組み立て式の行灯《あんどん》まで入っていた。「枕持参じゃ夜鷹《よたか》みたいだ」と、苦笑しながら商人は持ち歩いたものだ。みな、旅の知恵である。

持ち物のほかに、歩き方でも工夫した。「お江戸日本橋七つ立ち……」は大名行列だが、七つというから午前四時ごろに出発すること。まだ未明で薄暗いが、早く発って陽のあるうち歩くのが旅

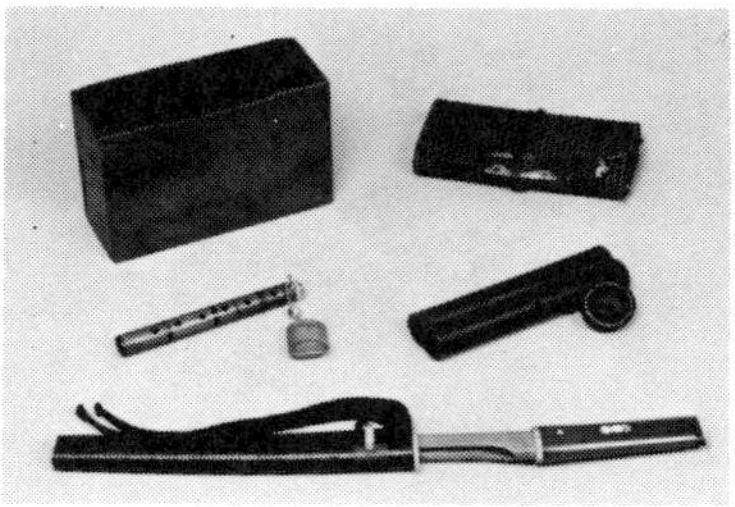

道中用具――上は財布と枕、中は竹製ろうそく入れ(右)と印籠《いんろう》矢立《やたて》(左)下は刺刀型金入れ

人の鉄則であった。つまり、足もとの明るいうちに歩けば、安全であり、長距離をゆくこともできる。所要日数が減って経済的でもある。

いよいよ道中《どうちゅう》へ出たあとは、駕籠《かご》や馬に乗るなら朝のうちという知恵もあった。その方が値段も安く、初めに足を休めておいて途中から歩く。すると目あての宿場が近いので、以後、足がはかどることを知っていた。

夏は馬に乗るべからずともいう。夏馬は臭くて蠅《はえ》をあつめるし、また馬上で眠ってころげ落ちることもあるからだ。

長道中はたびたび休む必要があるが、小休止のあと立つときは、必ず「オンアトミ、ソハカソハカ……」と三度呪文《じゅもん》を唱える。この呪文さえ唱えれば、絶対忘れ物をしないというのである。まこと霊験あらたか……と言いたいところだが、実は呪文が効《き》くのではなく、唱えることが忘れ物へ条件反射するのだから、文句は何だっていいのである。一見ばかばかしい用心集に見えるが、いずれも経験から割り出した貴重な教訓ばかりである。

「追剝《おいはぎ》に逢うたもしるす旅日記」

駅に当たる問屋場と飯盛女

旅人がまず利用するのは、宿場の中央にある問屋場《とんやば》と、その夜泊まる旅籠屋である。

宿場は、小田原や浜松のように城下町が当てられるもの、城下はずれに独立の形でつくられたもの、一村または二ケ村で一宿をなすものなどがある。といっても、何々宿《じゅく》というときは一村全体で

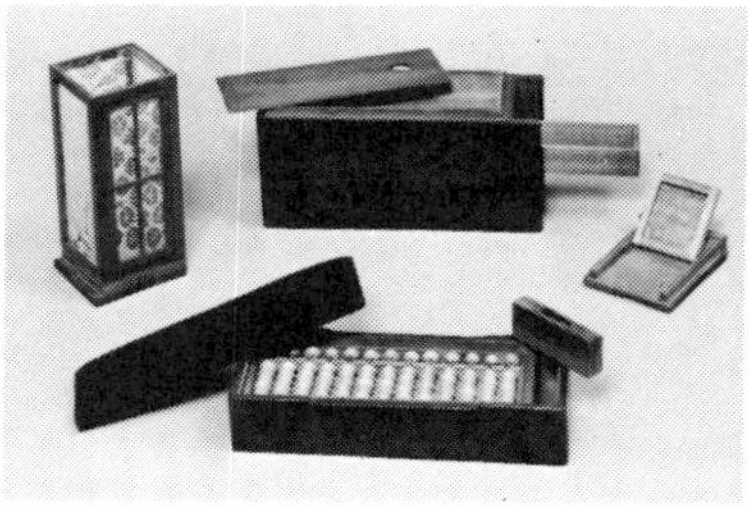

携帯用枕の中には、算盤や行灯、鏡立てまで入っていた

はなく、往還《おうかん》をはさむ家並みの部分だけを指す。宿場の中心部に駅舎に当たる問屋場と、大名が泊まる本陣《ほんじん》がある。あとは街道をはさんで旅籠屋が並んでいるが、それだけで宿場はやってゆけない。酒屋・たばこ屋・薬種屋《やくしゅ》・提灯屋《ちょうちん》・髪床《かみどこ》など、住民と旅行者に必需品を売る店がなければ成り立たなかった。

問屋場の長を問屋役《とんややく》といい、帳付《ちょうつけ》・人足指《にんそくさし》・馬指《うまさし》などを指図して交通の安全と円滑化をはかった。たいてい土地の名望家で、本陣の主《あるじ》を兼ねていた。

問屋場では道路に向かい、店で事務をとるが、その床が高くて人の肩ぐらいはある。約束の馬や人足が揃《そろ》わぬと、侍《さむらい》が怒って往々《おうおう》暴れこむのを防ぐためである。それでも飛びあがって斬《き》りこんできたら、舞台のすっぽんよろしく、どろんろんと床下へ消え失せる仕掛けになっていた。

公用ならぬ庶民の場合は、人足・馬とも強制はできなかった。公定賃銀はあるが名目だけで、客と雲助の相対ずくの交渉になる。江戸時代中期には物価の騰貴《とうき》と、旅行者の急増で公定賃銀をはるかに上まわった。たとえば小田原・箱根間四里八町は、馬が六五〇文《もん》、人足三三一文の定めだが、ふつう二、三倍は吹っかけられた。間《ま》が悪く、やくざな雲助にぶつかると険路だからとほかに酒手をねだられた。

問屋役は本来それを監視する役目だが、東海道では一宿一〇〇人・一〇〇匹《ぴき》、中山道では五〇人・五〇匹の常備を義務づけられているので、やめられるのを恐れて見て見ぬふりをした。

そんな荒っぽく味気ない宿場に、お色気たっぷりで客の旅愁をなぐさめるのが飯盛女《めしもりおんな》である。宿場の盛衰は、もっぱら白粉《おしろい》臭い彼女らの肩にかかっていた。享保《きょうほう》三年（一七一八）名将軍吉宗《よしむね》は、宿場の間接援助のため、飯盛女の名目で売春婦をおくことを許したのである。

「旅籠屋一軒につき二人だけ差し許す。但《ただ》し綿服にて相勤めよ」

と至ってお固い。やぼな木綿《もめん》の着物で男を吸引し、宿場繁盛のため奮闘せよというのだ。が、それはまことに無理な話で、白粉っ気のない女に男どもの集まるわけがない。旅籠屋はすぐ法の裏をかき、表には綿服の女を二人、板戸前へ見本然と出しておいた。

川柳《せんりゅう》の、「杉戸へ二品三品出しておき」がそれ。

ところが裏の蔭店《かげみせ》には、厚化粧の絹物を着た本格派が四、五人もいて、張見世《はりみせ》とおなじに遊客を待っていた。

享和《きょうわ》二年（一八〇二）に東海道を旅した曲亭馬琴《きょくていばきん》は、旅行記『羇旅漫録《きりょまんろく》』の中で吉田・岡崎の飯盛女を次のように書いている、

「ふだんでも相当はでな身なりだが、諸侯に呼ばれて本陣へでもゆくことがあると、一張羅《いっちょうら》の晴れ着を着て出かけていった。そして酒席で三味線を鳴らし、かむろ（曲名）を歌うこともあるが、そのさま絶倒するに堪えたり」

と、芸のまずさに哀れみをこめて書いている。なるほど廓《くるわ》の遊女とは月とスッポン、無教養で泥臭い女たちだった。旅籠屋では彼女らにお粥《かゆ》しか食べさせず、そのため腹が空《す》きっぱなしである。翌朝、客が食べ残した飯をむさぼり喰うのを、唯一の楽しみとした。だから給仕するときは、茶碗《ちゃわん》にうんと大盛《おおも》りにし、わざと客が食べ残すようにした。

宮《みや》宿では海上七里《しちり》の渡しがある。客にお膳《ぜん》を出すと同時に、「船が出ますよー」と番頭に触れさ

一般の武士や庶民が乗用した垂駕籠《たれかご》

せる。客はあわてて飛び出すが、港ではいっこうに船の出る気配がない。そのころ旅籠屋では、ほとんど手つかずの朝飯を、女がうまそうに食べているという段取りだった。

だがそんな飯盛女でも、孤独と緊張ずくめの旅人には、温かい愛情と慰めの、汲めどもつきぬ源泉であった。たとえ金で買う性愛にせよ、索莫《さくばく》たる旅路でどんなに旅人の心をなごませたかしれない。仇討《あだうち》のとちゅう、木曾路の飯盛女と好き合って、敵《かたき》探しを放棄《ほうき》した侍がいるし、一夜の客に請《う》け出されて妻の座についた幸運な飯盛女もいた。川柳も傾城《けいせい》にひっかけて、

「飯盛も陣屋ぐらいは傾ける」

とうまいことを言った。

旅人泣かせの関所と川止め

旅人が泊まりを重ねるうち、やがて引っかかるのが関所である。ここは所定の関所手形がなければ通さない。大名の家族は人質だから、本国へ逃げるのを恐れて、女の検査はとくにきびしかった。

門を入ると面《おもて》番所があり、相対して付属の向番所が建っている。両方とも入母屋《いりもや》造りで番所と土《ど》間《ま》から成り、前後に庇《ひさし》が出ているのは雨の日の配慮からである。面番所まえには高札《こうさつ》と槍立《やりたて》があり、向番所まえには厳《いかめ》しい捕物《とりもの》三つ道具が飾られていた。

門には足軽《あしがる》が二人ずつ、六尺棒を持って立っている。また、面番所では番士が三人、正面に四角な顔ですわっていた。上手《かみて》にいるのが番頭《ばんのかしら》、下手《しもて》のは横目付《めつけ》、また、縁側《えんがわ》寄りには当番の下士一

人が控《ひか》えている。

旅人は恐るおそる、正面番頭のまえに土下座《どげざ》して関所手形を差し出す。それを一見するだけでなく、発行者印が原本《げんぽん》と合致するかどうかを検査する。贋造《がんぞう》の印判を使われると困るので、幕府の留守居役《るすい》をはじめ発行者は、ときどき印形を変えて関所へ送りとどけてあった。

不審《ふしん》があれば、番頭が横柄《おうへい》なことばで旅人を尋問した。旅人は平身低頭して答えたが、芸人は手形がなくとも得意の芸を演じるだけで通してくれた。

問題は女である。寛文《かんぶん》七年（一六六七）の「関所掟」には、

「女は原則的に上《のぼ》り下《くだ》りとも改めよ。町家の妻女は駕籠の戸を開き見るだけでよいが、歴々の女中はあらかじめ宿改めで詳しく調べよ。少女がときどき前髪立《まえがみだて》の少年に化けて通るから注意せよ」

とある。いかに大名家族の逃亡に神経をとがらせていたかがわかる。

女の取り調べと検査には、江戸時代といえども人権尊重で女が当たった。主として番士の妻女が出たが、それがいないときは、近所のおばさんを頼んで検査官になってもらった。これを「女改者《おんなあらため》」または「改め婆」「番女」という。女乗物が来たら改め婆が寄ってゆき、引き戸をあけて中を見、面番所に向かって声高に、「お髪長でございー」「お切髪でございー」と芝居がかりに呼びあげた。瞬間、乗り手は幾らかのチップを、すかさず改め婆の袂《たもと》へすべりこませたという。そうしなければ髪を解かせたり、衣服を改めたり、ときには胸にふれるなどの嫌がらせをした。改め婆には番士でなく中間《ちゅうげん》の女房もいて、あまり品《ひん》のよい役どころではなかった。常時、関所構内の「女改者長屋《ながや》」に詰めていたが、正式の関所構成メンバーとは言いがたい。

低料金で宿泊できた木賃宿

天下のお関所で袖の下がきくとは奇怪だが、江戸時代中期以後は関所規則もいいかげんになって、男なら手形がなくても袖の下次第で役人は大目に見てくれた。たいがい駕籠かきの雲助に頼めば、役人に顔のきく旅籠屋へ案内された。もちろん、その主《あるじ》と雲助へは、相当の斡旋《あっせん》料を払わねばならなかった。

雲助だけの悪知恵で、関所をパスする方法もある。こんな事情で手形がないんだが、何とか骨折ってくれないかと言えば、雲助は気が向けば、「任《まか》しときねえ」と引き受け、駕籠のまま面番所まえを通ろうとする。

「待て。関所手形を改める」と、番士に止められることは言うまでもない。すると雲助はぺこぺこおじぎをして駕籠を下ろすが、そのときすばやく駕籠の前後を逆にしておく。そして頭をかきながら、「すみません。その手形がねえんで……」と恐縮してみせる。とたんに役人は肩を怒らせて怒鳴りつける。

「だめだ。手形がなければ通すこと相成らん」

「へえ。さようで……」と、案外すなおに雲助は納得、駕籠を担《かつ》いで引きさがるのだが、その駕籠は前後逆になっているのだから、関所を抜けてめざす方向へ出てしまうのだ。そのあと、たんまり酒手にありつくことは言うまでもなかった。

「駕籠賃を歯にあてて見る雪の朝」

と、本物の小判かどうか試している。すごい額の酒手ではないか。

道中のいまひとつの障害は、たびたび出合う出水時の川止めであった。東海道では吉田と矢作《やはぎ》に

箱根関所の絵図

大橋があるばかりで、天竜川・富士川・六郷《ろくごう》川は渡し船であり、とくに大河の大井川・安倍《あべ》川・興《おき》津《つ》川・酒匂《さかわ》川などは渡し船さえおかず、徒渡《かちわた》りとした。ざぶざぶ徒歩で川越えするのが原則である。

川越えにも問屋場に相当する「川会所《かわかいしょ》」という公的機関があった。事務長は川庄屋《かわしょうや》といい、川頭《かわかしら》や岡居《おかい》役《やく》を指図して川越客の安全をはかった。実際に働くのは川越え人足で、大井川で四八二人、酒匂川で三一九人が定数、付近の村々へ割り当てたが、希望者もあってじゅうぶんの人数はいた。ここでも雲助ふうの悪いのがいて、高い渡し賃をふっかけるばかりか、中流で肩をゆすって酒手をねだったりするので、すべて運賃はチケット制にした。客は川会所で「渡票《わたしひょう》」を買い、人足を使ったらこの切符で支払った。

ところで問題は川止めだが、水深を、背の高さ四尺五寸から五尺（約一三六〜一五二センチ）の川越え人足を標準として、乳の高さまでを「高水」、臍《へそ》の高さでは「中水」、それ以下は「常水」と言い分けた。川止めはこの常水をもとに、川の大小によって定められていた。

大井川は中水でも人馬を通す。が、さらに一尺増せば馬を止め、二尺増せば人を止めた。すなわち水深四尺五寸——人足の背丈《せたけ》とほぼ同じ水深になると川止めにした。川止めは幕府の道中奉行へ報告せねばならぬが、だいたい二時間ほどようすを見て、減水の気配がなければ飛脚《ひきゃく》を飛ばした。

川止めとなると前後の宿場に、大名行列が降りこめられて溜まる。雨が長びくと四宿も五宿も渋滞し、殿さまは本陣でくさりきってしまう。川柳の、

「乗物を戸棚に使う川支《づか》え」

は、大名行列の渋滞ぶりをよく歌っている。そうなると旅籠も民宿も家来《けらい》でいっぱいになり、庶

酒匂川の渡し

民の旅行者は寺へでも頼みこむしかなかった。旅はつらい。

それでもゆく伊勢参りや湯治客

そのほか天候の激変や、思わぬ急病に悩まされることもたびたびだ。突然の雷鳴に茶店へ飛びこんだが、生きた気はしなかったと「道中記」によく記されている。

それでもなお旅に出た。あくせく暮らす環境から離れ、新しい風景に接し浩然《こうぜん》の気を養いたいからである。旅には解放の無限の楽しみがあった。その象徴が湯治《とうじ》行である。

温泉が病を治し、健康によいことは前から知られていたが、湯治が庶民のものとなったのは江戸時代である。薬効ある温泉として、伊豆《いず》の熱海《あたみ》・古奈《こな》・修善寺《しゅぜんじ》・伊東・宮ノ下・塔《とう》ノ沢などがそれである。

温泉宿は「客屋」といい、部屋と寝具を貸すのみで、食事は浴客持ちで自炊する。といっても生来の〝物臭《ものぐさ》太郎〟は、食事や身のまわりの世話をする女中を頼むことができた。近くのお婆さんがアルバイトで来ることもあるが、色っぽい女性がかなりのところまで世話してくれるのもあった。

そのせいか、女房は監視のために、温泉というとついてゆきたがった。

「鼻声《はなごえ》で湯治の供を願い出る」

だが湯治には意外に金がかかり、七日間の滞在で大工の手間賃一四三日分が消えてしまう。だから庶民にはめったにゆけず、〝湯入り講〟をつくって少しずつ貯め、三年から五年に一度の割で出かけるのである。

「山笹の粽《ちまき》やせめて湯なぐさみ」（其角《きかく》）

見知らぬどうしが相部屋になり、いっしょに寝起きして共同炊事をするうちに、すっかり親しくなるのはよいことであった。テレビも新聞もない時代、他国のうわさを聞き、風習を見るのはこんなときしか機会がないではないか。

帰る日が近づくとその前日、親兄弟や親戚知友がご馳走をつくって迎えに来た。これを「湯治見舞」といい、見舞客を一夜泊めて湯に入れるのが当時のならわしだった。温泉の湯より、もっとこころ温まる話である。さて湯治仲間にお別れのときがきた。

「かたまりへ真裸での暇乞《いとまご》い」

旅の変わり種は何といっても「伊勢参り」であろう。古来、伊勢神宮は皇室の宗廟《そうびょう》として、一般庶民からも無二の崇敬を受けていた。そこでわれ先に参宮をこころざし、自然と参詣グループの「講」ができ、抜け参り、お蔭《かげ》参りといわれるようになった。抜け参りは親兄弟や、雇われている主人にも言わずに参宮すること、お蔭参りは皇大《こうたい》神宮のお蔭をもって無事参詣をおえるとの意味。早くも慶安《けいあん》三年（一六五〇）にもうはじまっている。

抜け参りがにわかに熱狂的になったのは、平和と繁栄が本格化した宝永《ほうえい》二年（一七〇五）のことである。交通が開け、信仰が高まり、男子生まれて一度は参詣すべしと、町に、村に伊勢講がつくられた。講中醵金《きよきん》して旅費に当て、大集団をなして伊勢へ伊勢へと行進した。だが、貧しい者や奉公人で金のない者は、柄杓《ひしやく》一本を腰にさし、途中、米銭を乞いながらゆくのである。

「江戸を出て恰好《かつこう》のつく伊勢参り」

お蔭参りの図

集団行進のさまはすさまじいもので、各講ごとに万灯や提灯を立て、なかには二〇人の遊女を連れたおろかな金持ちもいた。そのため伊勢への街道は人の波で埋まり、多いときは七、八万人にものぼった。なかでも畿内《きない》はもっとも盛んで、京の三条・五条の橋詰には、洛中《らくちゅう》の豪商が米銭だけではなく、わらじ・菅笠《すげがさ》など旅行用具まで用意して無料でくれた。江州膳所《ごうしゅうぜぜ》の城主がおなじ信仰心から、淀《よど》・水口《みなくち》・安濃津《あのつ》から舟を出し、伊勢路のあちこちに宿泊所を設けて、いっさい無料サービスとした。

お蔭参りのためなら何事も許される。例えば商家の丁稚《でっち》などは、主家の金を盗んでも、お蔭参りをすれば許された。もう狂信の域に達し、数十里をあっという間に往復したとか、葬ったはずの死人がお蔭参りから帰ったとかの神変不思議が喧伝《けんでん》された。

とくに明和《めいわ》八年（一七七一）は飢饉《ききん》年で、そのうえ悪疫が流行したため社会不安が広がった。苦しいときの神頼み……丹波《たんば》・山城《やましろ》の農民が大挙して伊勢へ押し出したのをきっかけに、伊勢への人波は近畿全域から四国・中国、そして九州へも広がった。その数二十四、五万といわれる。徒党・強訴《ごうそ》を禁じられた民衆にとって、社会不安をわすれることのできる、これが唯一の方法であった。

その熱狂は天保《てんぽう》元年（一八三〇）、おなじ飢饉と弾圧政治の予感からふたたび燃えあがった。もうとどまるところを知らない。慶応《けいおう》三年（一八六七）三度《みたび》発生したとき、ついに民衆は、

「ええじゃないか、ええじゃないか」

と街頭へ飛び出して踊り狂った。もうどうだっていいじゃないかという捨て鉢《ばち》の叫びは、それまでの危険なうちにもこころ温まる近世の旅の楽しみも、はや終末に来ていることを物語っていた。

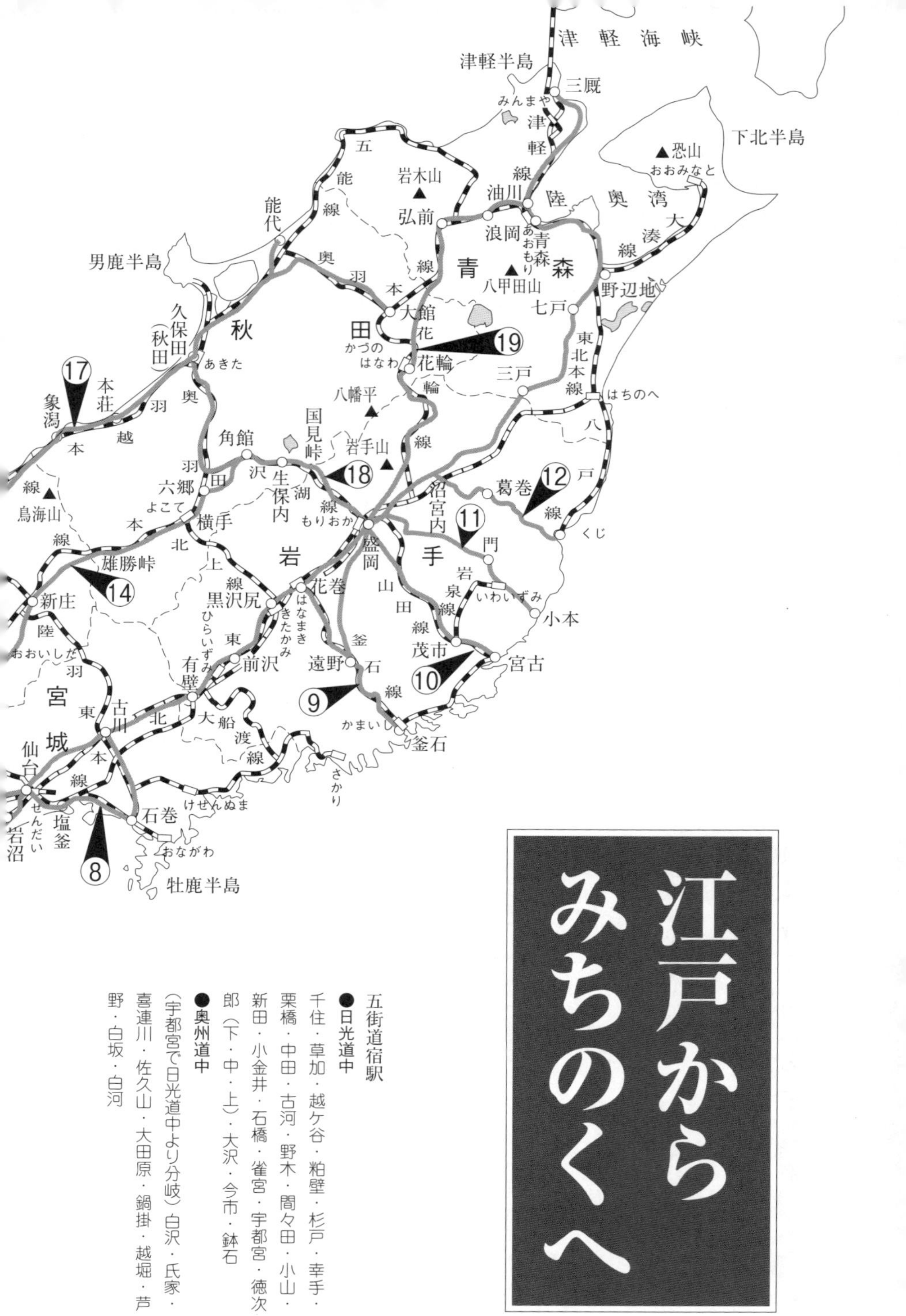

江戸からみちのくへ

五街道宿駅

●日光道中

千住・草加・越ケ谷・粕壁・杉戸・幸手・栗橋・中田・古河・野木・間々田・小山・新田・小金井・石橋・雀宮・宇都宮・徳次郎（下・中・上）・大沢・今市・鉢石

●奥州道中

（宇都宮で日光道中より分岐）白沢・氏家・喜連川・佐久山・大田原・鍋掛・越堀・芦野・白坂・白河

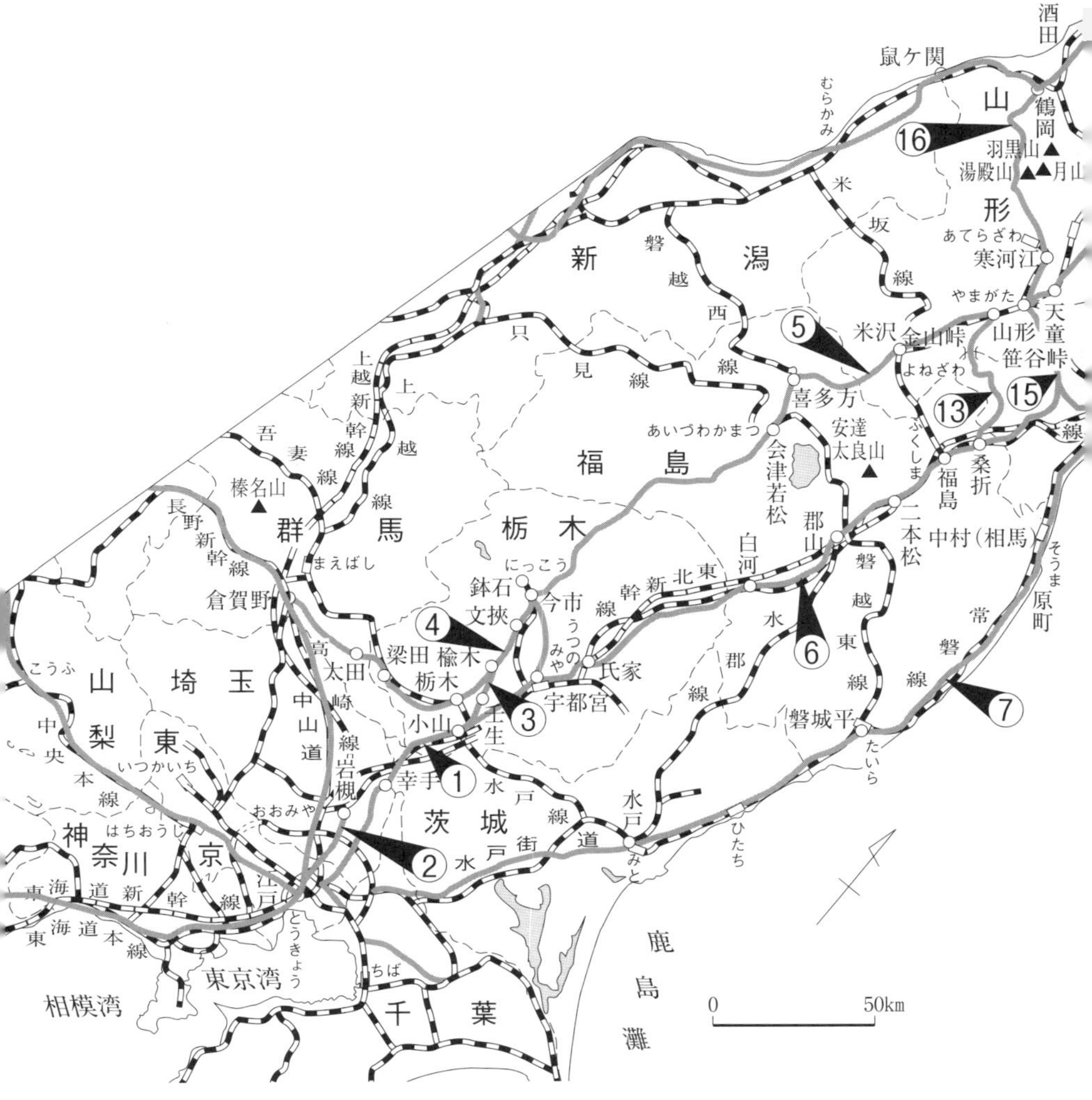

酒田
鼠ケ関
むらかみ
山形
鶴岡
羽黒山
湯殿山
月山
米坂線
あてらざわ
寒河江
新潟
磐越西線
只見線
上越新幹線
上越線
吾妻線
やまがた
山形
天童
笹谷峠
米沢
金山峠
よねざわ
喜多方
あいづわかまつ
会津若松
安達太良山
ふくしま
福島
桑折
福島
栃木
群馬
榛名山
長野新幹線
まえばし
倉賀野
にっこう
鉢石
今市
文挾
梁田
楡木
栃木
太田
高崎線
うつのみや
宇都宮
氏家
東北新幹線
白河
郡山
二本松
中村(相馬)
そうま
原町
磐越東線
水郡線
常磐線
磐城平
たいら
山梨
埼玉
東京
神奈川
千葉
茨城
こうふ
中央本線
中山道
小山
壬生
幸手
岩槻
おおみや
いつかいち
はちおうじ
水戸線
水戸街道
水戸
みと
ひたち
江戸
とうきょう
ちば
東京湾
相模湾
東海道新幹線
東海道本線
京葉線
鹿島灘
0
50km

日光道中

にっこうどうちゅう

●江戸時代の五街道の一つ。江戸と日光を結ぶ街道の本街道。日光街道ともよばれ、全長約一四〇キロ。
●なお、千住《せんじゅ》・宇都宮《うつのみや》間の一七宿は奥州道中の宿駅を兼ねる。宇都宮からは、徳《とく》次郎《じろう》・大沢・今市《いまいち》・鉢石《はちいし》の四宿（徳次郎を下・中・上徳次郎の三宿に数えると六宿）。

将軍家の道

将軍徳川家康の廟所《びょうしょ》が久能山《くのうざん》から日光山に移されたのは、元和《げんな》三年（一六一七）のことである。それまで奥州道中とよばれていた千住から宇都宮へ向かう街道は、廟所の引っ越しとともにやがて日光道中とよばれるようになった。将軍の日光社参が制度化され、そのための往来でにぎわいをみせるようになったからである。

広い関東平野を北へ上る日光道中には、荒川や利根川をはじめ、大小さまざまな川が流れていたが、関所が設けられていた栗橋《くりはし》の房川《ぼうせん》渡しの利根川のほかは、ことごとく橋がかけられていた。日光社参だけでなく、参勤交代の大名の通行も多かったので、交通の便がはかられていたのである。

宇都宮宿古絵図

もちろん、一般の旅人も街道をにぎわせた。そのことは、旅籠《はたご》に掲げられた「越中《えっちゅう》富山商人御定宿《ごじょうやど》」「江戸商人御定宿」といった看板を見てもよくわかる。いわば現代の指定旅館ともいうべき「看板」が数多く見られた。

多くの旅人たちは、千住を出るとその日はまず草加《そうか》か越ケ谷《こしがや》に泊まった。あくる日は、粕《かす》壁《かべ》・杉戸《すぎと》・幸手《さって》・栗橋をすぎ、日光道中唯一の難関である利根川を越える。船賃一二文《もん》を出し

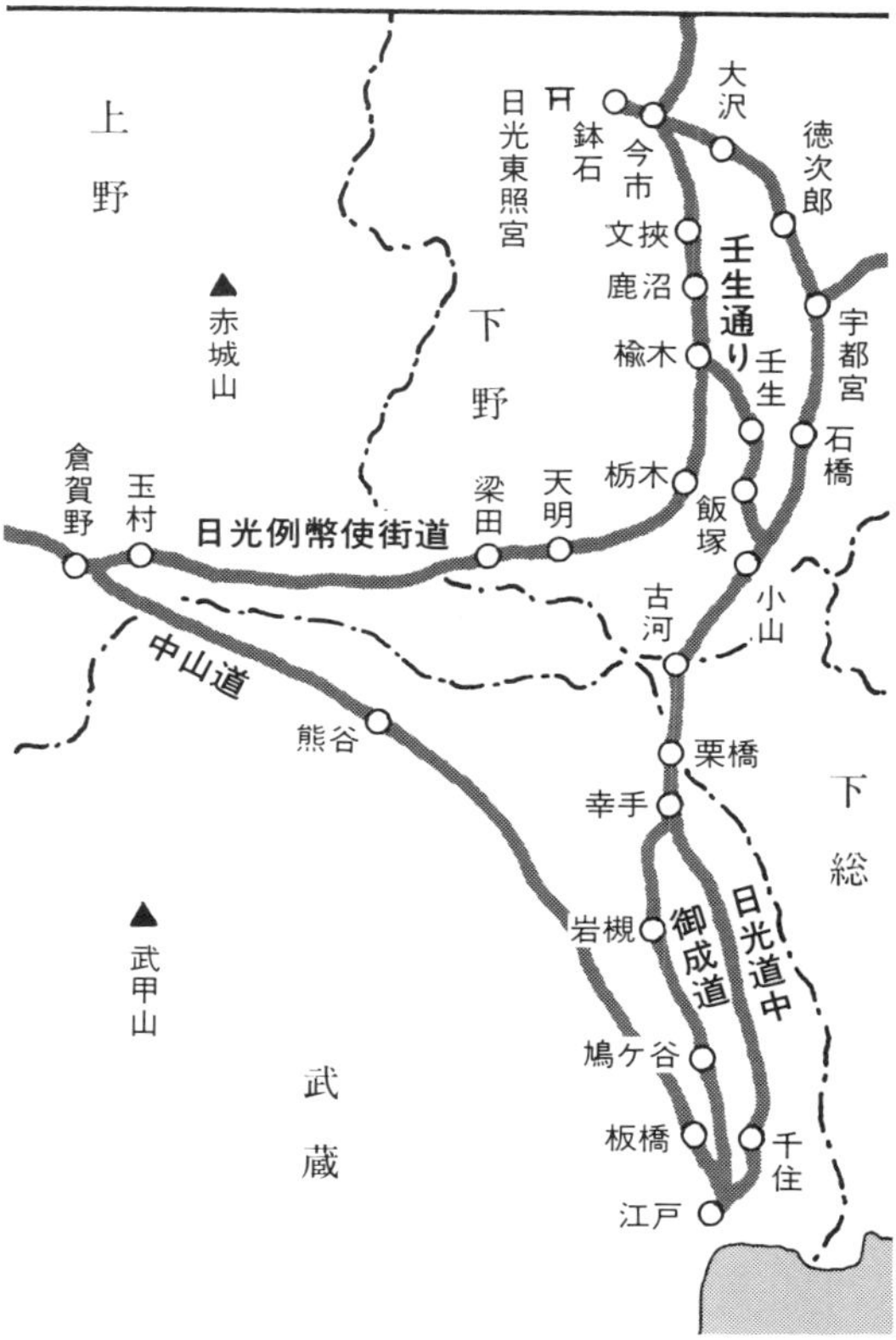

川を渡る。利根川に橋がかけられていなかったのは、東海道の大井川などと同じく、江戸防衛という配慮があったからである。

関ケ原の戦いゆかりの小山

関所を無事越えると、中田・古河《こが》・野木・間々田《ままだ》まで旅程をかせぎ二泊目をとる。野木のあたりは生糸の生産地で、桑畑が広がっていた。街道はそこから思《おもい》川に沿って北上する。

小山《おやま》は宿場町として栄える前は、小山氏の祇《ぎ》園《おん》城が君臨する城下町で、小山の名は、須賀神社（祇園社）によって高められた。

会津《あいづ》討伐に向かっていた徳川家康が、石田三成挙兵の報を受け取ったのは、この小山であった。そこで家康は急遽《きゅうきょ》、須賀神社境内で有名な小山会議を開き、西上を決意した。関ケ原に向かうにあたり、須賀神社で戦勝祈願もすませた。小山は関ケ原の戦いゆかりの地といえる。

このように、日光道中は奥州道中とよばれていた時代から、家康とは深いつながりをもっていたのである。

関東平野は広大である。新田・小金井・石橋をすぎるあたり、雑木林と桑畑がつづく街道沿いには、一里塚が今も残されている。江戸日本

道中の名所，今市の杉並木

橋から二二里の道のりである。

宇都宮の釣天井

　夏の夕暮れの街道沿いに、白い夕顔の花を見ながら雀《すずめ》宮《のみや》をすぎると、やがて宇都宮である。夕顔の果実は長さ六〇～七〇センチの大きさになり、これからかんぴょうがつくられる。江戸時代から栽培がつづく、この地の特産である。

　宇都宮は、日光道中第一の繁盛の地としてだけでなく、「宇都宮釣天井《つりてんじょう》」の巷説の舞台となった宇都宮城の城下町としても有名だ。

　この話は、宇都宮城主本多正純《ほんだまさずみ》が、日光社参のために立ち寄った将軍秀忠を、城の中に仕掛けた釣天井で暗殺しようとして発覚、自らがこの釣天井によって死ぬはめになるというものであるが、もちろん後世の作り話である。

　この宇都宮城も、戊辰《ぼしん》戦争の際に新撰組副長の土方歳三《ひじかたとしぞう》の軍勢により焼き払われ、落城するという運命にあった。

　大谷《おおや》石《いし》採掘で有名な宇都宮は、弘仁《こうにん》元年（八一〇）に空海《くうかい》によって開基されたとする大谷寺の磨崖仏《まがいぶつ》があることでも知られている。その大谷寺は、坂東三十三観音霊場の第十九番札所にあたる。

　宇都宮の次は徳次郎宿である。このあたりから道中の名残をとどめる杉並木が、大沢・今市とつづく。そしてこの杉並木は、日光例幣使《れいへいし》街道との合流点でひときわ大きくそびえ最高潮に

東照宮の名物，三猿と眠り猫

達する。杉並木は、松平正綱・信綱父子により紀州熊野から苗が取りよせられ、二〇年の歳月をかけて植えられたもの。

杉並木がととのえられ、道中の宿場の整備が進むにつれ、将軍の日光社参の行列は華美をきわめ、しかも大規模なものになった。そのために膨大な経費を必要とするようになり、日光社参は久しく中断されることもあった。江戸時代を通じ、将軍の日光社参は十二代の家慶《いえよし》にいたるまで二〇回にも満たない。

幕府は、日光神領八九カ村の再建にも力をいれた。農政家二宮尊徳《にのみやそんとく》も幕命によりこの地に赴き、晩年を荒地再建につくした。

杉木立の山門

日光道中の最終の宿は鉢石である。「あらたふと木の下やみも日の光」の芭蕉《ばしょう》の句碑が残る鉢石は、同時に日光東照宮への入り口でもある。鉢石を通り抜け大谷川《だいや》にさしかかるあたり、家康に東照大権現の勅許を得て日光廟を営んだ天海《てんかい》僧正の銅像が右手に見える。川を越えると正面に太郎杉とよばれる老杉が、大きく根を張り天にそびえ、旅人を日光に迎えいれてくれる。

そしてさらに参道を進むと、深い杉木立の中に朱と緑と黄金に彩られた豪華絢爛《けんらん》の東照宮が待ちかまえる。徳川家康の廟所は、本殿よりさらに高い真後ろの奥社におかれている。

日光への道❶

御成道《おなりみち》

●日光御成街道ともよばれる。将軍の日光参詣路としてこの名がある。
●江戸から王子《おうじ》・岩淵《いわぶち》・川口・鳩ケ谷《はとがや》・大門《だいもん》・岩槻《いわつき》を経て、幸手《さって》で日光道中と合流する。
●なお、幸手から江戸へ向かうのを、岩槻王子道とも称した。

歴史の道

御成道は、その昔は鎌倉街道の一つであった古道である。源義経が奥州平泉《ひらいずみ》から鎌倉に向かったとき、この道を通行したと『義経記《ぎけいき》』は記す。

それからのち、慶長《けいちょう》五年（一六〇〇）には徳川家康も、会津上杉《うえすぎ》の討伐に、鳩ケ谷から岩槻を経て幸手に向かう鎌倉街道を利用している。

江戸時代になり、家康廟《びょう》が日光に移され、将軍の日光社参が行なわれるようになると、日光道中の別格として御成道とよばれた。江戸から日光道中の幸手に合流するまで、わずか一三里ほどの短い脇街道であるが、歴史の主人公が数多く行き交った重要路であった。

社参の大行列

江戸を朝たてば、昼食は川口、そして夜に岩槻にたどり着き一泊というのが、御成道の旅人の行程である。将軍とてこれと同じであるが、宿は岩槻城にとるのが習わしだった。

将軍の日光社参は、重臣や祐筆《ゆうひつ》をはじめ供の者は総数一〇万人を超える壮麗な大行列となり、そのため日光まで人馬ひとつづきにえんえんと列がつづいたといわれる。

「右都くぼ道」「左日光道」とある幸手の道標

日光社参の経費も膨大だった。たとえば、岩淵と川口の間には荒川が流れているが、社参のたびに幅約五・四メートル、長さ約一一七メートルもの板橋をこしらえたという。しかも社参がすむと、おしげもなく取り壊《こわ》した。御成道は幕府の財政を脅かす道でもあった。

日光への道❷

壬生通り

みぶどおり

●小山・新田間で日光道中と分かれ、壬生を経て楡木《にれぎ》で日光例幣使街道に合する街道。日光西街道ともよばれ、全長は約二一キロ。

幕府のために命をかけた土方歳三

宇都宮を経由しないで日光へ向かう道で、かって『奥の細道』の行脚《あんぎゃ》に旅立った松尾芭蕉もたどった。

日光道中の小山をすぎ、左手に思川沿いの道に入るとこれが日光西街道、すなわち壬生通りである。雑木林と街道のところどころに残る老松に、芭蕉が歩いたころの面影がわずかに残る。今はさびれているが、飯塚《いいづか》もかつては宿場町として大いににぎわった。

壬生といえば、特産のかんぴょうの殿さま、鳥居忠英三万石の城下町でもあった。

もっとも壬生の歴史は、室町時代にさかのぼる。寛正《かんしょう》三年（一四六二）に京から下向した公卿の小槻胤業《こつきたねなり》が城を構え、壬生氏を称《とな》えたことに始まる。そして、豊臣氏に滅ぼされるまでの約一三〇年間、壬生氏の統治がつづいた。

しかし、幕末の壬生通りをはじめとする日光への道は、江戸開城に抵抗する幕府歩兵隊と、それを追う官軍がぞくぞくと繰り出す軍用道路となった。旧新撰組の土方歳三が幕軍に合流し、官軍に協力した徳川譜代の壬生藩と激烈な攻防を繰り返した。

壬生をさらに北上すると、前方に杉並木が見えてくる。日光例幣使街道の楡木宿である。

日光例幣使街道

にっこうれいへいしかいどう

●中山道の倉賀野《くらがの》から分かれ、今市《いまいち》で日光道中に合する街道。全長約一四〇キロ。

●倉賀野からは、玉村・五料《ごりょう》・柴・木崎・太田・八木《やぎ》・梁田《やなだ》・天明《てんみょう》・犬伏《いぬぶせ》・富田・栃木・合戦場《かっせんば》・金崎・楡木・奈佐原《なさはら》・鹿沼《かぬま》・文挟《ふばさみ》・板橋そして今市に入る。

あわただしい例幣使の旅

日光例幣使街道も、日光道中・壬生通りとともに、日光の東照宮と深いつながりをもつ街道である。

日光社参は将軍だけでなく、京都の朝廷の公卿たちも行なった。捧《ささ》げ物を携《たずさ》えた例幣使の一行は五〇人ほどの列を組んで、京都からはるばる中山道経由で詣でたのである。そして一行は、中山道の倉賀野宿から楡木を通って日光に入ったので、この道は日光例幣使街道とよばれるようになった。

公卿たちの日光社参の日程は、毎年きまっていた。四月一日に京都を出発し、四月十五日に日光に到着する。総勢五〇人ほどの行列だった。

例幣使街道では、一行はまず玉村に泊まり、天明・鹿沼・今市と四泊五日をかけた。京都から片道二週間もかけた道中であったが、日光では午前中に奉納などの儀式をすませるや、そそくさと東海道経由で京都に向けてたつ強行な日程だった。東照宮祭礼の一日前に引き上げたのである。

しかし、街道の主人公はなんといっても日光を訪れる一般の旅人だった。

渡良瀬《わたらせ》川の渡し場にある梁田宿には、八木宿とともに、いわゆる飯盛女《めしもりおんな》がたくさんいて、増水などで川止めされたときには、旅人たちを慰めた。

商人たちもにぎやかに行き交った。巴波《うずま》川の水運で栄えた商人町栃木宿には、多くの船問屋があったという。今もその面影を残す土蔵造り

中山道と例幣使街道の追分，倉賀野に立つ道標

の民家が、巴波川河畔に立っている。そして金崎宿の小倉川河畔には、例幣使一行や旅人の目を楽しませてくれた老桜並木が、今も春になると花を咲きそろえる。

かつては杉並木に汽車が走った

　鹿沼は、室町時代に壬生氏が築城したところとして知られる。と同時に、今宮《いまみや》神社の秋の例祭の「鹿沼屋台」とよばれる山車《だし》が有名だ。豪華絢爛な彫刻や彩色のこの山車は、東照宮造営に携わった職人たちの手になったものである。

　鹿沼は宿場町であると同時に、特産の麻や朝鮮人参などの集散地としてにぎわったが、次の文挾はいかにもこれとは対照的な静かな宿場町だった。今では天然記念物となった「日光杉並木街道」が、文挾付近から日光神橋《しんきょう》までえんえんとつづいている。

　この杉並木は、昔ながらに天にそびえているだけではない。豊かな杉の葉は、線香《せんこう》生産の原料として役立っているのである。文挾から今市までの一帯は、日本でも有数の線香の生産地として有名である。なお、この杉並木と並んで走る下野鉄道（現・東武鉄道鬼怒川線）は、大正時代の開通当時は杉並木の中を走っていた。

　やがて、日光道中・会津西街道と合流する今市。日光は目の前である。

日光への道❹

会津街道

あいづかいどう

●会津若松を中心に、南は今市、北は米沢《よねざわ》に通じる街道の総称。若松以南は会津西街道、若松以北は米沢街道ともいう。

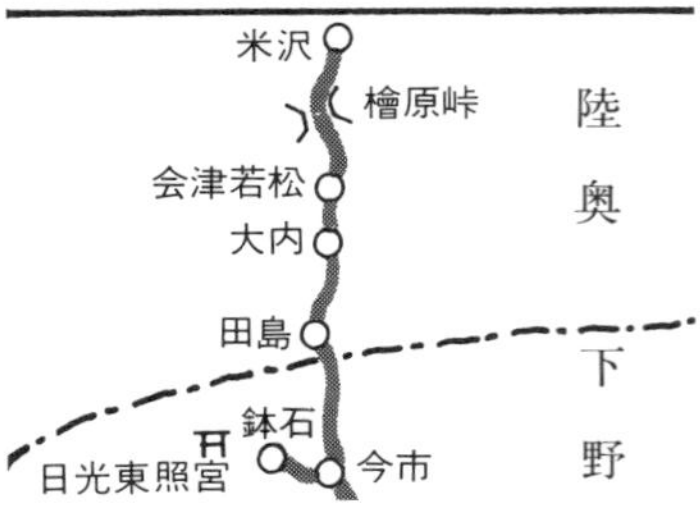

米沢への道

会津若松といえば名城とうたわれた鶴ケ城（若松城）の町である。この鶴ケ城とともに今も語り継がれるのは、戊辰《ぼしん》戦争のおり飯盛山《いいもり》に散った白虎隊の悲劇である。

会津は磐梯山《ばんだい》をはじめ高く険しい山に囲まれた盆地である。そのため、米沢や日光、日本海や太平洋方面にぬけるには、ことごとく峠を越えねばならなかった。

米沢への代表的な道は、檜原《ひばら》峠越えの街道であった。これは、江戸時代の会津藩の本道五筋の一つで、米沢街道ともよばれた。街道沿いにあった小荒井《こあらい》・小田付《おたづき》村は、江戸時代には六斎《ろくさい》市《いち》が開かれ、北会津の流通の中心地。現在は喜《き》多方《たかた》市となっているが、醸造業・漆器業・製糸業で盛んだった。火災に強い蔵造りの建物が山の裾《すそ》野から市内にかけて数多く残る。

往時をしのばせる大内宿

今市への道

一方、会津若松から今市へぬける道は、会津西街道または南山《なんざん》通りとよばれた。江戸屋敷に詰めている家臣への物資運搬の道であった。大内や田島をはじめ宿駅も整備され、江戸時代の一時期までは参勤交代や日光参詣の旅人たちでにぎわった。

明治時代になると、会津三方道路とよばれる新しい道が大川沿いにできた。大内をはじめ街道沿いの宿場はすっかりさびれたのだが、しかし、それが、寄棟《よせむね》造りの茅葺《かやぶ》きの家など、宿駅だった当時の面影をそのまま残すことになる。

みちのくの幹道

奥州街道

おうしゅうかいどう

●江戸と奥州を結ぶ基幹街道。

●千住から宇都宮までの一七宿は日光街道と同じ道。これに白河《しらかわ》までの一〇宿は、幕府道中奉行の管轄《かんかつ》下におかれた街道で、奥州道中とよばれ、江戸時代の五街道の一つ。

●これより延長路として青森・三厩《みんまや》に至る道は、仙台・松前道といわれた。

北の最果てめざす道

奥州街道は江戸時代に入るや、宿駅の設置により、急速に街道としての機能が整えられてきた。とはいえ、千住を振り出しに、本州の北果て三厩までの道はあまりにも遠い。奥州街道は、江戸に住む人びとにとって文字どおりの奥の細道、北の最果てめざす道だった。

幕府道中奉行管轄による北限は白河宿である。そこから北は、奥州各藩の管理が行なわれた。白河はまさに奥州への玄関口であった。しかしこの玄関口は、奥州の諸国大名たちが参勤交代のために出入りし、また江戸からさまざまな文化が流れこむ重要な入り口でもあった。

城下町で、日光参詣への拠点として栄えた宇都宮から、白沢・氏家《うじいえ》・喜連川《きつれがわ》・大田原《おおたわら》……と白河をめざす奥州道中は、玄関に至るまでの階段である。階段は白河で頂点に達する。ここには、かつて五世紀のころ勿来《なこそ》関とともに蝦夷の南下を防ぐために設けられた関跡があり、神社が祀《まつ》られ「関の明神」といわれている。標高四〇〇メートル近い高原にある神社は、奥の細道の出発点であり、険しい道を行く旅人の安全を守る神であった。

奥州道中を行く

鬼怒川とともに生きた宿場町

白河までの行程の第一歩は白沢宿から始まる。鬼怒《きぬ》川をはさんで向かい合わせに阿久津《あくつ》河岸がある。奥州の物資を江戸に運ぶ水運の基地であった。

鬼怒川は氾濫《はんらん》の常習犯である。秋の台風のころには、しばしば氾濫する。それから寒さの厳しい冬がやってくる。渡し船は十月からあくる年の三月まで休んだという記録が残るが、別の資料には、三月から十月まで渡し船があり、十一月から二月までは仮橋をかけて渡ったと記されている。

氏家も鬼怒川の水運で栄えた宿場町だった。日光北街道・会津中街道の分岐点としても重要だった。

氏家からおよそ七キロ北上すると喜連川《きつれがわ》宿があった。この地は、鎌倉時代の文治《ぶんじ》二年（一一八六）塩谷《しおや》五郎源惟広《これひろ》が倉ケ崎に城を築き、やがて天正《てんしょう》十八年（一五九〇）豊臣秀吉が足利国《あしかがくに》朝《とも》に古河公方《こがくぼう》家の跡を継がせるためにこの地を与え、さらに近世には〝喜連川公方〟五千石の国持《くにもち》大名の城下町にまで発展した。

しかしこれらの宿も、東北本線の開通、鬼怒川水運の衰退により、宿場町の面影は急速に消えていった。

松尾芭蕉

古くからあった白河関

江戸から二二宿目の大田原は、市場町から発展した。しかしこの宿も、明治時代に黒磯まで鉄道が開通すると、急速に往時の面影をなくしていった。

大田原の川上安右衛門は、開設された当時の那須野《なすの》駅前にいちはやく旅館を建て、繁華街を移すこととなった。のちに西那須野と改称されたこの地は、幕末に尊攘運動をし明治時代に陸相を務めた大山巌の墓所が建てられ、また、日露戦争において旅順《りょじゅん》を攻撃した司令官で明治天皇に殉死《じゅんし》した乃木《のぎ》希典《まれすけ》を祀った乃木神社がおかれたことで知られるようになった。

大田原に往時の面影を求めるとすれば、奥州道中と西那須野から黒羽《くろばね》に抜ける十字路に立つ、道中安全の願いをこめた古い金灯籠《かなどうろう》だけである。

大田原をすぎるといよいよ白坂まで上りの道がつづき、そして奥州への玄関口白河に至る。

白河関跡の碑

「都をば霞《かすみ》とともに立ちしかど秋風ぞ吹く白河の関」(能因《のういん》法師)とうたわれた白河関は、古くは勿来・念珠《ねず》とともに奥州三関の一つに数えられた。関が設置された年代は、遠く孝徳天皇(在位六四五〜五四)の時代にまでさかのぼるといわれる。なるほど、関の近くの関山の頂上にある満願寺は天平《てんぴょう》二年(七三〇)に行基《ぎょうき》が開基したという古刹である。眺望満点の関山には、源義経や芭蕉も登ったといわれている。

郷土玩具として知られる三春駒

白河から北辺の道に入る

それぞれの藩で整備された宿場

奥州への玄関口として重要な町であった白河は、参勤交代の大名たちが数多く行き交った。南部《なんぶ》（盛岡）藩の南部家、仙台藩の伊達《だて》家をはじめ、会津藩や米沢藩の諸大名も白河に出て、奥州道中を江戸に向かった。

大名だけではない、商人や参詣などの旅人たちも行き交った。白河から先は、もはや幕府道中奉行の管轄下にはおかれていなかったが、各藩で領内の街道は整備されていった。一定の区間に宿駅もおかれるようになると、市も開かれるようになり、それぞれ宿場町としてしだいににぎわいをみせるようになった。

矢吹《やぶき》もこのようにして発達した宿だった。もっともこの町の周辺では、三～四万年前の旧石器が発見され、遠い昔から人びととの生活していた場所であったことがうかがわれる。

そのほかの町も、宿駅整備が進むにつれ宿場町として発達したが、東に阿武隈《あぶくま》山脈、西に奥羽山脈にはさまれた須賀川《すかがわ》は物資の集散地として、繁栄ぶりは近隣の城下町をしのいだ。

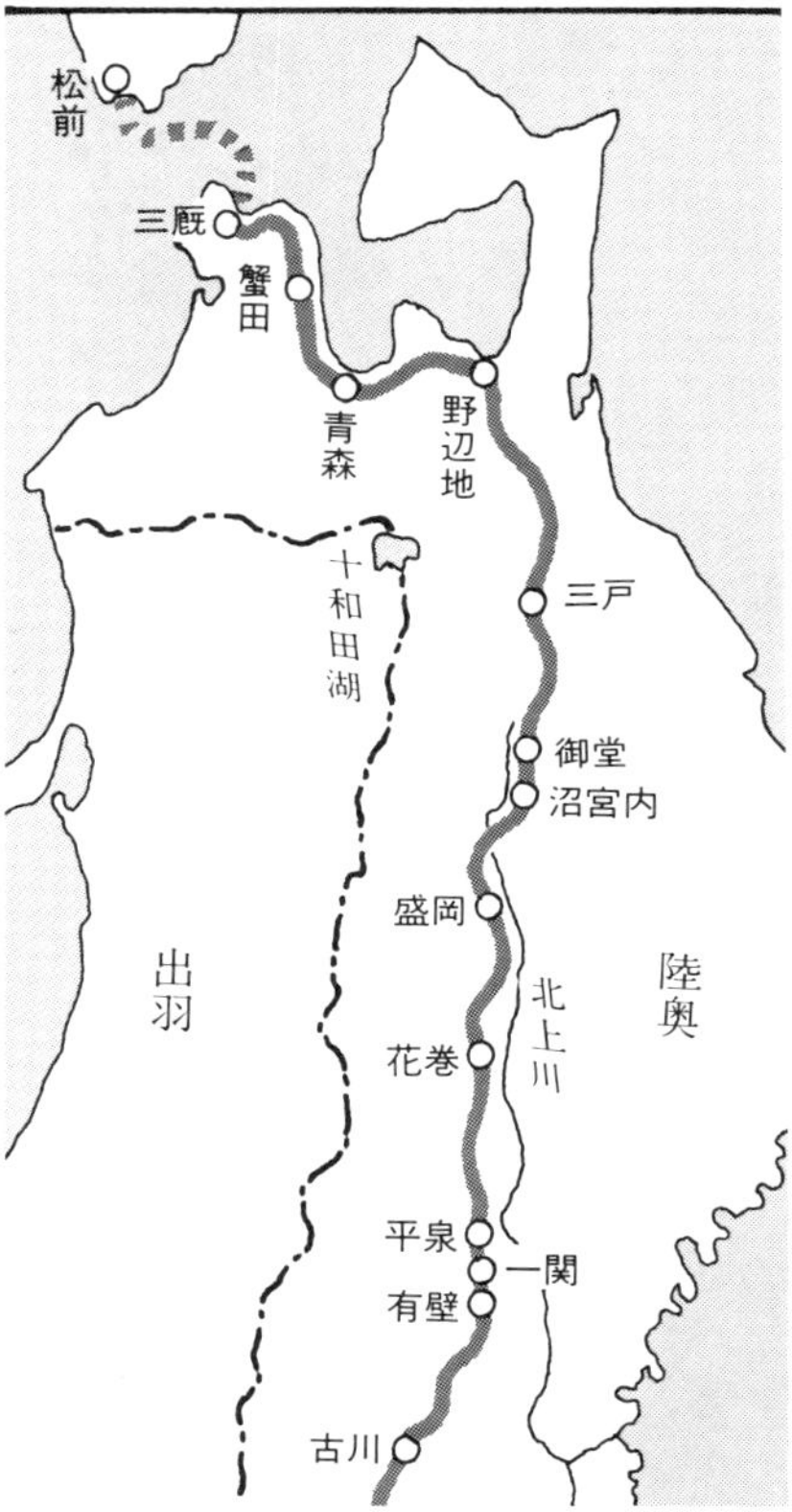

もっとも、須賀川は芭蕉の「風流の初めや奥の田植唄」によっても知られる、田園の中の宿場町であった。芭蕉は元禄《げんろく》二年（一六八九）にこの須賀川に一週間滞在し俳席を開いている。

旅人をなぐさめた本宮の遊廓

郡山《こおりやま》は三《み》春《はる》駒の産地を近郊にひかえた原野の中の宿場だった。坂上田村麻呂《さかのうえのたむらまろ》伝説にまつわる木彫りの馬は、三春の郷土玩具として全国に知られている。

本宮《もとみや》は平安時代には軍馬の産地として知られていたが、伊達政宗の領地となるころには、このあたりの物資集散の中心地となった。しかし、本宮の名を高めたのは遊廓である。「奥州街道本宮なくば何をたよりに奥がよい」と、人形浄瑠璃でもうたわれているように、原野の街道を旅する人びとの桃源郷であった。

戊辰《ぼしん》戦争で官軍と死闘を繰り返した少年隊の悲話で知られる、丹羽《にわ》氏十万石の城下町二本松《にほんまつ》をすぎると、やがて盆地の中にぽつんと浮かぶ信夫《しのぶ》山が見えてくる。養蚕・絹織物の集散地としてにぎわった城下町福島である。江戸時代には、福島の生糸商人は大きな経済力をもつ実力者だった。

一方、となりの桑折《こおり》は銀山で栄えた宿場だ。最盛期には佐渡の金山と並び称せられた。ここは羽州街道との分岐点であり、今も白壁の蔵が昔の面影を残す。

伊達政宗の騎馬像

奥州街道の一大拠点仙台を越えて

江戸をもしのぐ大城下町

藤田宿は、奥州藤原氏三代の栄華終焉《しゅうえん》の古戦場をひかえた歴史の地である。奥州征伐の源頼朝ひきいる幕府の軍勢に、藤原泰衡《やすひら》はこの地の厚樫山《あつかし》であえなく敗れ去る。

藤田から貝田にかけては、長い坂がいつまでもつづき旅人を苦しめた。この山道を越すといよいよ仙台藩の領地である。「伊達の大木戸」とよばれる関所は仙台藩の南の入り口にあたる。

ここから、白石・大河原・岩沼を経て、仙台藩の城下町仙台に入る。江戸から約三六五キロの道程である。

仙台藩主の独眼竜伊達政宗は、江戸への参勤交代が制度化されるや、病床の身を起こし、寛《かん》永《えい》十三年（一六三六）仙台城をたった。政宗は大田原から、かつての盟友徳川家康の眠る日光の東照宮に立ち寄り、そこから江戸に入った。そして江戸桜田屋敷で不帰の客となったのである。

江戸時代の仙台は、城と広瀬川を中心に、重臣の屋敷、商人町、侍《さむらい》屋敷、そしてこれを取り囲むように寺町や足軽《あしがる》町が配置され、当時、戸数は一万八五〇〇戸、人口五万二〇〇〇人を超えていた。伊達六十二万石の繁栄は、江戸をもしのぐといわれたこともうなずける。

宿場町の面影のこす有壁

奥州街道は、東海道や中山道とくらべ、のどかな旅のできる道だった。とはいえ年ごとに、大名や商人だけでなく、一生に一度の伊勢参りにと奥州街道を南下する農民が多くなった。また、関東方面からも出羽三山の参詣衆が北上してきて、にぎわいをみせた。

こういった江戸時代の街道の面影を残す宿場は、奥州街道でも近代化の波に押し流され、数

宿場の面影を今に残す有壁

少なくなってきた。

そのなかでも、今なお面影を残す宿場といえば、有壁《ありかべ》をおいてほかにない。参勤交代の折には藩主が休んだという本陣《ほんじん》は、今もその遺構をとどめている。

かつては、南入り口の木戸をくぐり有壁宿の町並みに入った。もう木戸はないとはいえ、街道の両側にびっしりと三〇〇メートルほど並んだ宿屋風の町屋の景観は、当時の静かな奥州の宿場の面影そのものである。

有壁はみちのくの街道の一宿場町にすぎなかったが、一方、平泉《ひらいずみ》は藤原氏三代の夢を伝える栄華の地であった。宿場町ではなかったが、平泉中尊寺《ちゅうそんじ》を訪れ、懐古にふける旅人も多かった。

「夏草や兵《つわもの》どもが夢の跡」の芭蕉の句は、源頼朝の天下統一の犠牲となった藤原氏三代を回想して詠じられたものである。中尊寺の金色堂をはじめ、みちのくの平安文化が残されている平泉である。

のどかではあったが、たとえば仙台藩と南部藩の藩境には、それぞれ相去《あいさり》と鬼柳《おにやなぎ》の両関所が対峙していた。二つの関所は二所《にしょ》ノ関とよばれた。互いに、旅人の出入りはもちろん、物資の出入りをも厳重に取り締まった。当然、間道にも目が光っていたことはいうまでもない。

中尊寺金色堂（上）と盛岡城跡（下）

みちのくの奥ふかく

北上川の源流を越えて分け入る

南部氏が居城を三戸《さんのへ》から盛岡へ移したのは慶長二年（一五九七）のこと。以後、城は約四〇年の歳月をかけて完成した。

北上川・雫石《しずくいし》川・中津川の合流点の丘陵につくられた盛岡城は、まさに自然の要害だった。

中津川に架けられた三橋のうち、上ノ橋の青銅擬宝珠《ぎぼし》は往時の面影を伝える。古い擬宝珠は、このほかには京都の三条大橋にしか残っていない。盛岡が「みちのくの京都」といわれるゆえんである。

街道は盛岡をさらに北に進む。左手には頂に雪をいだく〝南部富士〟岩手山が裾野を広げてそそりたつ。貞享《じようきよう》三年（一六八六）と享保《きようほう》四年（一七一九）にこの地を旅した人びとは、岩手山の噴火を畏怖の目で見つめたことだろう。

御堂《みどう》まで来ると、一説に〝北上川の源流〟といわれた御堂観音境内の涌き水がある。ここから石巻《いしのまき》まで二四三キロ、東北第一の長流北上川は豊かな舟運の歴史を秘めながら、平泉付近までは奥州街道沿いに南下していく。

しかし、みちのくの道は北上川の水源地を越え、さらに北へと奥深く分け入る。中山の峠を越えると、豊臣秀次と戦って敗れた武将九戸《くのへ》政《まさ》

袰月《ほろつき》海岸からの津軽海峡

実《ざね》の九戸城跡のある福岡に出る。そこからさらに進むと、南部氏発祥の地三戸がある。そしてついには、陸奥湾に面した南部藩の商港野辺地《のへじ》にたどり着く。ここから日本海を経て大坂に銅を運び、大坂からは生活用品とともに上方文化が運ばれてきたのである。

本州最北の宿場町三厩に向けて

馬門《まかど》の南部藩の番所を通過すると、いよいよ津軽藩領の狩場《かりば》沢《さわ》に入る。ここには、津軽藩の番所があった。そして、馬門と狩場沢との境界を示す「四ツ森」の塚が今も残る。藩境をめぐる両藩の紛争は絶えることがなかった。

　この藩境の間近にあった青森は、江戸時代の初めには戸数わずか六〇ほどの小さな漁村にすぎなかった。それまでの善知鳥《うとう》村を青森村と改めたのは、津軽藩主信枚《のぶかず》からこの地に港づくりの命を受けた家臣森山弥七郎であった。港は寛永十一年に完成した。しかし、津軽十万石の中心地は弘前《ひろさき》。青森は当時は新開地にすぎなかったのである。

　陸奥湾沿いに津軽半島を北上する道がひらかれている。北海道の松前藩主が江戸への参勤交代に使った道である。そのため、この道は松前道ともよばれた。

　津軽藩の大きな財源となったヒバ材の集散地蟹田《かにた》をすぎると、いよいよ街道の行き止まりで本州最北の宿場町三厩《みんまや》である。

　参勤交代の松前藩主は、船で三厩に着くと、そこからは駕籠《かご》に乗り替えた。一行が通過するときは、行路の安全確認のため山からのろしをあげて合図をしたという。

　幕末になると、ロシアの船が頻繁《ひんぱん》に南下をしはじめ、日本を脅かすようになる。これに対処するために箱館奉行がおかれた。三厩はにわかに幕吏の往来が繁くなった。本州最果ての宿場町にも、時代の波が押し寄せていたのである。

陸前浜街道

りくぜんはまかいどう

●江戸時代の五街道につぐ主要街道の一つ。陸羽《りくう》街道・東街道ともよばれた。江戸から水戸《みと》へ結ぶ水戸街道の延長路にあたる。
●水戸より海岸沿いに勿来《なこそ》関を越え、磐城平《いわきたいら》・中村を経て奥州街道の岩沼に合流する。

江戸を出発して陸前浜街道に出るには、まず取《とり》手《で》・土浦《つちうら》を経て水戸に向かう水戸街道を歩かねばならなかった。そこから、浜街道は太平洋の波打ちぎわに沿って磐城《いわき》・相馬《そうま》地方につづいていた。そのため、水戸藩ではこの道を磐城相馬街道とよんでいた。

歴史の古い浜街道

浜街道の歴史は古い。五世紀ごろにはすでに、勿来に関が設けられていたという。勿来関とよばれたのは平安時代のころ、蝦夷の南下を防ぐためで「来る勿《なか》れ」の意味がこめられているという。「吹く風をなこそのせきとおもへども道もせに散る山桜かな」は、源義家が後三年《ごさんねん》の役（一〇八三〜八七）で奥州の豪族清原《きよはら》氏討伐に向かった際の歌である。

勇壮な相馬野馬追祭

江戸時代には、この街道沿いに中村・磐城平・泉・湯《ゆ》長谷《ながや》の磐城四藩があった。しかし、参勤交代には、幕府の命で遠回りの奥州街道を使うよう定められていた。そのため、浜街道は大名たちが行き交う道とはならなかった。

勇壮な戦国絵巻の相馬野馬追

勿来をすぎると磐城平藩の城下である。「陸奥国石城」

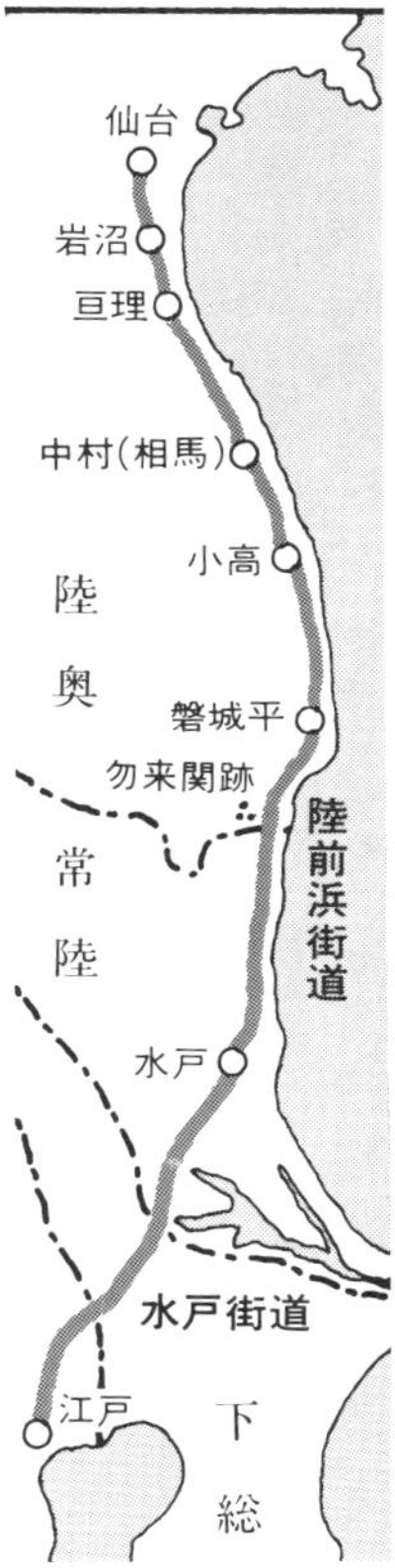

勿来関跡の碑

と『古事記』にも記されているように、「いわき」の名は古い。しかし城下町として発達したのは、慶長《けいちょう》七年（一六〇二）に鳥居《とりい》忠政《ただまさ》が築城を開始してからのことである。徳川譜代大名が居城としたが、あの激烈な戊辰戦争で磐城平藩二六〇年の歴史を残して落城した。

磐城平は城下町であったが、安政《あんせい》二年（一八五五）にとなりの内郷《うちごう》で石炭が発見されるや、炭鉱景気でにぎわうようになった。しかし今は廃坑となり昔日の面影はない。

磐城平藩の植えた四倉《よつくら》の黒松の防潮林を右手に、浜街道は北に向かう。

この地方には、数多くの古墳がある。その一つに双葉《ふたば》の清戸迫《きよとさく》装飾古墳がある。奥壁に、渦巻きや人物立像、動物が朱で描かれており、豪族か有力者の墓とみられている。

小高《おだか》は、かつて相馬氏の居城があったところ。松や杉の並木道が浜街道の情緒を伝える。居城はのちに中村に移ったが、このあたり一帯は相馬野馬追《のまおい》祭の地として全国的に有名である。相馬藩祖 平 将門《たいらのまさかど》が野馬を追い戦術を練ったという伝説をもとに繰り広げられる、騎馬武者による神旗争奪戦である。

六万石の城下町中村には相馬駒焼の窯《かま》元があり、走り駒の絵が特徴の、風格のある青磁がつくられたことでも知られている。

しかし、相馬氏の藩領はここまで。新地《しんち》そして亘理《わたり》に入ると、伊達氏の支配する地となる。亘理は宿場町であったが、中心集落は武士街をなしていた。奥州街道の岩沼宿はもう目の前にある。

奥州街道から太平洋へ❷

石巻街道

いしのまきかいどう

●仙台城下より利府《りふ》・小野・矢本を経て石巻に至る道。
●なお、古川から小牛田《こごた》を経て石巻に至る石巻別街道もある。

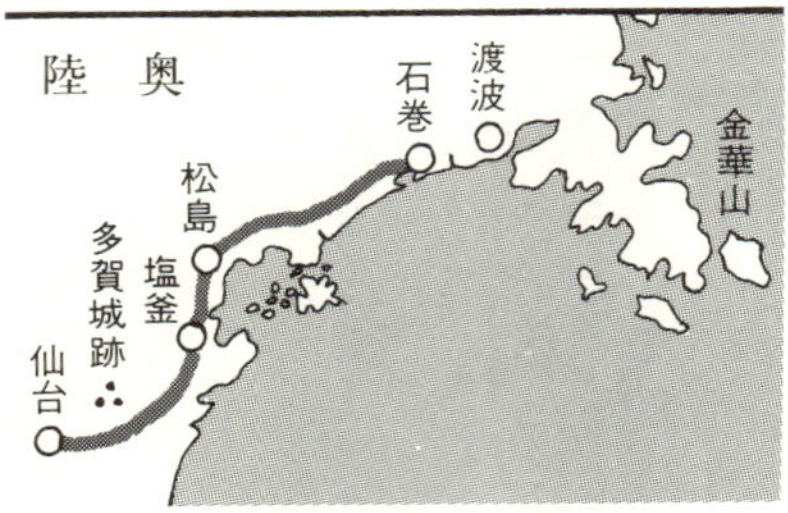

絶景松島と歴史の遺産

「扶《ふ》桑《そう》第一の好風」と松尾芭蕉がほめたたえた景勝松島に向かう街道である。松島は芭蕉だけでなく、江戸時代の数多くの文人墨客が歌に詠《よ》んだ。

仙台城下から松島までは約二三キロ、その道すがらにも旧跡が多い。

八世紀のころ、蝦夷平定のために大野東人《おおののあずまんど》によって築かれた多賀《たが》城の土塁跡が見られ、航海安全と安産の神様「塩竈《しおがま》さん」として知られる奥州一ノ宮塩竈神社が待ち受ける。伊達政宗によって再興され、のちに江戸時代の中ごろ、現存する荘重華麗な社殿が建てられたのである。

伊達氏が保護した金華山

石巻街道は、景勝松島への遊山の道であったが、同時に霊島金華山《きんかざん》参詣の道でもあった。

文人墨客が足を運んだ松島

港町石巻には千石船が往還し、江戸で需要される米の三分の一が、この港から積み出されたという。石巻から牡鹿《おしか》半島の先端鮎川《あゆかわ》までは、険しい峠越えの道である。旅人は、渡波《わたのは》まで歩くと、そこから海路をとり、せっせと金華山参拝にかよった。三年つづけて参拝すれば、一生金銭に困らないという民間信仰があったのだ。

奥州街道から太平洋へ❸

遠野・釜石街道

とおの・かまいしかいどう

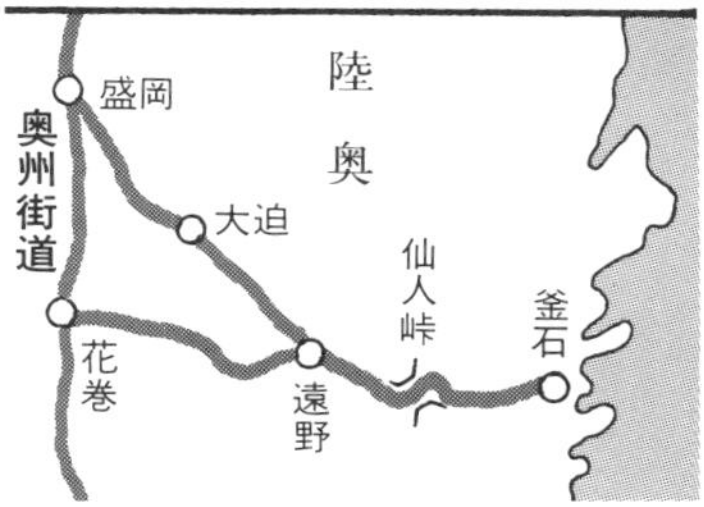

●遠野街道は、花巻《はなまき》から土《つち》沢《ざわ》・鱒沢《ますざわ》を経て遠野に至る道。花巻街道ともよばれた、釜石街道は遠野から仙人峠を経て釜石に至る道。
●遠野へは盛岡から大迫《おおはさま》・達曾部《たつそべ》経由で至る道もあった。

中心地遠野は民俗の里

遠野・釜石街道は、三陸沿岸の塩や海産物を内陸に運送し、また内陸の米を沿岸部に運送する重要な道だった。街道の中心は遠野で、一の日と六の日には六斎市《ろくさいいち》がたちにぎわった。

しかし後年、遠野の名を高めたのは、柳田国男の『遠野物語』である。仙人峠から遠野市にかけてのカッパやザシキワラシなど、数々の伝説や民話を発掘して紹介したのである。

遠野は民俗芸能のふるさとでもある。九月十四日から二日間行なわれる八幡神社の例大祭では「馬場めぐり神事」をはじめさまざまな民俗芸能が遠野の人びとによって繰り広げられる。

洋式高炉の鉄の道

遠野・釜石街道はもうひとつ、鉄の道でもあった。安政《あんせい》四年（一八五七）に、大島高任《たかとう》によってわが国最初の洋式高炉が釜石の大橋に建造され、磁鉄鉱精錬による製鉄に成功した。以来、釜石は日本の鉄鋼産業の要となってきた。

日本では、砂鉄による出雲《いずも》のたたら製鉄が、古来より伝わるが、この大橋での製鉄は、近代日本産業の夜明けをつげるものだった。

民俗芸能，遠野の獅子舞

奥州街道から太平洋へ❹

宮古街道

みやこかいどう

●盛岡と三陸海岸の宮古を結ぶ街道。閉伊《へい》街道ともよばれる。
●盛岡から区界峠《くざかい》を越え、閉伊川沿いに川内・川井・茂市《もいち》・蟇目《ひきめ》を経て宮古に下る。

路傍の石仏

北上山地を馬が横切る

盛岡から宮古に向かうには、まず標高七五一メートルの北上山地の区界峠を越えなければならない。冬の寒さはことのほか厳しく、難道中の難道であった。しかし人びとが、宮古からは海産物を、盛岡からは米や雑穀を運ぶために、なくてはならない生活の道だった。この地方では、魚屋は「いさば屋」といった。宮古街道は、魚が運ばれたので五十集《いさば》街道ともよばれ、毎日たくさんのいさば衆が牛馬を引っぱって峠を越えた。

川魚の宝庫と海戦の港

ほぼ宮古街道沿いに鉄道が全線開通したのは昭和十四年。それまでは、馬は江戸の時代から変わらぬ貴重な荷物運搬の手段であった。旧道には、数多くの馬《ば》頭《とう》観音が見られる。

宮古街道で忘れてはならないのは、この北上山地に道路を切り開いた牧庵鞭牛《べんぎゅう》和尚である。宝暦《ほうれき》五年（一七五五）の南部藩の大飢饉《ききん》を目のあたりにして、鞭牛は沿岸部と内陸部をつなぐ道をつくろうと決心した。食物が行き交う道をつくれば、大飢饉の悲劇を繰り返さなくてすむと考えたのである。

閉伊川に沿う川内・川井の村は、今でも辺境のたたずまいをみせるが、その支流はイワナやヤマメの宝庫である。閉伊川沿いに街道を下り、南部桐で知られる茂市を通りすぎると、ほどなく港町宮古が待ち受ける。戊辰戦争の際、日本で最初の近代的海戦が行なわれたところで、アメリカから購入した最新鋭艦を擁した官軍が、旧幕軍の奇襲を破ったのである。

奥州街道から太平洋へ❺

小本街道

おもとかいどう

●盛岡から早坂峠を越え、門《かど》・岩泉を経て小本に至る街道。

「南部牛追唄」の道

北上山地を東西にまたぐ小本街道は、塩と鉄の道である。

小本で牛の背に塩や海産物を積むと、早坂峠越えの道を四日がかりで盛岡の城下にたどり着き、市場で米と交換して村に持ち帰った。

小本街道は坂が連続していた。物資の輸送に馬が使われず牛が使われたのは、この坂道のためである。とくに春と秋には、背に荷物をしょわせた五、六頭もの牛を、たった一人の牛方《うしかた》がひきつれて峠を登るという光景が見られた。牛方の道順や宿場が織り込まれた民謡「南部牛追唄」は、小本街道が本場だったという。

鉄が上り下りする峠道

江戸時代の中ごろ、砂鉄と燃料の材木にめぐまれた北上山地は、鉄の生産量がふえるにつれて原料の輸送もふやさねばならなくなった。

鉄山専門の牛方が現われ、砂鉄や木炭や鉄製品を七、八頭もの牛をひきつれて山を上り下りするようになったのである。

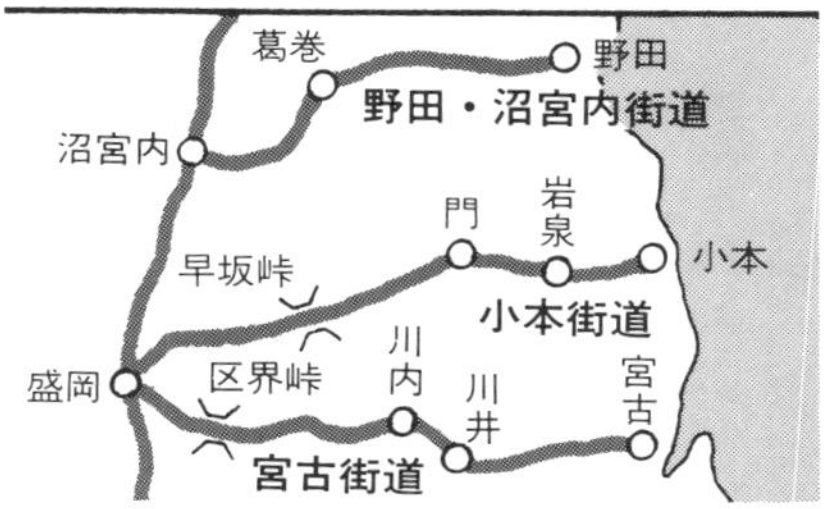

北上山地の難所，早坂峠

奥州街道から太平洋へ❻

野田・沼宮内街道

のだ・ぬまくないかいどう

●奥州街道の沼宮内から葛《くず》巻《まき》を経て、平庭《ひらにわ》峠を越え、三陸海岸の野田に至る道。野田街道ともよばれた。

数少なくなった曲家

幕末の大一揆

野田・沼宮内街道も、塩と鉄が盛んに輸送された。この道では、急坂のつづく小本《おもと》街道では使われなかった馬も、物資の輸送に一役買った。

北上山地の鉄山は南部藩の直営だった。しかし実際には商人が鉄山に携わり、莫大《ばくだい》な利益をむさぼっていた。

鉄による収入は南部藩の財政に必要なものであったが、それでもなお赤字を抱えていた。赤字の補塡《ほてん》はいつも農民におしつけられた。

そのような藩の悪政に対し、窮乏を訴える野田村をはじめとした農民たちは、大規模な一揆《いっき》を起こした。嘉永《かえい》六年（一八五三）のことである。総勢一万数千を指導した者から処罰を出さずに一揆の要求が貫かれた、記念すべき事件であった。

人馬一体の曲家

しかしそれから間もなく、もう一つ事件が起きた。旧来の砂鉄によらない、磁鉄鉱を原料にした洋式の高炉による鉄の大量生産が釜石で始まったのである。これは、以前は鉄山のおかげで、牛馬などによる運搬で現金収入があった街道沿いの農民たちの仕事を失わせることとなった。

南部藩領は馬の産地として有名であった。南部曲家《まがりや》というL字形の家は、同じ屋根の下で人間と馬とが暮らせるよう工夫された造りで、この地方独特のものであった。しかし、馬の需要が少なくなるにつれ、曲家も一軒そしてまた一軒と消えていった。現在は、馬にかわって野田豚に代表されるように、養豚が盛んである。

奥州街道から日本海へ❶

七ケ宿街道

しちかしゅくかいどう

●桑折《こおり》から小坂峠・金山峠を越え羽州街道に至る道。
●七ケ宿《しちかしゅく》は、上戸《かみと》沢《ざわ》・下戸沢・渡瀬・関・滑津《なめつ》・峠田《とうげた》・湯原《ゆのはら》の各宿をさす。

右に奥州街道，左に七ケ宿街道の分かれる桑折の追分(上)。七ケ宿街道の上戸沢集落(下)

雄大な蔵王連峰を望む道

かつて半田銀山の景気で沸きかえった奥州街道の桑折宿は、七ケ宿街道との分岐点である。この道は奥羽山脈の山と谷と平野と盆地を、いくつも越えなければならない羽州街道につづく。

桑折で奥州街道と分かれると、いきなり険しい小坂峠への坂道が立ちふさがる。しかし峠からの眺望は雄大で、初春のころには雪深い蔵王連峰が眼下に広がる。江戸時代には十数藩の大名が、参勤交代のたびにこの峠を越えた。

峠を越えると上戸沢である。ここから湯原までは七ケ宿とよばれている。下戸沢には、今も宿場町であったころの茅葺《かやぶ》きの家並みが残っている。関・滑津・湯原とともに下戸沢にも本陣《ほんじん》があったという。しかし、戸数七四戸ほどの山あいの宿場である。米の自給もできず、宿場の経営はきわめて困難であったようだ。

大名道・商人道・参詣道

街道は白石川に沿って上る。対岸に、石英安山《せきえいあんざん》石の柱状節

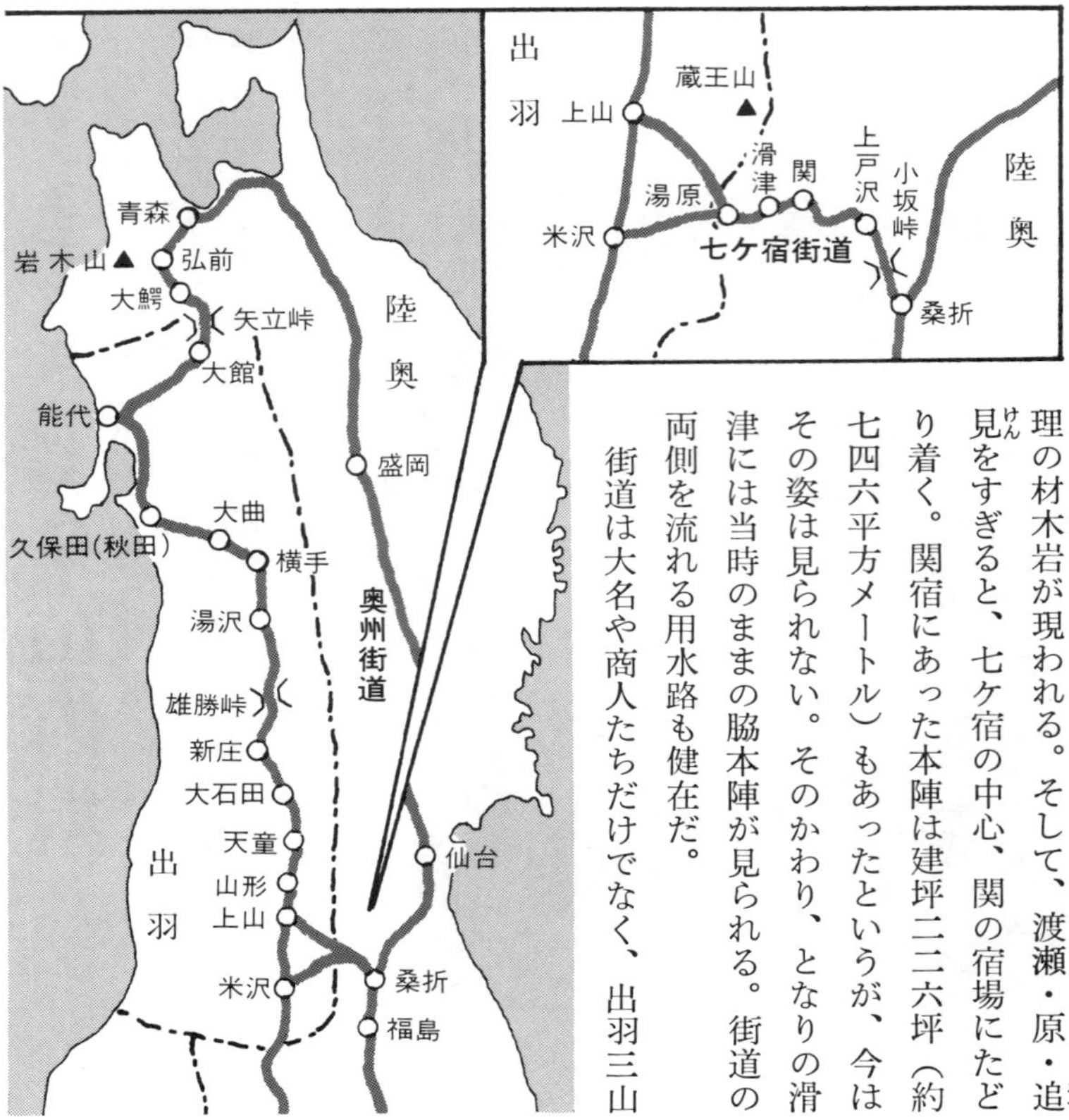

理の材木岩が現われる。そして、渡瀬・原・追《おっ》見《けん》をすぎると、七ケ宿の中心、関の宿場にたどり着く。関宿にあった本陣は建坪二二六坪（約七四六平方メートル）もあったというが、今はその姿は見られない。そのかわり、となりの滑津には当時のままの脇本陣が見られる。街道の両側を流れる用水路も健在だ。

街道は大名や商人たちだけでなく、出羽三山参詣の人たちも通った。宿場にとっては、ありがたい客であった。

七ケ宿の最後の宿は、藩境の湯原である。ここには仙台藩の国境警備の番所がおかれていた。ここからは、二井宿《にいじゅく》峠を越えて米沢に下る左に行く道と、険しい金山峠を越えて上山《かみのやま》に至る右に行く道とに分かれる。湯原は山中の街道の要所ということで、参勤交代の大名がここに宿をとった。本陣は大名一行一〇〇人を泊めることができるほど大きかったといわれる。

金山峠を越え出羽国に入る

七ケ宿街道は金山峠を越えて出羽国に入る。出羽国第一の宿は楢下《ならげ》である。そして楢下をすぎると、いよいよ羽州街道が走る上山である。

上山は城下町であったが、湯の町でもあった。山また山の道を越えてきた旅人や湯殿《ゆどの》山参りの信仰者にとって、飯盛女のいる温泉は、またとない桃源郷《とうげんきょう》とうつったにちがいない。

奥州街道から日本海へ❷

羽州街道

うしゅうかいどう

●奥州街道の桑折から七ケ宿街道を通り、上山・山形・新庄・横手・六郷・久保田（秋田）・能代《のしろ》・大館《おおだて》・弘前を経て青森に至る街道。

山形城二の丸の最上義光像

紅花で栄えた城下町

湯の町上山を背に、羽州街道は北に向けて走る。右手には蔵王の嶺が立つ。松原宿をすぎると、やがて紅花《べにばな》の里、山形の盆地に入る。

山形は最上義光《もがみよしあき》が整備した城下町であるが、江戸時代から商都としてその名が高かった。これは、山形の特産品紅花によるところが大である。

紅花は大石田《おおいしだ》まで羽州街道を陸路で運ばれ、大石田河岸から最上川を舟で下り、酒田《さかた》から西廻り航路で上方《かみがた》に運ばれた。最上紅花は阿波藍《あわあい》とともに、品質・生産量とも日本の二大染料であった。

山形盆地を土地の人は村山盆地とよぶ。山形の経済を支えた紅花が、村山郡一帯でつくられていたからである。この村山盆地は最上川に沿って細長くつづく。現在も、天童《てんどう》をすぎ六田《ろくた》宿のあたりまで来ると街道の松並木が残っている。最上川舟運の大石田の河岸をすぎると、街道は最初の難所、猿羽根《さばね》峠に向けての上り坂になる。

かつては川舟でにぎわった最上川

今は通る人もない旧雄勝峠

峠越えの雪道

出羽路の難所、猿羽根峠は標高一七〇メートルほどだが、三十七曲がりと豪雪には、どの旅人も苦労した。やっと峠を越え、ほっとするのも束の間、暴れ川の小国《おぐに》川が待ち受ける。雨が降ればきまって増水し、旅人は、幾日も足止めをくったのである。

もちろん、街道の楽しみもあった。八月二十四日からの新庄《しんじょう》の天満神社例大祭は、戸沢藩の殿さまが大飢饉《ききん》で打ちひしがれた人びとに元気を取り戻させようと、宝暦《ほうれき》六年（一七五六）に催したものである。笛や太鼓のはやしにのって、各町内を十数台の山車《だし》がねり歩く。

羽州街道は峠越えの道である。新庄から金山を経て及位《のぞき》の番所を通過すると、こんどは雄勝《おがち》峠が待ち構えている。体じゅうに汗して峠を越えると院内《いんない》の関所だ。津軽の殿さまが武装したまま関所を通行しようとしたら、佐竹藩領内ではその格好で通させぬと阻んだという話が残っている。

佐竹南家の居城のあった湯沢から十文字新田《じゅうもんじしんでん》を経て、民俗行事「かまくら」で知られる横手に入る。横手といえば、徳川二代将軍秀忠への謀反の疑いをかけられ、この地で幽閉された本多正純が亡くなったところだ。芝居の『宇都宮釣天井』でおなじみの話である。

秋田の夏祭り、竿灯

雄物川と米代川

六郷・大曲《おおまがり》・刈和野《かりわの》と、街道は雄物《おもの》川沿いの穀倉地帯を行く。物資の輸送は雄物川の帆船にたよった。しかし秋田藩では、米が他の藩へ流出するのを警戒し、刈和野をはじめいくつもの米留め番所を設けた。

江戸時代は秋田は久保田とよばれていた。久保田城主は田法、すなわち米を制して領内を治めようとした。そのため、農民は手厚い保護を受けた。大地主も生まれ、彼らは明治時代には政治や経済にも強い発言力をもつようになるのである。

秋田は祭りのふるさとでもある。二〇〇本近い竿灯《かんとう》が笛や太鼓のはやしにのって市内の通りをねり歩く。この「竿灯祭」は、天明《てんめい》八年（一七八八）の文献にその名が登場しているから歴史も古い。毎年八月五日から三日間行なわれる。

男鹿《おが》街道との分岐点追分《おいわけ》をすぎると、現在はそのほとんどが干拓されているが、雄大な八郎《はちろう》潟《がた》を左手に見ながら街道が走る。正岡子規が、「秋高く入海晴れて鶴一羽」と詠んだ三倉鼻の岬は、八郎潟を見渡せる絶景の地だった。

米代《よねしろ》川河口に開けた能代は、秋田杉なしには成立しえない。文禄《ぶんろく》二年（一五九三）、豊臣秀吉の伏見《ふしみ》城築城の際には、この河口から秋田杉が運ばれたという。

街道は米代川をさかのぼる。かつては秋田杉を運ぶ筏《いかだ》流しが見られたが、流域の町は、昔から木材をたよりに生きてきたのである。

木材とともに米代川流域の人びとの生活を潤してきたのは、鉱山資源である。文久《ぶんきゅう》元年（一八六一）には小坂鉱山が発見され、金・銀・銅が掘り出されたという。いたるところに鉱山があり、秋田藩は隠し金山さえもっていたといわれる。いわゆる〝幻の長慶《ちょうけい》金山〟である。

秋田犬(右)と津軽の霊峰岩木山(左)

古いたたずまいを今に残す弘前

大館は、秋田犬のふるさとでもある。秋田犬は古くは大館犬とよばれた。大館城代佐竹氏はことのほか闘犬が好きだった。そこで、町ぐるみで強い秋田犬をつくりあげたのである。

羽州街道は再び峠をめざす。こんどは矢立《やたて》峠である。峠への急坂に、立ちふさぐように樹齢二百年の天然杉がそびえる。そして、苦労して峠を越えると、碇ケ関《いかりがせき》が待ち構えている。武装した関所番が守備に当たり、その厳重さは東海道の箱根の関所の比ではなかったと、古川古松《ふるかわこしょう》軒《けん》は、その著『東遊雑記』で述べている。

津軽ヒバの林を見ながら大鰐《おおわに》まで下る。八百年の歴史をもつ大鰐温泉が旅人の疲れを癒す。ここは、鷹狩りを好んだ三代藩主津軽信義の湯治場でもあった。弘前の居城から近距離にあったことから、その後の津軽歴代の殿さまもたびたび大鰐温泉を利用したという。

弘前城は、慶長《けいちょう》十五年（一六一〇）に津軽信《のぶ》枚《かず》が築城に着手、翌年完成した。藩主十二代にわたる十万石の城下は、津軽の政治・経済・文化の中心であった。

そして弘前は、戦禍に巻き込まれることがなかったため、昔ながらの古い町のたたずまいを今も見せてくれる。城も、文化《ぶんか》七年（一八一〇）再建の天守閣をはじめ、三つの櫓《やぐら》と五つの城門が、当時のままそっくり現存している。

弘前を出ると、いよいよ羽州街道の終点青森への道を残すだけである。水田とりんご畑、そして郷土の尊崇を集める〃津軽富士〃岩木《いわき》山を背にして道はつづく。

日本の城郭でも珍しいといわれる、北畠氏の七つの館からなる屋敷城のあった浪岡《なみおか》を通りすぎる。もし春であるなら、本丸の土塁の周囲に、桜の花が満開のはずである。華やかな往時の面影を見せてくれるであろう。

奥州街道から日本海へ❸

笹谷街道・六十里越街道

ささやかいどう・ろくじゅうりごえかいどう

●笹谷街道は仙台と山形を結ぶ重要な街道の一つ。

●六十里越街道は山形から日本海へ向け鶴岡に至る街道。六十里越の名は、街道の一部を六町一里で計算したためといわれる。また、大岫《おおぐき》峠越えのつづらおりが六〇里もつづいたからともいわれる。

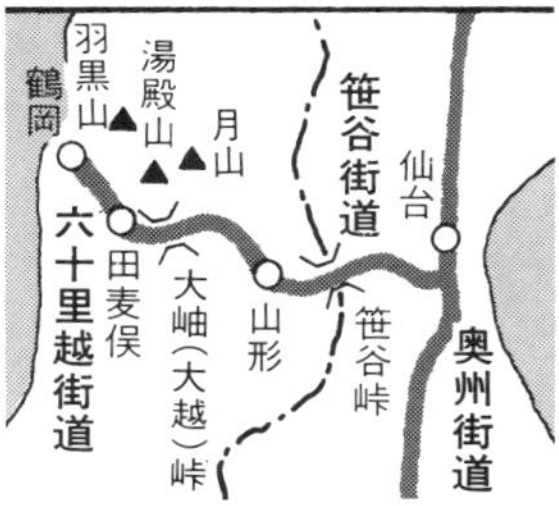

歌枕と参詣信者の道

羽州街道筋、紅花のふるさとである山形からは、いくつかの重要な街道が分かれている。

一つは、出羽と陸奥を結ぶ古代からの道、笹谷街道である。笹谷峠には、不破《ふわ》関とか末の松山などとともに歌枕で知られる有耶無耶《うやむや》関の跡と伝える場所がある。そして参勤交代の大名や米・海産物の輸送路でもあり、出羽三山参詣の信者たちも通った。山形からでるもう一つの街道、六十里越街道にも通じていたからである。

六十里越街道は、最上《もがみ》川とさくらんぼの里寒《さ》河《が》江《え》を越えて山道にはいるが、参詣者たちはその前に、寒河江川の断崖に架かる臥竜橋《がりゅうきょう》で身を清めるのが習わしだった。橋を渡ると、そこは湯殿《ゆどの》山の神域とされていたからである。

出羽三山の即身仏

出羽三山は湯殿山を中心に月山《がっさん》・羽黒《はぐろ》山をいう。三山に参詣すれば、すべての悩みや苦しみから解き放たれると信じられ、とくに湯殿山神社は、古くから湯殿権現と崇《あが》められていた。

大岫《おおぐき》峠、今の大越《おおごえ》峠を越えると、兜《かぶと》造りとよばれる民家が残る田麦俣《たむぎまた》がある。兜造り建築の高八方とよばれる窓は、採光と煙出しをかねている。雪の多いこの地方で、養蚕の仕事をするのに便利にできていた。

また、大日坊には真如海《しんにょかい》上人、注蓮寺には鉄《てつ》門海《もんかい》上人というように、湯殿山系には即身仏《そくしんぶつ》すなわちミイラが多い。木食《もくじき》・断穀《だんこく》とともに三千日、五千日と仙人沢に山籠し修行し、死期をさとると入定《にゅうじょう》した信仰者の凄絶《せいぜつ》な姿である。

羽州浜街道

うしゅうはまかいどう

●鼠ケ《ねずが》関《せき》から鶴岡《つるおか》を経て、日本海の浜に沿って久保田（秋田）に至る街道。

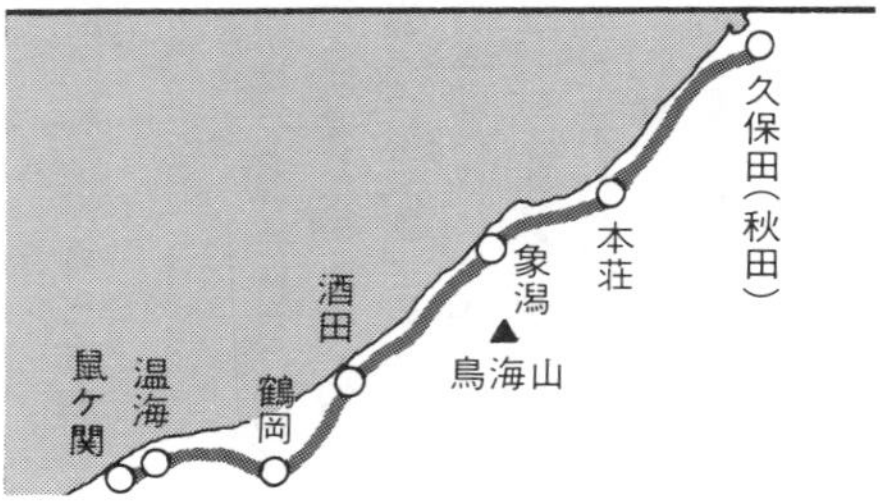

江戸時代からの米どころ

鼠ケ関は羽州浜街道の出発点である。古代、念珠ケ《ねずが》関《せき》のおかれたこの地は、越後から出羽に入る玄関であった。玄関をすぎるといきなり温海《あつみ》の温泉がある。庄内藩主酒井忠勝が元和《げんな》八年（一六二二）に入封後、湯役所を設けた温泉である。ここは飯盛《めしもり》女も数多く、旅人たちを慰めた。

小波渡《こばと》から三瀬《さんぜ》・由良《ゆら》のあたりの海岸線には、日本海の荒波でけずられた奇岩や立岩、絶壁の洞窟がつづく。沿岸の海は、タラやハタハタ・ズワイガニの好漁場である。しかし、小波渡の漁師たちは、すでに江戸時代に、北海の海にニシンを求める出稼ぎの漁業を行なっていた。小さな村ではあるが、立派な白壁の土蔵の家が多いのもそのためである。

浜街道は、由良のあたりから庄内平野の南部をめざす。そこには、庄内の領主として二百四十余年もつづいた、譜代大名酒井氏の城下町鶴岡がある。鶴岡は桑畑が多く、生糸・織物の町として有名であった。しかしこの地の景色を支えるのは庄内平野の水田である。最上《もがみ》氏支配の慶長《けいちょう》年間（一五九六〜一六一五）に灌漑《かんがい》用水がつくられ、水田の面積が大きくなった。

出羽三山を背に、浜街道は庄内平野を酒田《さかた》に向けて走る。酒田は最上川河口にあり、街道筋の町というより、物資集散の一大港町である。里謡の「本間《ほんま》さまには及びもないが、せめてなりたや殿さまに」の文句にもある、大地主であり豪商であった本間家ゆかりの町でもある。染料の紅花も、最上川を下り、酒田の港から京に

本間家の門(上)と子吉川の流れる本荘(下)

運ばれたのである。

大地震で消えた
象潟の九十九島

鳥海《ちょうかい》山の裾野と日本海にはさまれた浜街道は、三崎の険路を越える。温帯の常緑樹タブが付近を覆う。対馬《つしま》暖流が南の国からはるばるタブの木を運んできてくれたのである。

鳥海山の裾野は象潟《きさかた》までつづく。西行《さいぎょう》法師が「松島やおしまの月も何かせんただきさかたの秋の夕ぐれ」と歌ったように、象潟の海岸の景色は、多くの文人や旅人の目を楽しませてくれた。しかし、文化《ぶんか》元年（一八〇四）の大地震により、松島とならび称された「九十九島、八十八潟」は、一瞬にして地盤が隆起し消滅した。今は、遠浅の潟に浮かぶ島のかわりに、日本海の波に洗われた絶壁が旅人の目を楽しませてくれる。

城下町本荘《ほんじょう》（本庄）は、北前船《きたまえぶね》の寄港する港町でもあった。港は子吉《こよし》川の河口にあり、本庄藩をはじめ亀田藩・矢島藩の米蔵が並び、千石船がいそがしげに出入りした。

ひっそりとしたたたずまいの小藩の城下町亀田をすぎると久保田。浜街道の終点である。

奥州街道から日本海へ❺

秋田街道

あきたかいどう

●盛岡から国見峠《くにみ》を越えて生保内《おぼない》に至る街道。生保内からさらに角館《かくのだて》までを合わせて秋田街道ともいう。

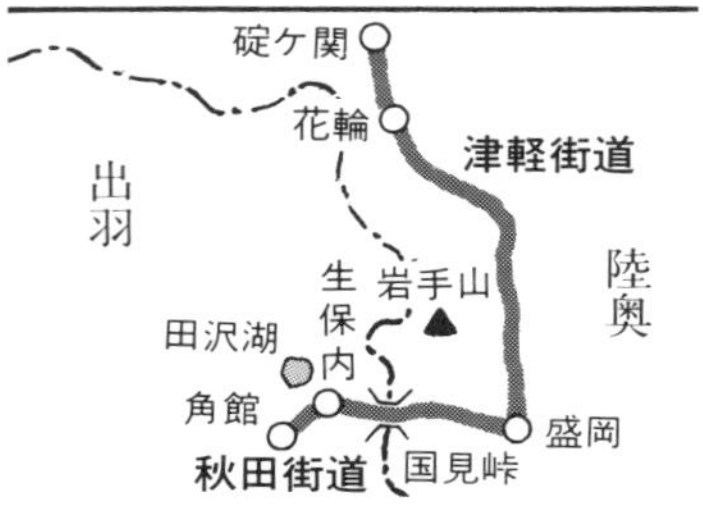

一里塚で整備された街道

秋田街道は、物資交流の道で、南部からは三陸沿岸の海産物が、秋田からは米や木材が、国見峠を越えて運ばれ、江戸幕府の「馬買衆」も、南部の馬を求めてこの道を往来した。奥州街道と日本海側を結ぶ小さな街道にすぎないが、人馬の通行は多く、一里塚もきちんと設けられていた。

南部氏の城下町盛岡から西に、雫石《しずくいし》川をさかのぼると、国見峠越えの物資運搬を生業とする人たちが住む橋場宿があった。現在は雫石町である。街道はよく整備されていた。

〃戦いの峠〃から城下町角館へ

平安時代末期の前九年《ぜんくねん》の役から、戊辰《ぼしん》戦争まで、街道の国見峠はしばしば戦いの場となった。江戸時代には南部藩側の橋場と秋田藩側の生保内にはそれぞれ口留番所がおかれていた。しかし領界に住む村人たちは、日常の生活物資を調達するために、かなり自由に出入りができたという。

角館に残る岩橋家の黒塀と門

生保内を越えると、佐竹北家の城下町角館《かくのだて》である。町のしだれ桜は、明暦《めいれき》三年（一六五七）に京都の八坂神社から移されたもの。黒塀《くろべい》の武家屋敷や土蔵造りの古い商家も、三百五十年の歴史を秘め、往時の面影をしのばせる。

ここから羽州街道沿いの大曲《おおまがり》の町までは、秋田の穀倉地帯であり、酒造りの家も並ぶ。

奥州街道から日本海へ❻

津軽街道

つがるかいどう

●盛岡から田道《でんどう》・田山・湯瀬《ゆぜ》・大里・花輪《はなわ》を経て、坂梨峠を越えて碇ケ関《いかりがせき》で羽州街道と合流する。

南部富士、岩手山

盛岡を背に、奥州街道から左に分かれて、暗黒色の溶岩流が広がる岩手山麓を街道は行く。この溶岩流は享保《きょうほう》四年（一七一九）の噴火によってできたもの。国の特別天然記念物である。

大正時代以後、硫黄《いおう》景気に沸いた街道西方の松尾鉱山も、今は閉山し、静まりかえっている。しかしこれと入れ替わるように、日本で初めての地熱発電所が松川にでき、流れ出る熱水によって八幡平《はちまんたい》の温泉郷が潤うようになった。

田山は正徳《しょうとく》年間（一七一一〜一六）に考案されたという「田山暦《こよみ》」のふるさとである。文字が読めなくても、絵ときで暦がわかるというもので、江戸時代に大いに普及した。

湯瀬には旅人や輸送荷物を調べる中番所があった。米代川沿いに下ると、屏風《びょうぶ》のような絶壁が切り立っている。この下を通り抜ける旧街道からは、往時と変わらぬ奇岩と深い淵が今も旅人の目を楽しませてくれる。

道はやがて花輪に入る。南部藩の代官所がおかれていた花輪は商業の町でもあり、江戸時代から三と八の日に市が開かれていた。紫根染《しこんぞめ》・茜染《あかねぞめ》が、千年も前から受け継がれてきたのも花輪である。花輪盆地の中心、毛馬内《けまない》には「雁木造り」に似た「小店《こみせ》造り」が残り、近くの錦木《にしきぎ》は謡曲『錦木』の悲恋の伝説の地である。小坂をすぎ碇ケ関に入ると、津軽である。

念珠関《ねんじゅのせき》・鼠ヶ関《ねずがせき》（羽州浜街道）

山形県鶴岡市鼠ヶ関

白河、勿来《なこそ》と並び奥州の三関と称された鼠ヶ関は、出羽と越後の国境に置かれていた。前身は六五〇年頃、蝦夷《えぞ》計略のためにつくられた都岐沙羅《つきさら》柵《のき》であるという説が強い。この当時は多くの兵士が守りについており、江戸時代の関所のように通行人を取り締まるだけでなく、柵の役目も果たしていた。

伝説も多く、文治《ぶんじ》三年（一一八七）、源頼朝に追われた義経主従が奥州に逃れる際、海路を辿り上陸した地ともいわれる。また戊辰《ぼしん》戦争時、最後まで反抗する奥羽諸藩に対し、官軍が白河、勿来、鼠ヶ関の三関から攻め入ったが、破られた白河と勿来に対し、鼠ヶ関は最後まで官軍の攻撃を防ぎきった。

鼠ヶ関は何度も移転し、元和《げんな》八年（一六二二）、酒井氏の庄内藩政が始まって以降に、現在の跡地に定まった。明治五年（一八七二）に関所が廃止され、大正十三年（一九二四）、「史跡念珠関址」として特別史蹟に指定されたが、その後の調査により古代鼠ヶ関址の存在が認められたため、改めて「近世念珠関址」と呼ばれるようになった。

漁港に近い近世念珠関址

栗《くり》橋《はし》関（日光道中）

埼玉県北葛飾郡栗橋町栗橋

江戸時代、日光道中は将軍が在城する江戸と、徳川家康をまつる日光を結ぶ重要な道として、五街道のひとつに数えられた。道の途中には道中最大の河である利根《とね》川が流れており、「利根川通り定船場」が設けられていた。江戸時代初期、関東代官頭の伊奈《いな》備《び》前守《ぜんのかみ》がこれを発展させ、番士四人を置いたことから栗橋関の歴史が始まったといわれる。当時は、栗橋の対岸が中田宿（栃木県古河市）だったので、「房川渡《ぼうせんのわたし》 中田関所」とも呼ばれていた。関所は明治二年（一八六九）まで機能していたが、現在は関所址の碑を残すのみである。

白《しら》河《かわ》関（奥州街道）

福島県白河市旗宿字白河内

関が置かれた確実な年代はわかっていないが、大化の改新（六四五年）の頃には文献にその存在が認められている。主に蝦夷《えぞ》の侵入を防ぐのが目的であったとされたが、奥州の状況が安定するに従い十二、三世紀頃には廃れていった。これにより実質的な機能こそ失われたが、以降も歌枕に読まれたり、西行《さいぎょう》法師や松尾芭蕉が立ち寄ったりするなど、白河の関は人々の心の中に溶け込んでいた。それは現在も変わらず、高校野球で東北勢が奮戦すると「優勝旗が白河の関を……」の表現が使われるほどである。関所跡地には、白河神社が建立されている。

勿《な》来《こそ》関（陸前浜街道）

福島県いわき市勿来町関田長沢

いわき南部の旧名から菊田《きくた》関とも呼ばれていた勿来関は、約一五〇〇年前に設けられたといわれる。勿来は「来るなかれ」という意味で、蝦夷の南下を食い止める目的からこの名がついたという説がある。関の役割自体は一〇世紀頃に終えていたが、後三年の役で源義家《よしいえ》が奥州平定のため下向する途中、この地で「吹く風を勿来の関と思えども道もせに散る山桜かな」と詠んだものが『千載《せんざい》和歌集』に載り、勿来関の名は世に伝えられた。関所跡から近い勿来関文学歴史館には、源義家が着用したという甲冑《かっちゅう》や、勿来関に関する資料が展示されている。

碇ヶ関《いかりがせき》（羽州街道）

青森県平川市碇ヶ関

南部家から独立を果たし、智謀の将で知られる津軽初代藩主・津軽為信《つがるためのぶ》は、秋田比内《ひない》への侵入路を整備するため、矢立峠に道を切り開き、関所が設置された。この道は天正十八年（一五九〇）になると、羽州街道として一般の往来にも使われ、江戸時代初期に定められた参勤交代の公道にも利用された。四代津軽藩主・信政《のぶまさ》が関所を碇ヶ関に移して、番所や町奉行、多くの役人を配置すると、関は繁栄を極めた。現在残る碇ヶ関御関所は、明治四年（一八七一）に関所が廃止になった当時の番所や門を再現しており、八月には碇ヶ関御関所祭りも行われる。

栃木
茨城
千葉
にっこう
うつのみや
おやま
みと
ちば
なりたくうこう
なるとう
ちょうし
東北本線
奥州道中
東北新幹線
日光線
日光道中
烏山線
壬生通り
水郡線
水戸線
常磐線
水戸
長岡
小幡
片倉
竹原
府中(石岡)
土浦
荒川
牛久
取手
我孫子
霞ヶ浦
鹿島灘
大和田
成田
佐倉
成田線
総武本線
外房線
犬吠崎
①
②
0
40km

江戸から常総・武甲へ

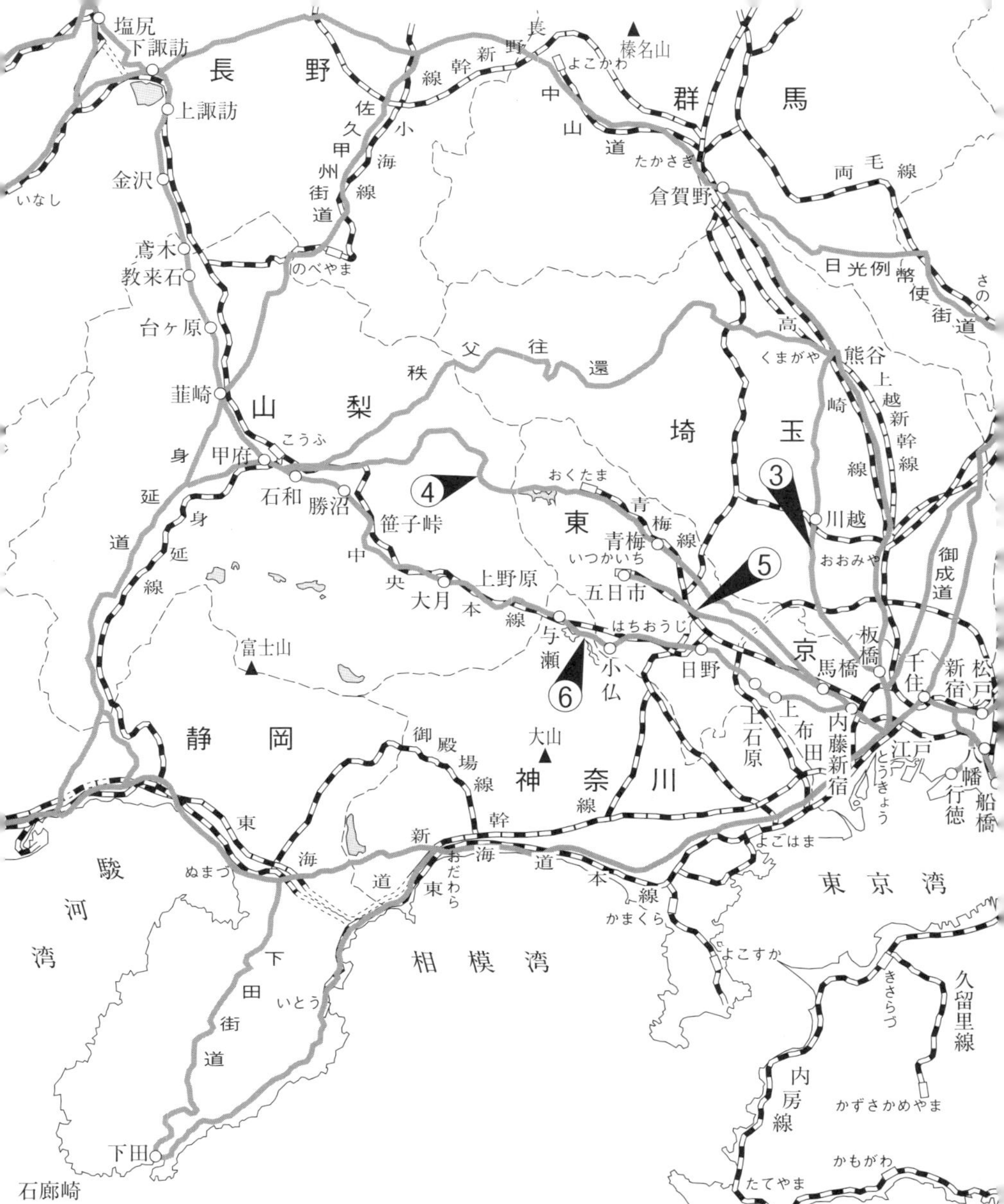

五街道宿駅

●甲州道中

内藤新宿・下高井戸・上高井戸・国領・下布田・上布田・下石原・上石原・府中・日野・八王子・駒木野・小仏・小原・与瀬・吉野・関野・上野原・鶴川・野田尻・犬目・下鳥沢・上鳥沢・猿橋・駒橋・大月・下花咲・上花咲・下初狩・中初狩・白野・阿弥陀海道・黒野田・駒飼・鶴瀬・勝沼・栗原・石和・甲府・韮崎・台ケ原・教来石・蔦木・金沢・上諏訪・下諏訪

（中山道と合流）

水戸街道

みとかいどう

●江戸日本橋を起点として、松戸・我孫子《あびこ》・取手《とりで》・牛久《うしく》・土浦《つちうら》・府中《ふちゅう》・長岡を経て水戸に至る約一一六キロの道。江戸時代には五街道につぐ主要街道。

新宿追分の道標

利根水運とともに栄えた取手宿

千住《せんじゅ》宿で日光道中を右に別れると、まず中川の渡し船につきあたる。川を渡り新宿《にいじゅく》をすぎるといよいよ水戸への一本道である。

参勤交代の大名では津軽・南部《なんぶ》・仙台をはじめ二十数藩が、この水戸街道を利用した。しかし、徳川御三家《ごさんけ》の一つ水戸藩は、参勤交代がなかった。藩主はつねに江戸に定府《じょうふ》していたからである。

もちろん常陸《ひたち》方面からの年貢米や特産品を運ぶ重要な道であった。さらに、富士講や伊勢講の旅人が利用する道でもあった。

道中改めの関所を越え、松戸をすぎると、幕府の馬牧や水戸藩の鷹場があった小金《こがね》宿である。そして、我孫子をすぎ利根川を渡ると、江戸時代の水運の重要な拠点であった取手である。ここには、銚子《ちょうし》や霞ケ浦《かすみがうら》から海産物や米が船で運ばれてきた。これらの物資は、利根川をさらに関宿《せきやど》までさかのぼり、そこから江戸川を

関東平野にそびえる筑波山

下って江戸に送られたのである。

藤代《ふじしろ》宿の近辺は穀倉地帯であった。しかし、ここを流れる小貝《こかい》川は大雨のたびに氾濫し、しかも低湿地であったため、旅人にとって、このあたりは峠の坂道より苦労の多い道だったという。

レンコン畑に囲まれた土浦城

若柴《わかしば》宿のあたりから、遠くかすむ筑波《つくば》山を背にした牛久沼が見えてくる。牛に変身した坊主がこの沼にはまり、そこで「牛喰う沼」すなわち「牛久沼」となったという伝説がある。

沼にはカモがたわむれ、小舟が行き交う。そんなのどかな水郷の景色を見ながら、牛久・荒川、そして中村をすぎると、やがて城下町土浦に入る。

城と町は、霞ケ浦に流れこむ桜川の河口にできた。現在、往時をしのぶものは堀跡と入母屋《いりもや》造りの太鼓櫓《やぐら》とよばれる城門だけである。土浦城は、亀が水に浮かぶ姿とそっくりだったという。「亀城《きじょう》」ともよばれるゆえんである。現在、本丸や二ノ丸跡は亀城公園として開放されている。城の周辺にはレンコンが藩の特産物として栽培されていた。今でも胸まで泥水につかってレンコンを収穫する光景が見られる。

中貫《なかぬき》・稲吉《いなよし》を経て、街道はやがて府中（石岡）へ入る。

常陸国の国府がおかれた府中

良質の米に恵まれ、また水にも恵まれた府中は「関東の灘《なだ》」を自称する酒どころである。江戸時代の中ごろには、すでに数軒の蔵元があったという。

常陸国一ノ宮の鹿島神宮（上）と弘道館正門（下）

　府中はまた、外港の高浜をひかえ、霞ケ浦の水運の要地として栄えた。往時をしのばせる廻船問屋の土蔵造りの倉庫が、ほとんど朽ち果ててはいるが今も残っている。

　また府中は、大化《たいか》元年（六四五）の大化改新ののちに常陸国の国府がおかれた地であり、平城京を彷彿とさせる格子状の道路が今も使われている。さらに、国分寺金堂跡などの礎石も残され、古代寺院の伽藍《がらん》の配置がよくわかる。

　当時の霞ケ浦には海水が流入していた。そのため、この付近一帯は高浜の海とよばれていた。この高浜からは、赴任してきた国司が鹿島《かしま》神宮に参拝するために船を出すのが習わしだったという。

　府中の町を出ると、街道の両側に一里塚が見えてくる。どちらの塚の上にも、江戸時代に植えられた榎《えのき》が立っている。

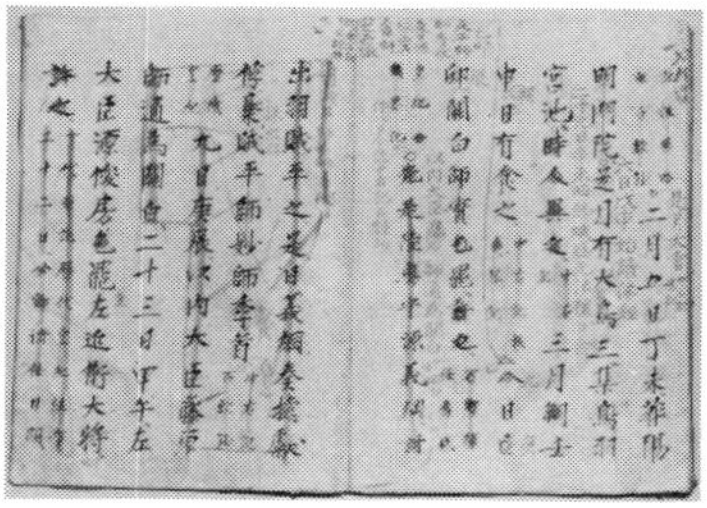
『大日本史』草稿

徳川斉昭

竹原・片倉・小幡と街道はつづく。そして涸《ひ》沼《ぬま》川を渡ると長岡宿、水戸は目前である。江戸時代には、旅人は江戸から水戸までを二泊三日かけて歩いたという。ただし、大名行列はこれより一日よけいにかけた。とくに、仙台藩は絢爛豪華な行列をつくり、「伊達者」の名をほしいままにゆったりと街道を進んだ。

名君を生んだ水戸の町

徳川御三家の一つ、水戸は三十五万石の城下町。水戸といえば、黄門さま徳川光圀《みつくに》の名がまっ先にあげられる。その名君ぶりは「水戸黄門漫遊記」として虚構の世界で広められた。光圀の手によって編纂されはじめた『大日本史』は、のちに「水戸学」とよばれる学風の礎となった。

那珂《なか》川と千波《せんば》湖にはさまれた台地の尖端にある水戸の城下は、飲料水に不自由したという。光圀はそこで、全長六キロにもおよぶ笠原水道をひらき、水不足に悩む城下の人びとを喜ばせた。これは日本最古の水道の一つで、今も残されている。

水戸徳川家には、もう一人の名君がいた。武士の子弟のための教育施設である藩校弘道館《こうどうかん》を、天保《てんぽう》十二年（一八四一）に創設した九代藩主の斉昭《なりあき》である。斉昭はさらに「民と偕《とも》に楽しむ」から名付けられた梅の花で知られる偕楽《かいらく》園を造園した。現在も、岡山の後楽《こうらく》園、金沢の兼《けん》六《ろく》園とともに日本三名園の一つとして、人びとの休らいの場となっている。

なお、斉昭は天保四年に「水戸八景」を選んだ折、のちの偕楽園の南崖にあたる「僊湖《せんこ》の暮雪」をあげている。

江戸時代の古地図を見るとわかるが、水戸城下には寺町がなかった。これは、領内の神仏分離を進めた光圀が、城下から寺を移転または除去したからである。現在、寺が少ないのはこのためである。

成田道

なりたみち

●江戸時代に成田山新勝寺《しんしょう》の参詣路とし発達した道。行徳《ぎょうとく》から八幡《やわた》・船橋《ふなばし》・大和田《おおわだ》・佐倉を経て成田に至る。●水戸街道の新宿から分かれ、小岩《こいわ》を経て八幡に入り佐倉方面に向かう道は、佐倉道ともよばれた。

渡船の標識であった江戸川の常夜灯

江戸の日本橋から水路で江戸川の河港行徳に上陸する。これは幕末のころ、江戸から成田詣でに旅立つ人びとに人気のあった行程であった。船は行徳船とよばれたが、もともとは旅人を運ぶためのものではなかった。

成田詣での道

天正《てんしょう》十八年（一五九〇）江戸に入府した徳川家康は、塩の確保を行徳の塩田に求めて幕府直轄地とした。そこで、生活必需品である塩は、江戸と行徳を結ぶ行徳船によって江戸に運ばれた。その後、房総の海産物や米が運ばれるようになり、やがて幕末になると成田山講中の旅人をも乗せるようになった。行徳河岸に立つ常夜灯は、成田山講中が行程の安全を祈って建てたものであり、当時のにぎわいがしのばれる。

行徳船によらなければ、千住から新宿までは水戸街道を行き、そこから右に折れ小岩を経て江戸川の渡しを越える。市川からは八幡に出て行徳からの道と合流するという道がもとからあった。脇往還《わきおうかん》とはいえ、下総《しもうさ》佐倉藩をはじめ房総の大名たちが江戸との往還に使った重要な道である。

しかしなんといってもこの道は、成田山新勝寺への信仰の道というにふさわしい。庶民が心おきなく旅に出ることができる、成田不動尊参詣の道としてにぎわうようになったのである。

なだらかな丘陵地を行く

成田参詣の旅に行徳船が人気があったというのは、旅に変化をつけたいという人びとの心理も反映している。行徳に上陸してからの道は、城下町佐倉に

成田山参詣船旅の絵図

入りさらに印旛《いんば》沼《ぬま》が見えてくるまでは、なだらかな丘陵地をのんびりと歩くだけである。

船橋は、成田道と千葉街道の分岐点にある宿場町としてにぎわったが、徳川将軍が佐倉方面へ狩りに出向く際の宿泊地でもあり早くから整備されていた。ここから佐倉までは、街道沿いに思い出したように休み茶屋があるくらいだった。

佐倉の歴史は縄文時代に始まる。平安時代には、近くの将門山に平将門《たいらのまさかど》の館があったという。しかし、佐倉がにぎわいをみせるようになったのは、慶長《けいちょう》十五年（一六一〇）土井《どい》利勝《としかつ》が佐倉藩三万二千四百石の藩主として乗り込んできてからのことである。以後、藩主はつねに徳川家の信任厚い譜代大名であった。幕府にとって佐倉が房総方面ににらみをきかせる要衝の地であったからである。幕末には、老中主座として活躍した堀田《ほった》正睦《まさよし》のような藩主も出現した。

もとは半農半漁の一寒村

酒々井《しすい》をすぎると伊《い》篠《しの》の松並木がつづく。今でも、街道沿いに数百メートルだが、樹齢三百年の松が残っている。かつて、松並木の向こうは、幕府の牧場がつづいていた。そして成田は牧場のさらに向こうにあった。

成田はもとはといえば農村であり、また利根川や印旛沼での漁業によって営まれた村であった。成田山の参道に見られるうなぎ屋や佃煮屋はそういった農村・漁村のころの名残である。

成田山新勝寺は成田不動尊ともよばれ、生命安全の木のお札には、庶民の信仰が多くあつまった。寺は、平将門の乱に際し、寛朝《かんちょう》大僧が護《ご》摩《ま》修法により開基したことに始まるとされている。このとき寛朝が奉じた不動明王像が寺の本尊である。なお参詣者の中にはさらに足を延ばして、佐原《さわら》の香取《かとり》神宮や鹿島神宮に行く者もいた。

江戸から武甲へ❶

川越街道

かわごえかいどう

●江戸から川越に至る街道。中山道の重要な脇往還。

●板橋から練馬を経て、白子《しらこ》・膝折《ひざおり》・大和田・大井などの宿があった。

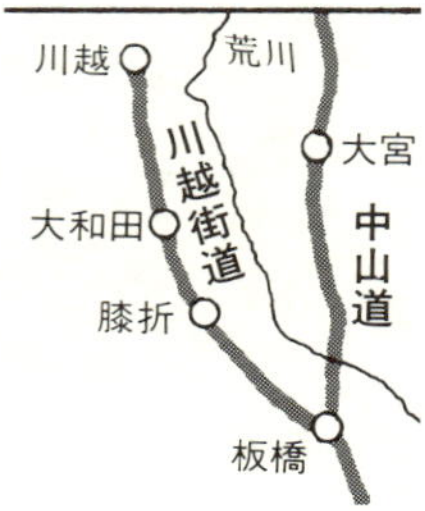

平林寺に残る武蔵野の面影

江戸から川越までの道は平坦な武蔵野台地を北に走る。かつては雑木林がいつまでもつづく道だった。

現在朝霞《あさか》市の膝折はこのような雑木林がつづく街道におかれた、小さな宿場町であった。ところが江戸時代末期のころから、町を流れる黒目川に水車がつくられはじめると、にわかににぎわいをみせるようになった。水車の動力を利用した伸銅工場が、いくつもできたからである。

武蔵野台地は、飲み水や灌漑《かんがい》用の水が不足していた。川越城主松平信綱《まつだいらのぶつな》は明暦《めいれき》元年（一六五五）に、野火止《のびどめ》用水を開削《かいさく》し、街道沿いの米の増収をはかるため新田開発に力をそそいだ。武蔵野の雑木林は、このようにして少しずつその姿を変えていった。今、かつての雑木林は、大和田の近くの平林寺の広大な境内に面影を残すだけとなってしまった。雑木林を切り開いてできた田畑からは、米はもとより、川越いもや野菜類が江戸に向けて送られた。川越街道は江戸の台所を賄う道としての性格が強かった。

「小江戸」の家並み

しかし、川越は江戸の北西の守りの地としても幕府から重く見られていた。松平信綱をはじめ老中級を川越城主として送ったことでもこのことがうかがわれる。江戸の中ごろには、新河岸《しんがし》川の舟運の便もひらけ、江戸と川越はいっそう密接なつながりをもつようになった。今も残る白壁の土蔵造りの家並みや、明治時代に再建されたものとはいえ、江戸の初めから時を告げてきた鐘楼は、「小江戸」の面影を伝えてくれる。

江戸から武甲へ❷

青梅街道

おうめかいどう

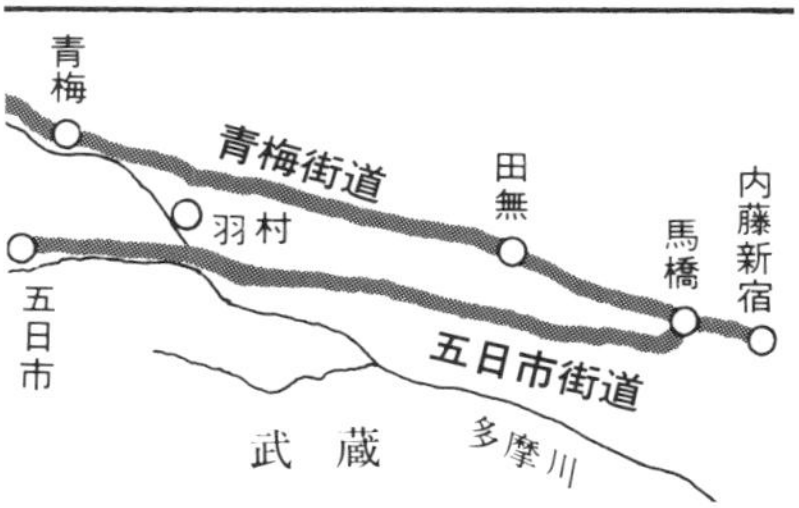

●内藤新宿の追分で甲州街道と分岐。武蔵野台地を横断し、青梅《おうめ》を経て、大菩薩《だいぼさつ》峠を越え、酒折《さかおり》で甲州街道に合流する。甲州裏街道ともよばれた。

石灰を運ぶ道

江戸城築城のとき青梅の石灰を運ぶために開設されたのが、青梅街道の始まりであるといわれる。

石灰は江戸城の白壁に使われた。そこで、青梅街道を御白土街道とよぶこともあった。

もちろん、石灰だけでなく、街道沿いの畑の作物が馬で江戸に運ばれた。そして江戸からは、野菜の肥料となる下肥などを持ち帰った。

しかし、街道沿いの開発は武蔵野原の砂塵《さじん》とのたたかいだった。水も簡単に得られなかった。新田がいくつも開かれたが、人びとはまず防風と防砂のために木を植えることから始めなければならなかった。今日、街道沿いのところどころに残る屋敷まわりの欅《けやき》は、当時の名残である。そして、江戸に豊富な野菜を供給するようになるには、玉川上水の水が得られるまで待たなければならなかった。

このような荒野開発の時代に田無《たなし》宿の名主下田半兵衛富宅《とみいえ》の名は忘れられない。富宅は一町歩の畑を身寄りのない老人や旅人のためにこしらえ与えた。これは「養老畑」とよばれ、社会福祉政策のはしりであると語りつがれている。

宿場町青梅の由来

青梅宿は、大菩薩峠越えを目前にした大きな宿場町だった。青梅山金剛寺には、平将門が植えたといわれる「将門誓いの梅」があり、これが青梅という地名の由来であるとされている。

町には、江戸時代の材木問屋の旧稲葉家の住宅が残され、千本格子と土蔵造りの家が訪れる人びとを往年の宿場町にひきずり込む。

江戸から武甲へ❸

五日市街道

いつかいちかいどう

●馬橋《まばし》で青梅街道から分岐、吉祥寺《きちじょうじ》・西窪を経て玉川上水沿いに進み、牛浜《うしはま》で多摩川を渡り五日市《いつかいち》に達する。

玉川兄弟像

武蔵野の「命の水」

青梅街道がかつて青梅の石灰を運ぶ道であったのに対して、五日市街道は五日市周辺の木材を江戸に運ぶ通路であった。当時、五日市の入り口にあった伊奈村には、江戸城築城のために駆り出された伊奈石工《いしく》たちがいた。この石工たちはやがて石臼の製造で江戸にまでその名を知られてゆくのである。

しかし、五日市街道で忘れてはならないのは玉川上水である。江戸への上水道であったが、水に不自由していた武蔵野の村への分水は、人びとから「命の水」として崇められていた。

玉川上水は、承応《じょうおう》元年（一六五二）に四代将軍徳川家綱が多摩川から江戸への引水を命じたことに始まる。工事を請け負ったのは清右衛門・庄右衛門兄弟。兄弟は羽村《はむら》を取水口《しゅすいこう》として、四谷《よつや》の大木戸《おおきど》に至る約四〇キロの水路を、一年足らず（七カ月ともいわれる）で完成した。そして四谷からは地下に埋められた石の導水管で江戸城四谷御門まで運んだ。この功績により兄弟は玉川の姓を許されることとなった。

忘れられた用水路

五日市街道は、玉川上水に寄り添うように走っている。沿道の町や村には、玉川上水の水が分けられ、飲料水として使われた。そのため分水の溝はゴミを捨てたり洗濯をすることはいっさい禁じられていた。街道沿いには、欅の屋敷森がところどころに残るが、そのそばには、いまや下水溝となってしまったかつての用水路が忘れ去られたように残っている。

江戸から武甲へ❹

甲州道中

こうしゅうどうちゅう

●江戸時代の五街道の一つで、甲州街道ともよばれる。
●内藤新宿から府中・小仏《こぼとけ》峠・笹子《ささご》峠・石和《いさわ》を経て甲府に至り、さらに信濃《しなの》の下《しも》諏訪《すわ》で中山道と合流する。

立ちはだかる二つの峠

甲州道中は江戸時代、五街道の一つであったが、他の街道にくらべて道筋の整備がよくなされていなかったという。参勤交代で利用する大名といえば、信濃の高遠《たかとお》藩などわずか三藩にすぎなかった。

四谷大木戸を出た甲州道中は、内藤新宿を経て西へ向かって走る。国領《こくりょう》・下布田《しもふだ》・上布田・下石原・上石原は「布田五宿」とよばれ、細長く街道沿いにつづいていた。ここには幕府公認の遊女屋が並び、これを目当ての客が多かったので、いわゆる宿場町としてのにぎわいとは違っていた。

府中・八王子をすぎ、峻険な小仏峠にさしかかるあたりで、旅人は山深き甲州道中をはじめて思い知らされる。そして、上野原《うえのはら》・大月《おおつき》を経て笹子峠への道に踏み入れるあたりで、武州と甲州に立ちはだかる自然の要害をまのあたりに見るのである。

大月に入る手前の猿橋《さるはし》宿には、岩国の錦帯《きんたい》橋、黒部渓谷の愛本《あいもと》橋とならぶ日本三奇橋の一つ、猿橋が桂川の深い渓谷にかけられている。無橋脚の棟《むね》と桁《けた》を重ねて架橋した刎木《はねぎ》橋で、奈良時代に百済《くだら》の造園博士芝耆麻呂《しきまろ》が藤づるにつかまって谷を渡る猿を見て発案したと伝説にある。街道は山峡の谷の縁を進む。

大月は富士講の登山者たちが、富士山の登山口吉田へ向かう道と、笹子峠への道との分岐点である。幕府によって甲州道中が切り開かれる前には、笹子峠越えの道は「日陰の四寸道」とよばれ、道らしい道はなかったという。

甲州道中の難所、笹子峠

甲府城の天守台跡

峠を越えてやってきた江戸の文化

長くて険しい海抜一〇九六メートルの笹子峠を越え、勝沼《かつぬま》宿へと下っていくと、急に視界がひらける。眼下には甲府盆地が広がり、そのまた向こうには甲斐駒《かいこま》をはじめ南アルプスの山々が見渡せる。

ほっと息つく旅人を慰めたのは勝沼のぶどうである。芭蕉吟とも松本蓮之《れんし》の作とも伝えられる「勝沼や馬士《まご》は葡萄《ぶどう》を喰ひながら」の句をもちだすまでもなく、下り坂の町は見渡すかぎりぶどう一色である。勝沼宿は元和《げんな》四年（一六一八）に設けられた。元禄《げんろく》年間（一六八八〜一七〇四）に出版された『本朝食鑑《ほんちょうしょくかがみ》』では、甲州すなわち勝沼がぶどうの産地として日本一であるとしている。

一気に坂を下ると、やがて青梅街道と合流する石和宿に入る。その昔、武田氏が館を構えていたときには、この地が甲斐国一円の中心地として栄えたこともある。笛吹《ふえふき》川・富士川水運の河岸《かし》としても発展し、御坂《みさか》峠越えの鎌倉往還も合流していたので、江戸時代には交通の要衝として石和代官所がおかれ、人や物資の出入りを見張った。

甲府は城下町であったが、柳沢氏が支配した宝永《ほうえい》元年（一七〇四）からわずか二〇年間しか城主がいなかった。あとは江戸幕府の直轄領として、甲府勤番《きんばん》や代官の支配が幕末までつづいたのである。

江戸からは、甲府へ赴任する勤番士が入れかわり立ちかわりやってきたので、江戸の文化もそれとともに入ってきた。江戸とは、月に三回、三の日に甲府をたち、八の日に江戸をたついわゆる三度飛脚の便もあった。庶民の代表的な芸能であった歌舞伎などをはじめ、江戸の娯楽も、山峡の町甲府で楽しむことができたのである。

かつての暴れ川，釜無川

暴れ川を鎮めた信玄堤

甲州すなわち甲斐の国で忘れることができないのは、戦国大名の武田信玄の名である。領国甲斐を本拠に信濃の国を攻略、はては川中島《かわなかじま》で上杉謙信と戦い、三《み》方ケ《かたが》原《はら》では徳川家康を破るといった、卓抜な戦略家であった。

信玄は治水《ちすい》の戦略家でもあった。甲府を韮崎《にらさき》に向けて出発すると間もなく、暴れ川の釜無《かまなし》川にぶつかる。大氾濫《はんらん》の多い川で、そのたびに田畑が流され、広大な荒地を残した。信玄は不連続な雁行《がんこう》状の堤防をつくることで、水を遊ばせ川の流れをやわらげようとした。この堤防は信《しん》玄堤《げんづつみ》とよばれ、遊水地をもつ築堤法「甲州流川《かわ》除《よけ》法」として、のちに甲斐を領有した徳川家康にも採用された。

甲州道中が信州に入って最初の宿場は蔦木《つたき》である。それから金沢・上諏訪の二つの宿をすぎれば、やがて、甲州道中は終点の下諏訪で中山道と合流する。

信州の三つの宿は、今でも出梁《だしばり》造り・千本格子の家が並び、昔の宿場の姿を残している。蔦木宿の道の両側には、梅の木の並木があり旅人の目を楽しませてくれていたが、近年、道路の拡張で切られてしまった。

市川《いちかわ》関（成田道）

千葉県市川市市川三丁目

現在の江戸川沿いにある市川には古くから渡しがあり、市場もあったため、大変な賑わいをみせていた。江戸時代、関東圏の主な河川には、旅人らの取調べのため各地に定船場《じょうふなば》が設けられ、市川も選ばれている。寛永《かんえい》十二年（一六三五）、江戸幕府により参勤交代が義務づけられると、房総《ぼうそう》方面の大名たちも市川の渡しを使って江戸へ向かった。元禄《げんろく》十年（一六九七）、佐倉までの道が道奉行の直轄になった頃、番所から関所に昇格した。

江戸川を挟んだ市川関の対岸に小岩関があったが、幕府の役人が旅人を改めたのは小岩側のほうで、市川関は緊急時にこれを助ける補佐的な役目だった。成田道は、成田山不動尊参詣の道として利用者も多く、市川では二、三艘の船と、二〇人前後の人夫を雇い、御《お》関所附渡《せきしょつきと》船之《せんの》村方《むらかた》と呼ばれた。明治二年（一八六九）に関所は廃止されたが、渡し船は江戸川に橋が架けられた明治三十八年まで続けられていた。その後、河岸開発が進むにつれ、関所や渡しのあった地が不明確になったが、平成十六年七月に江戸川の堤防に関門を復元した関所跡が新築された。

新たに復元された
市川関所跡

小仏《こほとけ》関（甲州道中）

東京都八王子市裏高尾町

武蔵《むさし》と甲斐《かい》の国境にある小仏峠には、戦国時代に北条氏照《うじてる》が八王子城防衛のため前線基地として砦を構えていた。やがて北条が豊臣秀吉に滅ぼされ、徳川家康が関東を治めるようになると、砦のあった峠には関所が設けられ、小仏関と呼ばれた。のちに関所は麓に移され駒木野《こまぎの》関とも呼ばれ、元和《げんな》二年（一六一六）に現在の地に移されている。史跡小仏関跡の碑の前には、手形石と呼ばれる丸い石と、手つき石と呼ばれる平らな石が置かれている。かつて関所を通る旅人は、この丸石に通行手形を、平石に手を置いて、頭を下げ、通行を許されたという。

金町関《かなまち》（水戸街道）

東京都葛飾区東金町八丁目先

水戸街道は江戸と徳川御三家の一つ、水戸徳川家の居城を結ぶ重要な交通路だったので、慶長年間《けいちょう》（一五九六～一六一五）、江戸川の渡船場を利用して関所が設置された。これが金町関だが、対岸の松戸関とひっくるめて金町松戸関と呼ばれる場合もある。

『金町松戸御関所旧記』によると、利根川に越谷川が注ぐ地点に、小規模につくられていたといい、現在の葛飾橋から北へ約一〇〇メートル行ったあたりに設置されていたようである。とくに「入り鉄砲」の監視と、人、具足《ぐそく》の取締りが強化されていた。

また、将軍が小金原《こがねはら》に鹿狩りに出かける際には、江戸川に高瀬舟を並べた仮設の船橋が架けられた。最後に鹿狩りが行われた嘉永《かえい》二年（一八四九）の『小金鹿狩之記』には、関所付近の様子が描かれている。

明治二年（一八六九）の関所廃止後、跡地には工場がつくられ、旧関所の建築物はすべて排除されてしまった。平成十五年、地元の有志により、金町関所址の石碑が建てられている。

金町ポンプ所脇堤防傍に
新設された関所跡碑

鶴瀬関《つるせ》（甲州道中）

山梨県甲州市大和町鶴瀬

鶴瀬関は甲州道中を江戸から甲斐へ向かい、難所の笹子峠《ささご》を越えたあたりに設置された。鶴瀬の口留番所《くちどめ》とも呼ばれ、甲州十二関の一つに数えられている。主に物資の流通と入り鉄砲、出女《でおんな》の監視が中心であった。鶴瀬は宿場町でもあったが、規模は小さく、本陣一軒、脇本陣二軒、旅籠も四軒しかなかった。近くには武田勝頼《かつより》が織田軍に追われ、甲斐武田家終焉の地となった天目山《てんもくざん》、そして幕末に官軍と近藤勇の甲陽鎮撫隊《こうようちんぶたい》が戦った戦場跡地がある。当時の面影を残すものはまったく存在せず、わずかに「甲州道中鶴瀬関所跡」の石碑を残すのみである。

江戸から京へ

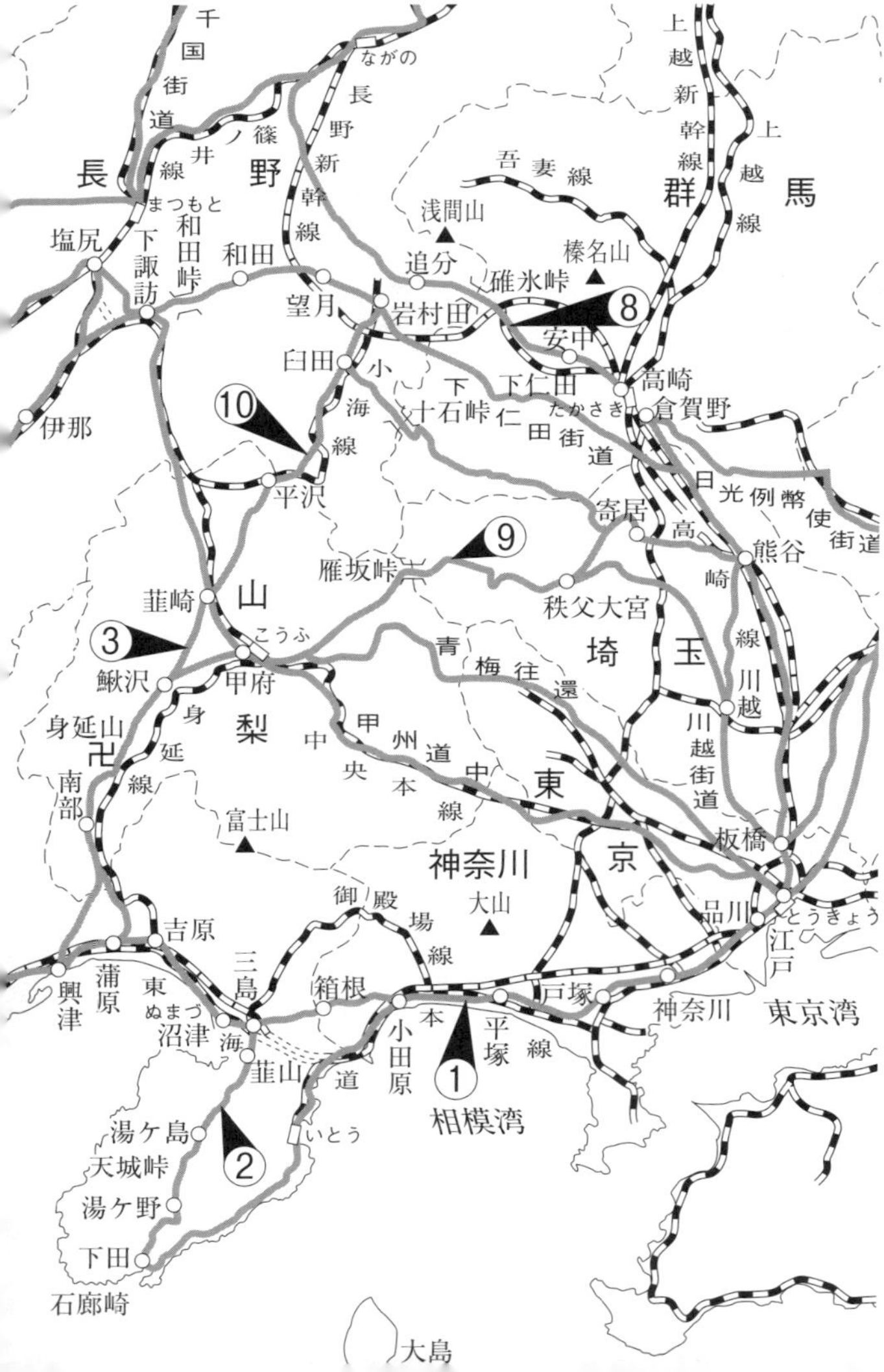

千国街道
篠ノ井線
長野
ながの
長野新幹線
まつもと
塩尻
下諏訪
和田峠
和田
望月
追分
浅間山
吾妻線
上越新幹線
上越線
群馬
榛名山
碓氷峠
岩村田
8
安中
高崎
たかさき
倉賀野
臼田
小海線
下十石峠
下仁田
下仁田街道
伊那
10
平沢
日光例幣使街道
寄居
高崎線
熊谷
9
雁坂峠
秩父大宮
韮崎
山
こうふ
3
甲府
鰍沢
青梅往還
埼
玉
川越
身延山
身延線
梨
甲州道中
中央本線
東
川越街道
南部
富士山
京
板橋
神奈川
大山
御殿場線
品川
とうきょう
江戸
吉原
蒲原
興津
三島
箱根
戸塚
神奈川
東京湾
東海道本線
ぬまづ
沼津
韮山
小田原
平塚
1
相模湾
いとう
湯ケ島
2
天城峠
湯ケ野
下田
石廊崎
大島

五街道宿駅

●中山道

板橋・蕨・浦和・大宮・上尾・桶川・鴻ノ巣・熊谷・深谷・本庄・新町・倉賀野・高崎・板鼻・安中・松井田・坂本・軽井沢・沓掛・追分・小田井・岩村田・塩名田・八幡・望月・芦田・長久保・和田・下諏訪・塩尻・洗馬・本山・贄川・奈良井・藪原・宮ノ越・福島・上松・須原・野尻・三留野・妻籠・馬籠・落合・中津川・大井・大久手・細久手・御嶽・伏見・太田・鵜沼・加納・河渡・美江寺・赤坂・垂井・関ケ原・今須・柏原・醒ケ井・番場・鳥居本・高宮・愛知川・武佐・守山・草津

(東海道と合流)

●東海道

78ページ参照。

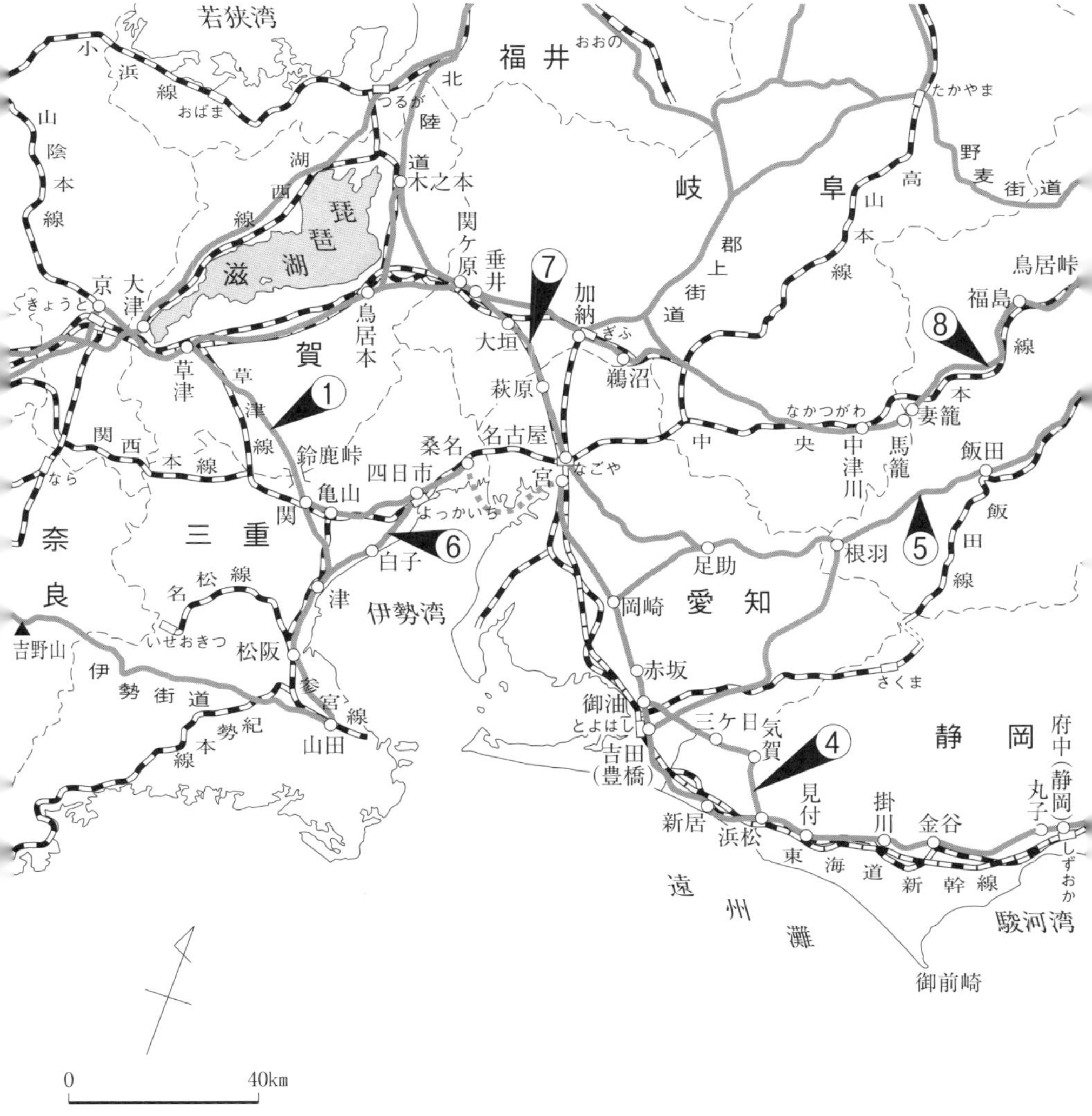

京への海岸道

東海道

とうかいどう

●江戸時代の五街道の一つ。江戸の日本橋を起点に京の三条大橋に至る約四九二キロ。

●「東海道五十三次」とよばれ、品川から川崎・神奈川・程ケ谷《ほどがや》・戸塚・藤沢・平塚・大磯《おおいそ》・小田原・箱根・三島《みしま》・沼津・原・吉原・蒲《かん》原《ばら》・由井《ゆい》・興津《おきつ》・江尻《えじり》・府中・鞠子《まりこ》・岡部・藤枝・島田・金谷《かなや》・日坂《にっさか》・掛川《かけがわ》・袋《ふくろ》井《い》・見付《みつけ》・浜松・舞坂《まいさか》・新《あら》居《い》・白須賀《しらすか》・二川《ふたがわ》・吉田・御油《ごゆ》・赤坂・藤川・岡崎・池鯉鮒《ちりふ》・鳴海《なるみ》・宮《みや》・桑名《くわな》・四日市《よっかいち》・石薬師《いしやくし》・庄野《しょうの》・亀《かめ》山《やま》・関《せき》・坂之下《さかのした》・土山《つちやま》・水《みな》口《くち》・石部・草津・大津まで五三駅があった。

天下の幹線道路・東海道

東海道を切断する河川

東海道最大の難所といえば、「箱根八里」の峠越えがあげられる。しかし、参勤交代の大名をはじめ旅人を悩ましたのは、東海道を切断している河川であった。太平洋の浜沿いに走る東海道は、馬入《ばにゅう》川（相模《さがみ》川）や大井川をはじめ、いずれも河口付近の幅の広いところを渡らなければならなかった。川越《かわごえ》賃も安くはなく、また大雨で川が増水でもしようものならば、幾日も川止めとなり、旅籠《はたご》屋に支払う宿賃もかさむ一方であった。

伊勢参りに出かけた旅人が、帰路にはお金を使い果たし、物乞《ものご》いをしたなどという話もあるほどだ。江戸から京へ向かうのに、山越えは多くても切断する河川の少ない中山道を選ぶ旅人も多かったのは、そのためである。

箱根旧街道の石畳

温暖な地を行く東海道

しかし何といっても、東海道は天下の幹線道路。数多くの大名が参勤交代に利用した。宿場をはじめ街道の整備はよくなされ、しかも温暖な平地を行くことが多い海沿いの道であった。大雨さえなければ

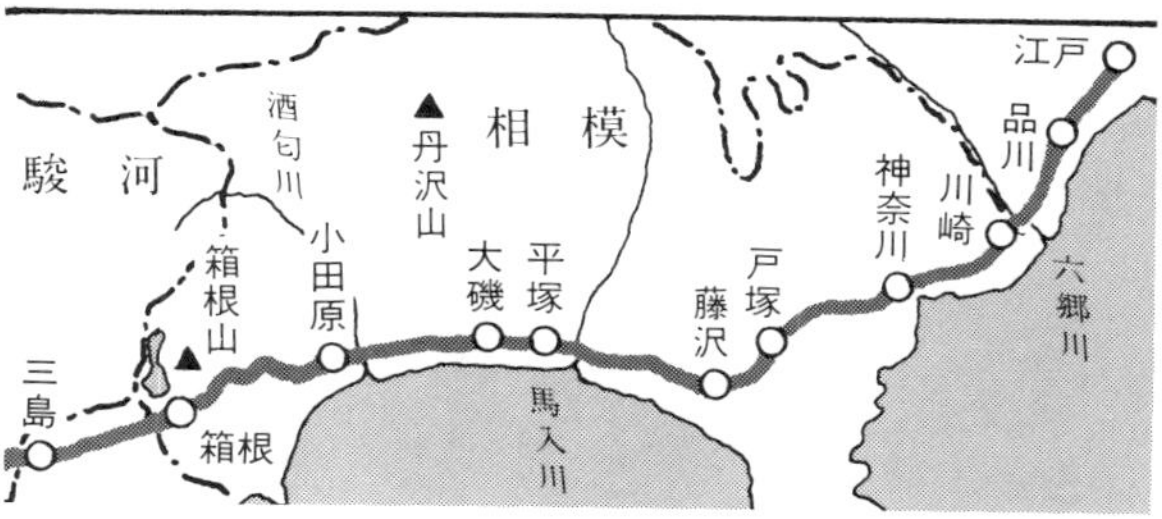

●宮・桑名間は海上の「七《しち》里《り》の渡し」が使われたが、宮から万場《まんば》・佐屋《さや》を経て木曾川を船で桑名へ下る「三里の渡し」もあった。

ば、山越えの多い道よりも快適といえた。「五《ぐ》二《に》べたを日本橋からほうり出し」の川柳《せんりゅう》がある。「五二」は土製のさいころ。振り出しが日本橋で、上がりは京の東海道中双六《すごろく》をいったものである。しかし江戸から東海道を出発するにも、実際には旅人の振り出しは、東海道第一宿の品川だった。振り出しであるのに旅籠が数多くあったというのも、これは「品川女郎」がおかれていたためで、旅人だけではなく、江戸市民も大いに利用した。

品川を出発すると東海道は、白井権八《ごんぱち》や八百屋お七の芝居でおなじみの鈴ケ《すずが》森《もり》を右手に、六《ろく》郷《ごう》川の渡し場に向かう。川を渡ると川崎。もともとは、川崎大師《だいし》の門前町として発展した町である。しかも六郷川の渡船権ももっていたので、大いに収入があった。

神奈川といえば、安政《あんせい》元年（一八五四）に江戸幕府がペリーと日米和親条約を結んだ地である。神奈川宿の近くの横浜はそれまで小さな漁村にすぎなかったが、安政六年の日米修好通商条約による開港以来、急速に発展していった。

相模国の旅

程ケ谷から権太《ごんた》坂を経て戸塚に入ると相模国である。当時の松並木が、わずかであるが国道沿いに残っている。鎌倉への道は戸塚の先から分岐する。大山《おおやま》をはじめとする丹沢《たんざわ》の山が相模平野にそびえ、雪をいただいた富士山がその左手奥に大きく座るのが見えるのもこのあたりである。

樹齢六百余年の大いちょうのある遊行《ゆぎょう》寺は、藤沢を門前町として発展させてきた。この寺の上人は全国を遊行して回るのが習わしである。したがって、寺は上人の修行の道場であった。

藤沢を出ると、標高一二四六メートルの大山に鎮座する阿《あ》夫《ふ》利《り》神社に向かう大山道が右に分かれる。初山《はつやま》をすませ大人の仲間入りをするために、若者たちは講を組織して大山に詣でた。

念仏踊りで知られる時宗の本山、遊行寺

小田原城

旅人の前に立ちはだかる箱根峠

一路、城下町の小田原へ

藤沢を出ると相模国最大の馬入川の渡しが待ちかまえている。川を渡ると平塚である。ここは相模国でも数少ない舟運《しゅううん》の河港として栄え、物資集散地であった。

花水《はなみず》川を渡ると大磯に入る。明治十八年、医学の先覚者松本良順によって日本最初の海水浴場が開設されたのはこの地だ。

大磯の宿場としての歴史は古く、宿のそばを流れる鴫立沢《しぎたつさわ》は、西行《さいぎょう》法師が「心なき身にもあはれはしられけり鴫立沢の秋の夕暮」と歌ったことで知られる。美しい海岸の景色をもった地である。

平安時代には、大磯の国府《こくふ》本郷に相模の国府がおかれ、国府津《こうづ》はその外港であった。ここからは、足柄《あしがら》峠を越えて駿河《するが》へ向かう古代の東海道があった。

酒匂《さかわ》川を徒歩《かち》（徒《かち》）渡りで越えると、大久保氏十一万石の城下町小田原である。小田原は、戦国時代、大森氏を破った北条早雲《ほうじょうそううん》がこの地に入り城を修築、関東一円をにらむ勢威を誇った。武家屋敷はもちろん町家まで、広大な総曲《ぐる》輪《わ》は全長二〇キロにも及んだ。

小田原は待ちうける天下の険の箱根越えの出入り口にあった。旅人は小田原に泊まり、山越えに備えた。幕末のころになると小田原には本《ほん》陣《じん》四軒・脇本陣四軒・旅籠屋九五軒がつらなり、東海道五十三次中指折りの城下町となった。

自然の要害箱根の関所

江戸から小田原までは二〇里二〇町。およそ八〇キロの道程を二日半かけて歩いた。そして小田原から箱根の関所を越えて三島に下るまでは、わずか二宿しかないが「箱根八里」といわれるように約三一キロもあった。しかし、関所のある箱根宿に泊

「入り鉄砲、出女」を詮議した箱根関所

まる重苦しさを避け、一気に三島まで走破してしまう旅人も多かった。

早川と須雲《すくも》川の合流点に湯治場の湯本《ゆもと》があった。そこで、伊勢講や富士講などの旅人たちは宿場でない湯本に「一夜湯治」をかこつけ、峠越えのための英気を養ったのである。

三枚橋を渡り、街道は須雲川沿いに上る。目の前に照葉樹林に囲まれた早雲寺が見える。夏ならヒメハルゼミの声を聞きながら、旅人は街道を上ったことだろう。箱根細工の集落畑宿《はたじゅく》を通りすぎると、道はいよいよ険しくなる。

女転《ところ》ばし坂・割石坂・さいかち坂とつづき、「樫《かし》の木の坂をのぼれば苦しくてどんぐりほどの涙こぼるる」と狂歌に折り込まれた樫の木坂が旅人を苦しめた。しかも延宝《えんぽう》八年(一六八〇)に石畳が敷かれる前は、ひと雨降ればすねまでつかるどろんこ道になったという。

唱歌の『箱根八里』に「箱根の山は天下の険、函谷関《かんこくかん》ものならず……」と歌われた山道も、甘酒茶屋をすぎ、芦《あし》ノ湖《こ》が見えるあたりで下り坂となる。湖畔の賽《さい》ノ河原からは、箱根外輪山の向こうに広がる富士山の姿が美しい。そして湖と屏風《びょうぶ》山の急斜面にはさまれ、杉並木がつづく。関所はこうした自然の要害の地に設けられた。旅人はどこにのがれる術《すべ》もなかった。そして旅人は暮れ六ツ(午後六時ごろ)に門が閉じられるまでに、関所を通過しなければならなかった。

峠から海を見渡す

箱根はその険しさゆえに自然の関所としての条件を備えていた。しかし、箱根峠を越えたとき、旅人は前方に広がる相模灘を見て、それまでの苦しさを忘れる。「箱根路をわが越えくれば伊豆の海や沖の小島に波のよる見ゆ」と源 実朝《みなもとのさねとも》が詠《よ》んだ眺望は、昔も今も変わらず旅人に感銘を与えてくれる。

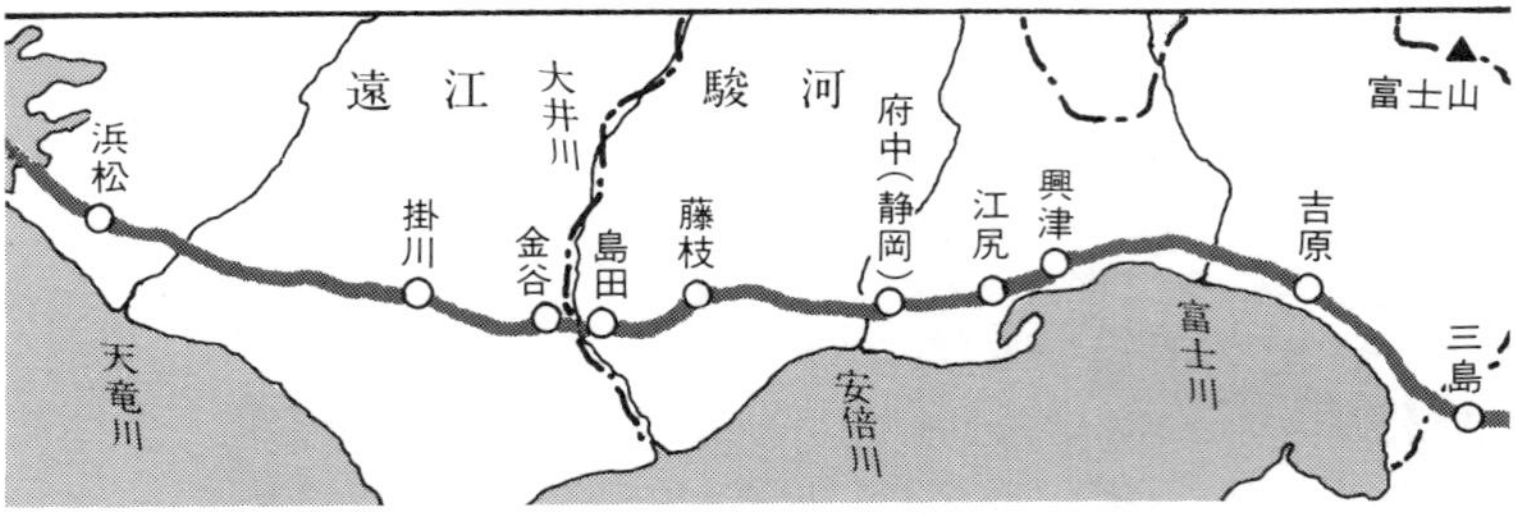

富士川から大井川まで

富士山が見守る道

箱根峠から三島大社の門前町として発達した三島へは、ほぼ一直線の下り道。急坂であったので、登りはもちろん、下るにも危険が伴った。三島は、もとはといえば伊豆《いず》の国府のあったところ。下田《しもだ》街道の分岐点でもあった。

戦国時代、北条早雲が築いたといわれる三枚橋城の城下町だった沼津から、街路村が発達した原を経て吉原に至るまで、海岸沿いに千本松原がつづく。そして右手には、富士山が大きな裾野《すその》を広げて旅人を見守ってくれている。平坦でのどかな街道であった。

とくに、吉原の田子《たご》ノ浦《うら》から眺める富士山は「田児《たご》の浦《うら》ゆうち出《い》でて見れば真白にぞ不尽《ふじ》の高嶺に雪はふりける」と山部赤人《やまべのあかひと》が歌ったように絶景である。

吉原と蒲原の間には富士川が立ちはだかっていた。江戸時代には「下げ米、上げ塩」といわれ、甲州の鰍沢《かじかざわ》と結ぶ富士川水運の中継地として、河口近くの岩淵《いわぶち》はにぎわった。

富士川を渡ると大丸山が迫る。その裾野を回り込むようにして蒲原宿に入る。そして海の際までおおいかぶさる山のふもとを進むと、由井宿があった。

江戸時代の東海道は薩埵《さった》峠を越えたが、安政元年の大地震以後は官道は海岸を通って興津に至った。興津には秀吉が小田原攻めのときに宿泊したという清見寺《せいけんじ》がある。かつてここからは三保《みほ》の松原を南に見下ろすことができた。

古い家並みの残る興津の町を抜けると江尻宿、今は静岡市清水区の市街地で、もとはといえば府中（静岡）の外港から発展した町である。砂嘴《さし》の三保の松原には、この清水港から船で渡るのが近かった。

通行制限の厳しさで知られた大井川

駿府城巽櫓

徳川家康ゆかりの地

江尻からは久能《くのう》山への道が分かれる。山頂には徳川家康を祀る東照宮がある。家康は、天下を取る前と二代秀忠に将軍職を譲ったあとはとなりの府中の駿府《すんぷ》城にあった。しかし、家康が城を構える前の戦国時代には、この地は今川氏や武田氏の領地であったし、またさかのぼっては駿河の国府がおかれた地でもあった。

宿場のはずれにある安倍《あべ》川は暴れ川だった。最上流には大谷崩《おおやくずれ》とよばれるU字形の崩壊地があり、河床は荒地のため少しの雨で氾濫《はんらん》した。渡し船はなく徒歩《かち》渡りであった。ただし名物の「安倍川もち」は旅人に喜ばれた。「あべ川で馬はきなこを浴びて行」といった川柳ができるほど「安倍川もち」はよく売れた。

食べ物が出てくれば、となりの鞠子（丸子）宿の丁子《ちょうじ》屋のとろろ汁も忘れられない。十返舎《じっぺんしゃ》一九《いっく》の『東海道中膝栗毛』でおなじみのとろろ汁である。松尾芭蕉も「梅わかな丸子の宿のとろろ汁」と詠んでいる。

岡部宿へは宇《う》津《つ》ノ谷《や》峠を越えなければならない。秀吉が小田原攻略のときに開いた道だ。在原業平《ありわらのなりひら》が歌った「駿河なる宇津の山べの現《うつつ》にもゆめにも人にあはぬなりけり」は、宇津ノ谷峠南の鎌倉時代の本道蔦《つた》の細道のことである。

越すに越されぬ大井川

岡部をすぎれば、江戸時代からの伝統をもつ桐たんすの町藤枝である。そしていよいよ「箱根八里は馬でも越すが、越すに越されぬ大井川」である。島田には川越制度のため川会所《かわかいしょ》が設けられ、おかげで町は大いに潤った。対岸の金谷も大井川越えの宿場町として栄えたことはいうまでもない。

大井川は架橋はもちろん渡し船も禁止されていた。川幅も一四〇〇メートルもあり、単独の徒歩渡りはできなかった。人足の肩に乗ったり、輦台《れんだい》で川を渡ったりしたのである。

東海道を行く旅人の心をなごませた富士山

東海道第二の関門へ向かう道

江戸から五泊六日の旅程　たとえば、江戸を〝七ツ立ち〟（午前四時）して、程ケ谷・小田原・沼津・江尻と泊まると金谷は五泊目の宿となる。江戸から五三里九丁すなわち二〇〇キロ強の道程である。一日平均約四〇キロ歩いてきたことになる。

健脚であれば、さらにここから京まで、浜松・赤坂・宮・四日市・関・石部・大津と七泊すれば到着することができる。お金と暇が少しでも余分にある旅人なら、宿泊数を多くしたり、駕籠を利用することもできたろう。しかし、当時の人びとは女や子供でも一日二五キロくらい歩くことは当たり前のことであった。

明治時代になり宿場町としての役目がなくなると、金谷の川越え人足たちは職を失った。そしてこれらの人びとと禄を離れた旧幕臣が、幾多の苦難を経て、金谷の南に広がる牧ノ原に茶園をつくったのである。現在、茶畑は牧ノ原に大きく広がり、静岡県でも屈指の茶生産地となっている。

金谷の石畳の坂道を行くと、苦労して越えてきた大井川が足もとに見える。さらには、見晴

浜松城

現存する旧新居の関所

らしのよい日であれば遠く富士山も眺めることができる。両側に山が迫る、夜泣き石伝説で有名な佐夜《さよ》ノ中山《なかやま》を下りると日坂宿である。

関所につながる今切の渡し

太田氏五万石の城下町掛川は、古くからふすまやびょうぶ地として葛布《くずふ》の生産が盛んであった。また、赤石《あかいし》山脈南端の丘陵地にかけて茶の大産地があり、この茶の集散地でもある。宿場町としては、防火の神が祀られる秋葉山へ向かう秋葉講の人たちが多く宿泊した。

袋井、そして遠江《とおとうみ》の国府がおかれていた見付を通りすぎると諏訪湖から発した天竜川である。渡し船があった。ただし天竜川の下流部は扇状地状に三角州が広がっていて、大雨があると上流の深い谷から一気に鉄砲水が押し寄せその流れを変えた。鎌倉時代には渡河点の池田の集落は天竜川の西側にあったが、室町時代の大洪水で流れが変わり東側になってしまった。

天竜川を渡れば浜松である。中世は栗原《くりはら》駅がおかれ、東海道の要衝だった。のちに徳川家康が元亀《げんき》元年（一五七〇）に城を築いてからは、城下町として栄えるようになった。

浜名湖が右手に見えてくると舞坂である。舞坂からは、今切《いまきれ》の渡しで、西岸の新居の関所にいきなり渡らなければならなかった。当時、女性の旅人は、この今切の渡しと、取り調べの厳しい新居の関所をきらって、三ケ日《みっかび》経由の姫街道を迂回したという。

浜名湖は昔は海とつながってはいなかった。ところが、応永《おうえい》十二年（一四〇五）以来のたびかさなる地震と津波で砂州が切れ、海とつながったのである。それからは舞坂・新居間の一里半を船で渡らなければならなかった。

新居関は関所だけでなく、浜名湖沿岸の村落にも「関所破り」を監視させた。一見のどかな湖もいつも緊張を強いられていたのである。

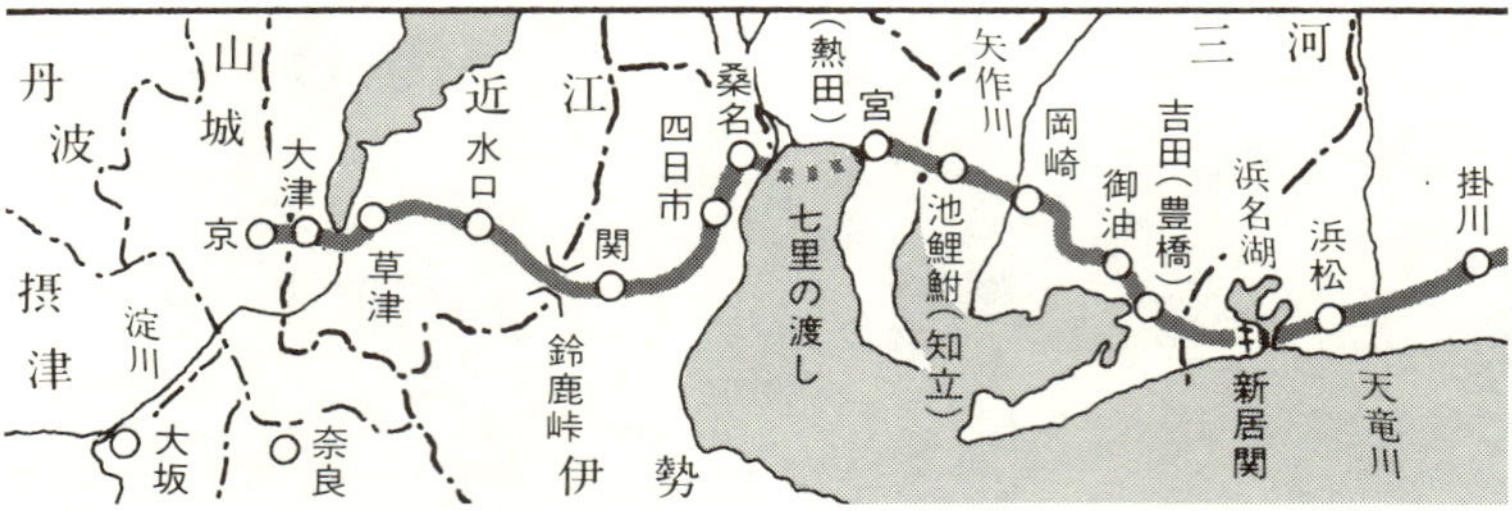

七里の海路があった東海道

弥次、喜多がきつねにだまされた道

浜名湖の名物は江戸時代からうなぎだった。関所を無事越えた旅人の腹に、うなぎはとびきりおいしい食事となった。

次の白須賀宿をすぎると、いよいよ三河国である。二川《ふたがわ》には、本陣の建物や門が今も残っている。そして岩山から旅人を見下ろす二川の岩屋観音の下まで来ると、渥美《あつみ》半島の根本に広がる豊橋平野の眺望が開ける。吉田宿（豊橋）は平野の真ん中を貫く豊川《とよがわ》のほとりにあった。吉田は永正《えいしょう》二年（一五〇五）に牧野古白《こはく》が築城して以来、城下町として栄えてきた町である。

となりの御油《ごゆ》は本坂《ほんざか》越えの姫街道と合流する。松並木で結ばれる赤坂宿とともに、連子《れんじ》格子や犬矢来《いぬやらい》の古い家並みがつづき往時の宿場町の姿をしのばせる。御油の松並木では、『東海道中膝栗毛』の弥次さん、喜多さんがきつねにだまされた。樹齢三百年の松の木は今も健在だ。

赤坂宿を出ると、両脇に山が迫る谷あいの道が藤川宿までつづく。それから大きく平野が開け、城下町であり河港町でもある岡崎宿が待ちうける。大きな榎が植えられている大平《おおひら》の一里塚の近くには、江戸の名町奉行であった大岡越前守（忠相《ただすけ》）が一万石の大名となって住んだ館があった。

町を流れる矢作《やはぎ》川には古くは渡し場があったが、慶長《けいちょう》六年（一六〇一）には矢作大橋がかけられた。長さ一五六間（約二八〇メートル）で、当時としては日本一の大橋だった。

池鯉鮒（知立《ちりゅう》）に入る手前に、カキツバタ群生地で知られる無量寿寺《むりょうじゅじ》がある。ここには『伊勢物語』に出てくる八橋があったといわれる。境内には「杜若《かきつばた》われに発句の思ひあり」の松尾芭蕉の句碑が立っている。またこの地は馬の産

七里の渡し常夜灯

桑名の船着場

地をひかえ、池鯉鮒の馬市があったことでも知られている。

もうひとつの海路、七里の渡し

永禄《えいろく》三年（一五六〇）に織田信長は今川義元を桶狭間《おけはざま》で破った。この合戦場伝説地の近くを通り抜けると、有松《ありまつ》しぼりの産地有松、そして鳴海しぼりの鳴海である。

宮（熱田《あつた》）から先は、木曾・長良《ながら》・揖斐《いび》の三大河が行く手をはばむ。しかし濃尾《のうび》平野は、この「木曾三川《さんせん》」のおかげで肥沃《ひよく》な土地となったのである。

旅人は三度の川越えをせずに、宮と桑名を結ぶ海路「七里の渡し」を利用した。海上約二七キロの航路を四時間で結んだという。風浪の激しいときなどは、旅人は、宮から万場を経て佐屋に向かう佐屋路を使った。しかしそこから桑名までは木曾川を船で下るようになっていた。この佐屋路は、寛永《かんえい》二年（一六二五）三代将軍家光上洛の際に開発された経路で「三里の渡し」とよばれた。

桑名の船着場には、伊勢路の起点となる伊勢神宮の大鳥居がある。弥次さん、喜多さんは桑名に着いた喜びのあまり、焼き蛤《はまぐり》を口にほおばるのである。とくに、立場《たてば》であった富田《とみた》の焼き蛤は松かさをもやして焼いたもので、そのこうばしいにおいは旅人の食欲をそそった。

京への一本道

山賊が出没した鈴鹿峠越えの道

四日市は永禄《えいろく》年間（一五五八〜七〇）には四の日に三《さん》斎市《さいいち》がたった市場町としてにぎわっていた。また宮との四日市廻船による港町としても栄えた。四日市の日永《ひなが》の追分にある道標や常夜灯を見ても、往時の繁栄ぶりがしのばれる。

「歩行《かち》ならば杖つき坂を落馬かな」の松尾芭蕉の句碑が立つ杖衝坂《つえつき》をすぎると間もなく石薬師

鳥居をくぐると伊勢へ——関宿東の追分

宿。そしてこんどは坂を下れば、古い家並みの残る庄野宿である。鈴鹿川沿いに街道は上っていく。日本武尊《やまとたけるのみこと》の史跡が多い能褒野《のぼの》を通り、亀山宿に入る。石川氏六万石の城下町で、城は堅牢な構築でその名が知られる。

関《せき》宿の名は、愛発《あらち》・不破《ふわ》関とならぶ古代三関の一つ鈴鹿《すずか》関がおかれた要地に由来する。伊勢別街道との分岐点であり、とくに京・大坂方面からの伊勢講の参詣者たちが行き交った。なお関の地蔵院は、一休《いっきゅう》和尚に開眼をたのんだといわれる名刹《めいさつ》である。

やがて鈴鹿峠の坂の下にあることに由来する坂之下宿に入る。旧街道の面影をよく残した町である。鈴鹿山中であるにもかかわらず、天保《てんぽう》年間（一八三〇〜四四）には、本陣三、脇本陣一、旅籠屋は四八軒にも達したという。

鈴鹿峠を越えるとすぐに、「万人講」と彫られた巨大な常夜灯がおかれている。数多くの旅人が石畳を踏みしめ、峠の道を通ったことだろう。しかし鈴鹿の山道は奥深く、しばしば山賊が出没したという。

鈴鹿峠を越えると近江《おうみ》国。哀調おびた「坂は照る照る鈴鹿は曇る、あいの土山《つちやま》雨が降る」という馬子唄が聞こえてきそうな土山宿がある。鈴鹿の鬼神を退けたという坂上田村麻呂《さかのうえのたむらまろ》を祀る田村神社は、厄除けの神様として庶民の信仰を集めてきた。

水口は、幕末まで加藤氏二万五千石の城下町であったが、一時、鳥居忠英が入城した。やがて忠英が下野《しもつけ》国壬生《みぶ》へ移るとき加藤氏が復帰。このとき忠英が水口のかんぴょうを持ち帰ったことから栃木名産のかんぴょうが生まれた。

水口宿と石部宿のほぼ中間に、野洲《やす》川の渡し船があった。渡し場の跡には、日本一大きい常夜灯が今も残っている。川を渡ると左手の山上に、六十余名が処刑されたという天保十三年の農民一揆の悲劇を伝える「天保義民之碑」が立っている。

琵琶湖をかすめ京へ

天井川《てんじょうがわ》で知られる草津川の堤防の中腹に「右東海道いせみち、左中山道」の道標が立っている。草津宿で東海道は中山道と合流する。さらに先に進むと、矢《や》橋《ばせ》道との分岐点がある。矢橋は琵琶湖東岸の港で、かつては対岸の大津までの渡船場としてにぎわった。また「矢橋の帰帆」として近江八景の一つにも数えられている。

東海道第一の名橋，瀬田の唐橋

琵琶湖の南岸をかすめ、瀬田《せた》の唐橋《からはし》を渡る。現在は五本の橋が瀬田川をまたぐが、江戸時代もさらにその昔も橋は一本しか架かっていなかった。織田信長を本能寺で討ち、その足で安土《あづち》城を攻めようとした明智光秀の軍勢は、瀬田の唐橋が焼け落ちていたために、二日間も足止めをくわされた。橋一本で光秀の野望は打ち砕かれたのである。

東海道五三次目の宿は大津である。東の品川宿と同様に、遊女めあての近郊からの客も多かった。しかし、なんといっても大津は琵琶湖舟運で栄えた商業の町だった。各藩も競って蔵屋敷を建てた。実際には大坂で決められたが、天下の米価は大津で決められるといわれるほどの勢いであったという。

やがて街道は山科《やましな》の盆地を下り、東海道の終点京の三条大橋にたどり着くのである。

東海道から発する道❶

下田街道

しもだかいどう

●東海道の三《み》島《しま》宿から分岐して、韮山《にらやま》・伊豆長岡・大《おお》仁《ひと》・湯ケ島《ゆがしま》を経て天城《あまぎ》峠を越え、湯ケ野《ゆがの》から下田に下る道。伊豆半島を南北に、全長約六〇キロにわたって走る街道。

●天城街道、伊豆路ともよばれた。

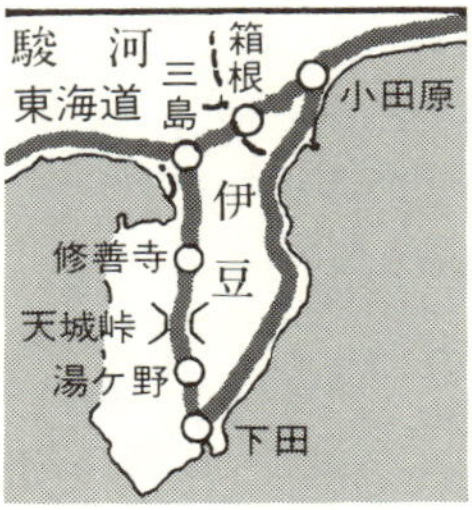

湯けむりのたつ道

伊豆半島の先端下田にたどり着く道は二つあった。一つは天城越えの下田街道。もう一つは、小田原から東海岸沿いに行く道である。

しかし、海岸伝いの道は崖あり、橋のない川ありの険しい道で四日もかかった。峠越えの道は苦しい登りがあったが安全であった。小田原から三島経由で三日で下田に着けた。

街道沿いには、修善寺《しゅぜんじ》をはじめ数多くの温泉があった。湯治客の通った道でもある。下田街道は、三島を出ると狩野《かの》川に沿って登って行く。韮山には、十四歳の源頼朝が流された地蛭《ひる》ケ小島《がこじま》や、頼朝が戦勝を祈願した願成就院《がんじょうじゅいん》がある。さらに幕末の韮山代官江川太郎左衛門が築いた反射炉も残っている。

街道は富士山を背に登って行く。温泉の湯けむりも、狩野川に沿って登って行く。湯治の客がどこでわらじを脱ぐか困るほど、温泉があった。やがて湯けむりが切れると、いよいよ天城の急峻な道が旅人の行く手をふさぐ。昼なお暗き森林をかきわけるように、峠の道はつづいていた。いのししに出くわすこともあった。

ペリー来航の町

川端康成の『伊豆の踊子』の舞台で知られる湯ケ野をすぎると、下田は目前である。それから南は紺碧の海が果てしなく広がるだけ。

下田はのどかな漁港であったが、江戸と大坂を結ぶ廻船の風待ち港となると、にわかににぎわいをみせるようになった。そして、嘉永《かえい》二年（一八四九）、ついにイギリス船が下田に入港する。これを機に、異国船がひっきりなしに伊豆沖に出没するようになる。

安政《あんせい》元年（一八五四）には、下田開港にともない、ペリー艦隊六隻が入港。吉田松陰はペリーに密出国を請《こ》うが断わられ、江戸に護送される。鎖国を解かざるをえなくなった幕末の日本のあわただしい外交史のひとこまひとこまを、下田の町はいち早くかいま見たのである。

東海道から発する道❷

身延道《みのぶみち》

●甲府城下より鰍沢《かじかざわ》を経て富士川に沿って下る。切石《きりいし》・飯富《いいとみ》・下山《しもやま》・南部《なんぶ》の各宿を通り、東海道興津《おきつ》宿へ至る道。

十月十三日は身延山会式《えしき》がとり行なわれる日である。この日をめざし、身延山参詣の旅人が甲府方面から、そして興津方面からやってきて、身延道は大いににぎわった。

日蓮宗総本山の身延山久遠寺《くおんじ》は、弘安《こうあん》四年（一二八一）日蓮開基の根本《こんぽん》道場で、現在地には文明《ぶんめい》六年（一四七四）に建立された。

もっとも、身延道は参詣者だけの道ではなかった。下部《しもべ》には武田信玄の隠し湯として知られる温泉があった。身延道ただ一つの温泉をめざし湯治客も往来したのである。

この道はまた、甲斐の産物を東海道沿いの町に送り、駿河の塩や海産物を甲斐へ馬の背に乗せて運ぶ輸送路でもあった。富士川沿いの河内周辺は、江戸時代から紙漉《す》きを営む村が多かった。これも甲斐に運ばれた。

富士川沿いの道は、崖の険しい道がつづいていた。そこで、鰍沢からは「下げ米、上げ塩」とよばれた物資輸送用の富士川の水運にたよる旅人も多かった。小舟ならば、富士川河口付近の岩淵《いわぶち》まで一日足らずで下ることができたからである。

東海道から発する道❸

姫街道

ひめかいどう

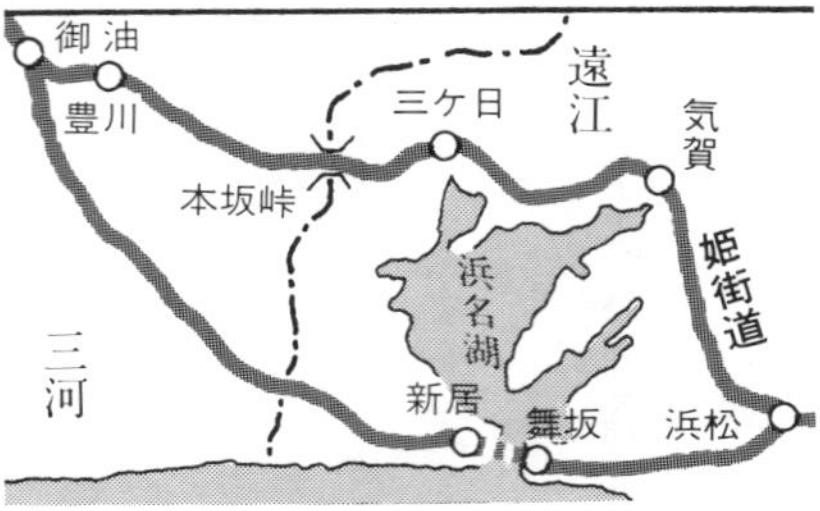

●浜松から浜名湖北岸を経て御油《ごゆ》に至る東海道の脇往還。この間に市野・気賀《きが》・三ケ日《みっかび》・嵩山《すせ》の四宿が設けられていた。本坂通りともいう。

三方ケ原合戦ゆかりの地を行く

姫街道は、東海道浜松宿から浜名湖を避けて北に迂回する。街道の名は、女性の旅人の往来が多かったことに由来するといわれる。舞坂宿と新居宿を結ぶ浜名湖の湖口の今切《いまきれ》の渡しは、縁切れにつながるということもあって、女性はこれをきらった。

そのうえ、西岸の新居の関所は「出女《でおんな》」の取り締まりがとくに厳しかった。男の旅人なら、自分の出身地と行く先などをいつわりなく申し立てればよかった。ところが、女性は手形を必要としたうえ、携帯品はもとより、身体のすみずみまでくまなく調べられた。

そこで女性たちは、東海道よりは少々険しい山道ではあるけれど、浜名湖北岸の三方《みかた》ケ《が》原《はら》を抜ける道を選ぶことが多かったという。

三方ケ原の台地は、天竜川の隆起扇状地としてできた。元亀《げんき》三年（一五七二）の武田信玄と徳川家康の三方ケ原の合戦ゆかりの地として有名である。

気賀宿、今の浜松市細江《ほそえ》町に入る手前には都《みやこ》田《だ》川の渡しがあった。この川を越えると気賀の関所である。

気賀宿の西の出口に残る枡形《ますがた》の遺構をあとに、街道は上り下りを繰り返す山道を行く。そして険しい引佐《いなさ》峠が待ちうけていたが、そこには平たい姫岩があり休憩所がおかれていた。

ミカン畑に囲まれた道を下っていくと、左手に猪鼻《いのはな》湖が見えてくる。三ケ日宿はもう間近である。

浜名湖俯瞰

一万年前の人類が住んでいた地

三ケ日から北へ四キロほど行くと只木《ただき》の町がある。この神明宮裏の石灰石採掘場からは、昭和三十四年に第四紀洪積世《こうせきせい》の人骨が発見され、「三ケ日人」と命名された。はるか一万年前、日本列島ができあがりつつあったころ、この三ケ日に人類は住んでいたのである。

このあたりは、歴史時代に入ってからでも、神亀《じんき》三年（七二六）に建てられた麻訶耶《まかや》寺をはじめ、古い時代の旧跡が多い。大福寺は、中国伝来の浜名納豆の元祖であった。豊臣秀吉に賞味され、江戸時代には幕府にも献上されたという。

三ケ日を出ると、もうひとつの峠、本坂峠がひかえていた。遠江《とおとうみ》と三河の国境にあたるこの峠を越えると、そこは嵩山の宿場である。今は、この峠の下を有料の本坂トンネルが一気に貫いている。

峠を越えればあとは下り坂。豊川《とよがわ》を渡って一気に豊川《とよかわ》に入る。この地の妙厳《みょうごん》寺豊川稲荷は、明治維新の神仏分離を免れ、今も参拝者の数は減らない。豊川稲荷はもともと妙厳寺山門の守護神として祀られたが、のちには商売繁盛の神様として、信者の圧倒的な支持を得るようになった。

東海道三五宿目の御油宿は間近だ。

伊那街道

いなかいどう

●中山道の塩尻《しおじり》または下諏《しもす》訪《わ》から天竜《てんりゅう》川沿いに、伊《い》那《な》・飯田・足助《あすけ》を経て岡崎に至る道。伊那街道は三河方面からのよび名。信濃ではこれを三州街道とよんだ。中馬《ちゅうま》街道という別称もある。
●根羽《ねば》から、田口・新城《しんしろ》を経て吉田に通じる道も伊那街道の名がある。

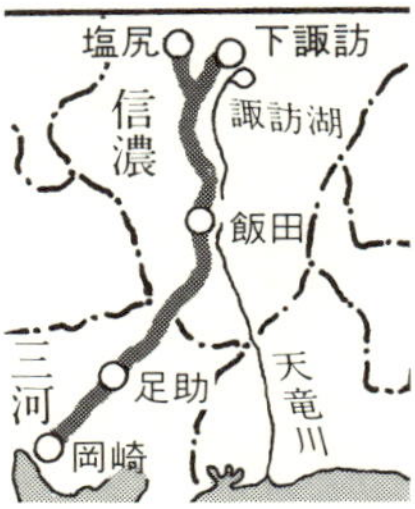

馬の背で塩を運んだ中馬の道

塩尻から伊那谷に向かうには、まず善知鳥《うとう》峠を越えなければならない。峠を越えると、本棟《ほんむね》造りの問屋や旅籠《はたご》屋が並ぶ小野宿である。

伊那街道は、木曾山脈と伊那山系にはさまれた天竜川に沿って下って行く。天竜川は急流がつづく。そのため物資輸送としての大規模な舟運は発達しなかった。山間部に住む農民たちは、物資の輸送は自分たちの背でかつぐか、牛馬の背にたよるしかなかった。

そして農民たちは、養蚕や畑仕事の合間に自分の馬を使って物資の輸送の仕事をするようになった。これは「中馬」とよばれ、しだいに専門の仕事とするようになった。

中山道や甲州道中は、官道として大名行列をはじめ公用の往来が激しく、また宿駅制度によって街道の旅は便利であった。しかし公的な通行や物資輸送が優先で、庶民にとっては不便な面も少なくなかった。一方、伊那街道は脇往還の指定すらうけていなかったためかえって中馬を代表とする庶民の輸送が自由に行なえることとなった。中馬は一人が馬を四、五頭たずさえ、その背に荷を負わせて街道を上り下りした。

中馬専業の村がつづく道

中馬稼ぎは農民の貴重な収入源だった。信州から煙草《たばこ》や生糸を運び、三州方面からは塩や茶・魚を運び上げた。しかし、農民なら誰もができるというわけにはいかなかった。馬を二頭以上もつことが条件で、馬の飼料となるわらをとるため四反以

馬方と中馬の装い

上の水田をもっていなければならなかった。したがって、有力農民か、あるいはその一族が担《にな》い手となった。

伊那街道には馬《ば》頭観音《とうかんのん》がきわめて多い。北殿《きたとの》大泉宿には、見上げるような大きな馬頭観音が立っている。馬の死を悼《いた》み、また馬なしには生活が成り立っていかなかった往時の伊那街道の面影をしのばせるものである。

伊那部《いなぶ》宿から天竜川を渡ると、絵島《えじま》の幽閉で知られる高遠《たかとお》への道が延びている。この道は北へ杖突《つえつき》峠を越えて、甲州道中の金沢宿に至る。

伊那街道はさらに天竜川沿いに下る。天竜川にそそぐ支流をいくつも渡る。赤須・上穂《うわぶ》宿をはさむ大田切《おおたぎり》・中田切の両川は、雨が降ると鉄砲水が走って旅人の足を止めた。

飯田は、中馬の中継基地であった。町の愛宕《あたご》坂には大きな土蔵がいくつも並んだ。馬は日に一〇〇〇頭も出入りしたという。わずか二万石の城下町であったが、そのにぎわいは街道一といわれたのである。

駒場（阿智《あち》村）を通り寒原《さむはら》峠を越えると、浪《なみ》合《あい》の関所があった。根羽は中馬専業の村として栄え、牛馬宿には馬屋がいくつも設けられていた。ここから稲武《いなぶ》をぬけ足助に入ると、東海道岡崎宿は目前である。三州街道とよばれるこのあたりは、戦国大名武田信玄が三河攻略のためにこしらえた道といわれている。

伊那街道は中馬による物資輸送だけの道ではなかった。信州からは伊勢神宮へ、三州からは諏訪神社や善光寺《ぜんこうじ》に通じる、庶民が浄土への憧れを胸に通う参詣の道でもあった。

足助に残る道標

伊勢路

いせじ

●東海道四日市から伊勢神宮に至る街道。伊勢街道、参宮街道ともよばれた。
●津《つ》で関《せき》から分岐した伊勢別街道と合流する。

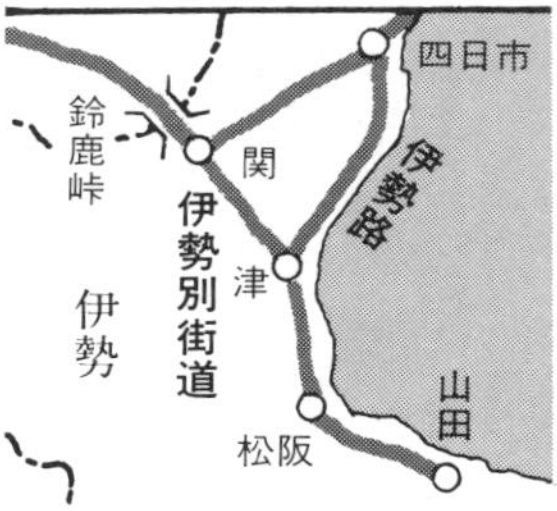

伊勢への二つの道

東国の伊勢参拝者にとって、東海道宮《みや》宿から七里の渡しで上陸する桑名《くわな》は、伊勢路の起点であった。船着場には伊勢神宮の大鳥居があり、旅人はこれをくぐって伊勢山田へといそいだ。

伊勢路は、東海道四日市の日《ひ》永《なが》の追分で分岐する。追分に残る道標には、「右京大坂道　左いせ参宮道」の文字が見える。そして、室町時代末期に始まったという友禅《ゆうぜん》染などに使われた「伊勢型紙」の産地白子《しろこ》を経て、漁村の上野に入る。

参拝者たちはやがて、「伊勢は津でもつ。津は伊勢でもつ」とうたわれた藤堂《とうどう》藩の城下町津に到着する。「津」は港の意だ。古くは安濃津《あのつ》とよばれ、博多津《はかたのつ》・坊津《ぼうのつ》とともに日本三津《さんしん》の一つに数えられていた。この津は、畿内からの参拝者たちが東海道の鈴鹿峠を越えて関宿に到り、そこから伊勢別街道に入って伊勢神宮に向かうときの交通の要衝でもあった。

伊勢路と伊勢別街道の津での合流点

伊勢神宮内宮

関宿からは奈良に向かう伊賀《いが》街道が「西の追分」で分岐し、伊勢別街道は「東の追分」で分岐する。ここには伊勢神宮の鳥居があり、常夜灯と道標が並ぶ。

二〇〇万人を超えた「お伊勢まいり」

徳川幕府の封建時代には、人びとは物見遊山の旅は許されていなかった。だが、伊勢参拝をはじめ、善光寺参りや成田《なりた》詣でなど社寺参詣の旅なら許されていた。とくに「お伊勢まいり」は庶民の一生に一度の願いで、全国的に伊勢講ができ、伊勢への旅人も多かった。

津から松阪へ向かう。「月の夜を何を阿古木《あこぎ》に啼《な》く千鳥」と芭蕉の句にある阿漕浦《あこぎがうら》は、かつては伊勢神宮の海で、殺生《せっしょう》禁断の海だった。母の病のためこの禁を犯して魚を得ようとした平次の悲話は、謡曲の『阿漕』で知られるところである。

現代では「松阪牛」でその名の高い松阪は、「松阪もめん」の伝統をもつ繊維の町だ。城下町独特の袋小路やカギの手の道を抜けると、今でも御城番屋敷が当時のままそっくり残されている。

宮川まで来ると、いよいよ伊勢神宮は間近である。内宮《ないくう》（皇大《こうたい》神宮）は宇治《うじ》にあり、外宮《げくう》（豊受《とようけ》大神宮）は山田にある。この二つの宮を伊勢神宮という。

「お伊勢まいり」の参拝者は、明和《めいわ》八年（一七七一）の「お蔭《かげ》まいり」には二〇〇万人を超したといわれる。神宮参拝が大きな目的だったが、「朝熊《あさま》かけねば片参り」といわれた朝熊山金剛証寺《こんごうしょうじ》詣でや、景勝地二見浦《ふたみがうら》見物も欠かせなかった。さらに男たちの中には、精進落としに古市《ふるいち》の遊郭で遊ぶものもいた。

原生林の伊勢神宮林を下って境内を流れる五《い》十鈴《すず》川の清流は、こういった参拝者たちの浮き世の塵《ちり》をそっと流してくれたことであろう。

美濃路

●東海道の宮《みや》宿から分岐、名古屋・清洲《きよす》・稲葉・萩原・起《おこし》・墨俣《すのまた》・大垣の美濃路七カ宿を経て中山道の垂《たる》井《い》宿に至る約五三キロの道。

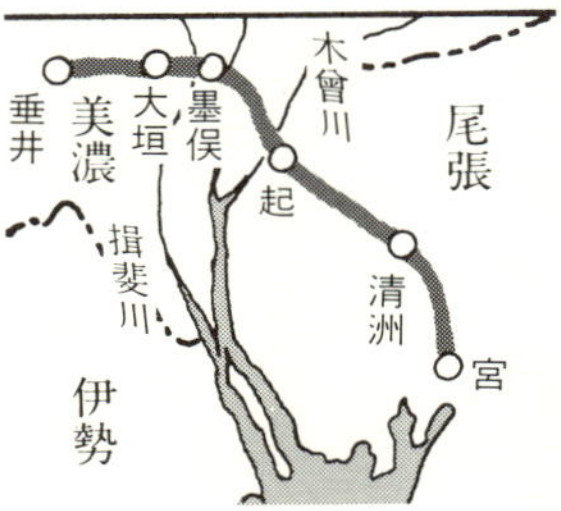

武将の息づかいが聞こえる街道

美濃路は濃尾《のうび》平野を南から北西に貫いて、東海道と中山道を最短距離で結んだ道である。この間には、峠越えや天候に左右されやすい海路もない。木曾・小熊・長良《ながら》・揖斐《いび》と四つの川があったが、船渡しによってたやすく先に進めた。

便利で安全な道であったので、越前《えちぜん》福井藩主ほか数多くの大名たちがこの道を利用した。中山道の脇往還として、道中奉行の管轄下にあったので、街道の整備もよく行き届いていた。

江戸日本橋より東海道四一宿目の宮宿は、熱田神宮とともに、この地方の遊興地としてもにぎわった。「七里の渡し」を前にして、本陣《ほんじん》三、旅籠《はたご》屋二四八、妓楼三四を数える大宿場町であった。これにひきかえ、美濃路の最初の宿名古屋には、本陣も脇本陣もおかれなかった。かつては、慶長《けいちょう》十四年（一六〇九）に、徳川家康が名古屋城を築きはじめるまでは、荒れはてた湿地であった。のちに、徳川御三家尾張《おわり》藩の城下町として栄えるようになったが、それは、築城の際に資材を運ぶためにつくられた堀川の水運の発達によるところが大であった。

名古屋の繁栄とは対照的に、衰退の一途をたどったのは清洲である。かつては天下布武《てんかふぶ》に燃えた織田信長の居城があり、尾張地方の中心地であった。しかし、名古屋に城が移され、同時に「清洲越《ごし》」といわれるように、武士も町人も名古屋に移住させられたことで、街道の一宿と化してしまったのである。

尾張の国分寺があった稲葉をすぎると、織田

清洲城模擬天守

起の渡船場跡

氏が工事を急がせてつくらせた幅五間（約九メートル）の道を通り萩原宿に入る。

川で栄えた宿場町

美濃路で往時の宿場町の家並みがいちばんよく残されているのは起《おこし》である。起は絹と綿の交織《まぜおり》の「結城《ゆうき》じま」の産地として知られている。この町に残る木綿問屋であった小川家は、江戸時代そのものの建築物である。また、起宿は木曾川の渡船場があったところである。対岸の三柳《みつやなぎ》村まではおよそ一〇〇〇メートルほどの川幅があったが、将軍や朝鮮通信使が渡るときは、船を並べて橋とする「船橋」がかけられた。用意された小船は、大小あわせて一七〇艘以上にもおよんだという。

墨俣宿は、長良《ながら》川水運の河港として栄えた。墨俣は古くは「洲の俣」とよばれた。かつて木曾川・長良川・揖斐《いび》川がこの地で合流したことを教えてくれる地名である。そして、戦国時代の歴史を語ってくれる町でもある。

大垣の川端に残る常夜灯

美濃攻略のために、信長が木下藤吉郎（秀吉）に敵地の墨俣に城をつくれと命じたところ、藤吉郎は三日三晩で砦《とりで》を築いた。敵方の斎藤龍興《さいとうたつおき》はこれを見て驚いて退却する。のちに「秀吉の三日普請」と語り継がれるエピソードである。

街道は、美濃路七カ宿最終の宿場大垣に入る。戸田氏十万石の城下町であり、揖斐川の河港としても発展した町である。松尾芭蕉『奥の細道』の結びの地としても知られている。

中山道

なかせんどう

●江戸時代の五街道の一つ。江戸と京都を結ぶ内陸路。全長は約五三三キロあり六九宿。中仙道とも書かれた。古代は東山道《とうさんどう》とよばれた。
●江戸の日本橋を起点に板橋・熊谷《くまがや》・安中《あんなか》を経て碓氷《うすい》峠を越えて信濃《しなの》に入る。追《おい》分《わけ》・岩村田《いわむらだ》・望月《もちづき》・和田峠・下諏訪《しもすわ》・塩尻《しおじり》峠・奈良井《ならい》・鳥居峠・福島・馬籠《まごめ》峠を経て美濃に入る。加納《かのう》・関ケ原を通り草津で東海道に合する。

天下の大動脈中山道

広大な関東平野を行く

めざすは同じ京都でありながら、中山道は東海道とは逆方向、つまり日本橋を背にして北に出発する。それだけではない。両街道はその道程も対照的である。

東海道が温暖な太平洋岸をたどっていくのに対し、中山道は行く手に信濃や木曾の険しい山が立ちふさがる。冬の寒さは厳しい。一日の旅程は短くなる。そのため、中山道は江戸・京都間で東海道よりも全長およそ四〇キロしか長くないのに、宿数は一六も多い六九宿を数えた。

しかし中山道には、東海道にある大井川などの川越えや七里の渡しといったような、川や海の障害が少なかった。板橋をすぎて、いきなり荒川につきあたるとはいうものの、船賃六文の渡し船でたやすく向こう岸に渡れた。

荒川を渡れば、あとは碓氷峠にかかるまで、広大な関東平野を歩くだけである。

中山道は支道の多い街道である。まず、板橋からは川越街道がのびている。熊谷からは甲府に達する秩父《ちちぶ》往還が、本庄《ほんじょう》からは下仁田《しもにだ》街道や

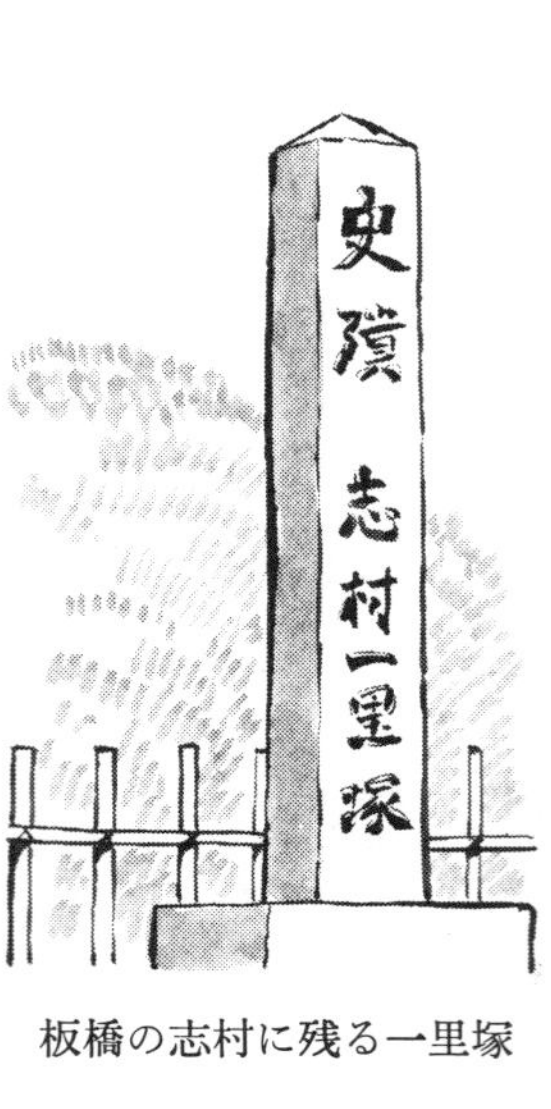

板橋の志村に残る一里塚

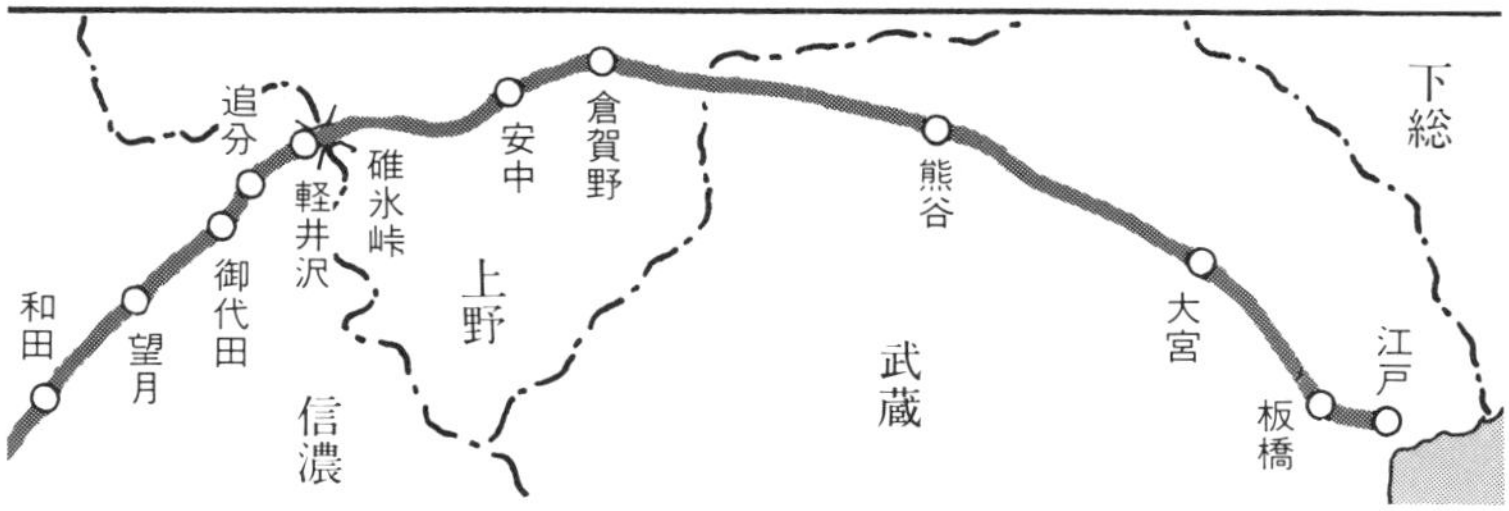

十石《じっこく》峠を越えて佐久《さく》に入る道が、倉賀野《くらがの》からは日光例幣使街道が、高崎からは三国《みくに》街道がのびている。さらに、追分から分かれる北国街道や、岩村田から南下する佐久甲州街道をはじめ、いくつもの支線が中山道に合する。そのため、参勤交代で中山道を利用する大名の数も、東海道のそれには及ばないが、金沢の前田家をはじめ三〇藩主を超えたという。中山道は、天下の大動脈だったのである。

にぎわう利根川水運の河岸

支線が多いということは、物資の流通量がふくらむことになる。大量の物資を江戸に送るためには、利根川の水運も大いに利用された。

中山道の倉賀野宿は利根川水運の最上流にあったので、烏《からす》川のほとりにあった河岸《かし》はたいそうにぎわった。馬で運び出された信濃の物資は、倉賀野に着くなり、船積みにかえられることが多かった。したがって、中山道はのんびりと旅するには格好の街道であった。

しかし、関東平野を行く中山道で、旅人の目をひきつけるものといえば大宮《おおみや》の氷川《ひかわ》神社くらいのものであった。大きな城もなかった。烏川に臨んだ交通の要地に建てられた高崎城でも、慶長《けいちょう》三年（一五九八）に入封した井伊直政《いいなおまさ》が居城としたときに領していた十二万石が最高である。現在この城跡は、乾櫓《いぬいやぐら》と堀しか残されていない。

安中《あんなか》にも城はあったが、井伊・板倉といった三万石程度の小大名の陣屋構えにすぎなかった。むしろ、板倉氏が植えたといわれる安中原《はら》市《いち》の杉並木のほうが旅人の目をひいた。現在は、数十本しか残っていないが、かつては日光の杉並木に勝るとも劣らない大規模なものだったという。

安中・松井田《まついだ》・坂本とすぎるあたりから上り坂になる。横川の関所が待ち受ける。

上信国境の名山，浅間山

難所碓氷峠を越えると信州

噴煙の浅間山を望む道

松井田の町を通過するあたりから、いかにも街道の昔をしのばせるものが目につきはじめる。五料《ごりよう》の白壁塀の家は、大名が休憩した茶屋本陣の中島家である。丸山坂の手前には、道祖神がひっそりとたたずむ。馬方に首をとられて泣いたという夜泣き地蔵がすっくと立っている。

横川に入っても、子育て地蔵や庚申《こうしん》塚がつらなる。横川の茶屋本陣や雁金屋本陣だった家が昔の家並みそのままに並ぶ。もっとも、横川の関所跡にある東門は近年復元されたものだが。

なお、中山道の難所の一つ碓氷峠は、鉄道にとっても難所だった。一〇〇〇分の六六・七という急勾配を、路面にとりつけられた歯車をたよりに、列車はあえぎながら登っていた。これはアプト式とよばれたが、昭和三十八年にはその姿を消した。

碓氷峠を越えると浅間《あさま》三宿の軽井《かるい》沢《ざわ》・沓掛《くつかけ》・追分は目と鼻の先だ。しかし今、夏の避暑客でにぎわうこれら三宿に往時の面影はない。今も昔も煙をはきつづける浅間山、そして中山道と北国街道の分岐点に残る道標や、常夜灯や六地

望月の看板用大下駄《げた》

蔵・枡形《ますがた》茶屋などが、わずかに昔をしのばせるだけである。

四街道の分岐点

しだれ桜の咲く御代田《みよた》の一里塚をすぎると小田井《おだい》だ。昔ながらの用水が、現在も使われている。江戸時代の出桁《だしげた》造りの旅籠屋や白壁の本陣をはじめ、町並みも昔のままである。

つづく岩村田は、四つの街道の分岐点だ。東に下仁田へ向かう道、北西に小諸《こもろ》道、南に佐久甲州街道。これらを寸断するように走り抜けるのが中山道である。

岩村田の竜雲《りゅううん》寺は、武田信玄の遺骨がひそかに葬られていたということで有名である。信玄が伊那駒場で死没したとき、その死を知られぬよう、遺骨を持ち帰ったというものである。

酒林の並ぶ道

千曲川を渡り、一つ山を越えると望月だ。北側の山一帯は、御牧ケ《みまきが》原《はら》といい、古代、「望月の御牧」とよばれた官牧だった。望月の本陣には、鹿児島の島津家の宿札が残っている。東海道だけでなく、中山道も利用したことがしのばれる。

街道沿いには昔ながらの看板がたくさん見られる。望月の大きな下駄の形をした下駄屋の看板がひときわ目をひく。となりの茂田井《もたい》には、造り酒屋のしるしである酒林《さかばやし》を吊るした家が建ち並ぶ。酒林は杉の葉を毬形にした看板で、とくに、白壁の武重《たけしげ》本家の酒林はみごとだ。

芦田から笠取《かさとり》峠への道には、名物の街道の松並木がある。宿場の家並みがL字形になっている長久保《ながくぼ》に入ると、中山道最古といわれる本陣跡がある。この建物は、寛永《かんえい》年間（一六二四〜四四）すなわち今から三五〇年も前に建てられたものという。このあたりは、上田道との追分にあたる。すこし先の落合では、武田信玄が信州攻略のために開いたといわれる「中の棒道」の大門道が左に分かれる。

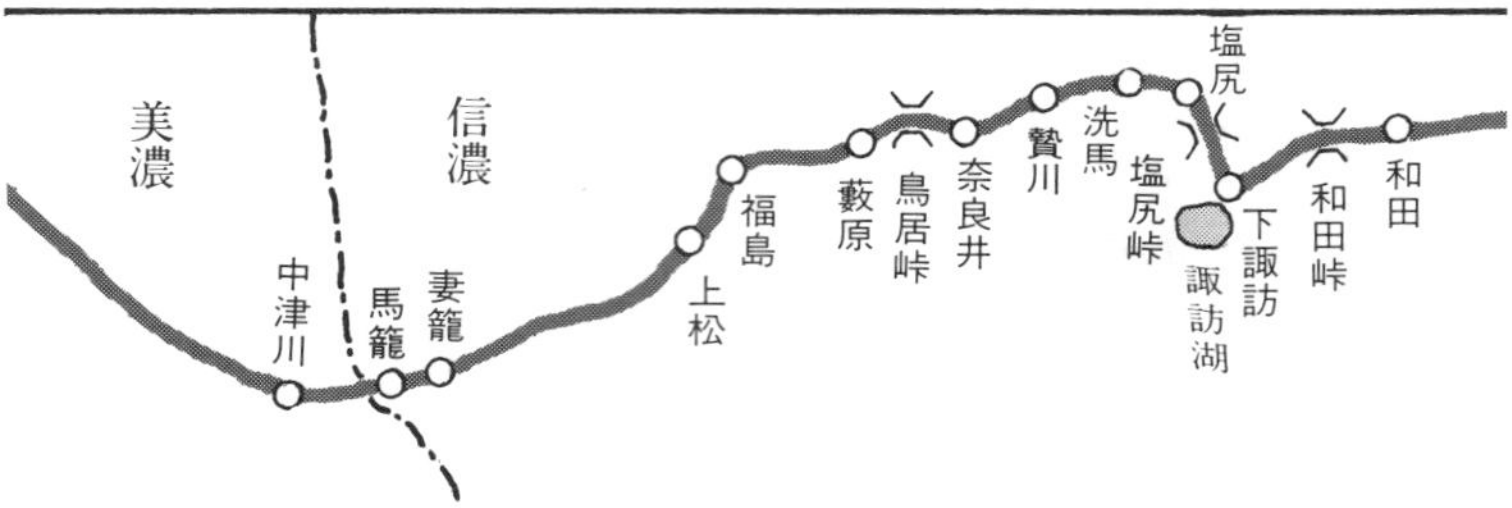

古代人も越えた黒曜石の道

街道は山にはさまれた依田《よだ》川に沿って登り、木問屋があった和田に入る。

和田から下諏訪への道は、二十数キロの和田峠越えの長丁場である。途中には人家がない。厳寒期はもとより雨の季節には、疲れと寒さで行き倒れになる旅人もでた。そこで冬期には、峠道に旅人へ一椀の粥《かゆ》をほどこす接待茶屋が設けられた。また、峠近くの東餅屋には、幕府から許可をもらった茶屋が五軒あった。

峠の道は先史時代からあったという。先土器時代の人びとは、峠周辺に産出する石器の材料の黒曜石を求めて道をつくった。古代・中世・近世、そして現代と、和田峠越えの道は、その難所であるがゆえに何本もつくりかえられた。

峠を越えると、こんどは砥川《とがわ》沿いに下る。下諏訪宿は、諏訪大社下社春宮《しもしゃはるみや》と秋宮《あきみや》をもち、甲州道中の分岐点ということで大いに栄えた。湯の町でもあったので、峠越えの疲れを癒すには格好の宿場町であった。

しかしこれから先、峠がいくつも旅人を待ち構えている。となりの塩尻に行くにも、峠を越えていかなければならなかった。しかし塩尻峠への道は、眼下に諏訪湖を、そのまた向こうに八ケ《やつが》岳《たけ》の峰と南アルプスがつらなり、遥かかな

右は中山道へ，左は北国西街道に分れる洗馬の追分

澄んだ水は昔のままの太田の清水

たに富士を望む絶景の地を行く。峠には茶屋本陣がおかれていて、現存する本陣造りの母屋は寛政《かんせい》年間（一七八九〜一八〇一）の建築と伝えられる。幕末、皇女和宮《かずのみや》通行の際の休憩所にもなったところである。

深山幽谷の木曾路を行く

馬では越せなかった峠道

洗馬《せば》は北国西街道との追分にある。木曾義仲の馬を洗ったといわれる太田の清水が洗馬の名の起こりである。遠い昔、縄文《じょうもん》人もこの周辺の清水に目をつけたといわれ、湧出《ゆうしゅつ》する平出《ひらいで》の泉では、大規模な遺跡の発掘調査が行なわれた。

本山《もとやま》宿を出るといよいよ木曾路である。和銅《わどう》六年（七一三）の『続日本紀《しょくにほんぎ》』には「岐蘇路《きそじ》」開通のことがすでに記されている。奈良井川に沿って街道は登る。奈良井川の支流にかかる境橋を渡ると右手に「是より南、木曾路」の碑が立っている。

贄川《にえかわ》には、木曾の檜や漆器の密搬出と下り女を厳重に取り調べる関所があった。福島関の副関として、木曾路の北の玄関として重要な関所だった。現在、贄川の関所は中央本線の脇に復元されている。

二百体地蔵のある八幡宮をすぎ、杉並木を通り抜け桝形に出ると奈良井《ならい》宿である。江戸時代には「奈良井千軒」とうたわれたほどにぎわった宿場であった。街道沿いの家並みの軒先には「猿頭《さるがしら》」が突き出している。黒い連子《れんじ》格子の家や、大戸にくぐり戸をもった家が並んでいる。越後屋・伊勢屋は、今でも旅人を泊める宿のままである。

街道はさらに峠への道を行く。国道はトンネルで抜けるが、旧街道は石畳の道を、鳥居峠めざして登っていく。昔は馬では越せず、牛で峠を越えたという。

木曾路の名物「お六櫛」

陣屋町として発達した木曾福島

「雲雀《ひばり》よりうへにやすらふ嶺《とうげ》かな」と松尾芭蕉がうたったように、鳥居峠の頂上に立つと藪原《やぶはら》宿が下に小さく見える。町の脇を木曾川が下り、山なみの向こうに御嶽《おんたけ》山がそびえている。中山道から御嶽山を見ることができる数少ない場所だ。

藪原は宿場町であったころ、人口の半数以上の一〇〇〇人ほどが「お六櫛《ろくぐし》」とよばれる木櫛の生産に携わっていたという。櫛の大看板のある宮川家は、江戸時代の資料を展示した史料館として公開されている。

木曾義仲が平家を打ち破るべく兵を挙げたといわれる宮ノ越《みやのこし》を通りすぎると、いよいよ箱根・新居・碓氷とならぶ四大関所の一つ福島関である。江戸と京のほぼ中間に位置するこの関所は、こと「入り鉄砲に出女《でおんな》」に関してはきわめて厳しい取り締まりをすることで有名だった。男装とにらむや番女の前で着物の前をまくらせたりなど容赦なかった。

福島は木曾路十一宿の中心で、中世には木曾氏の本拠であった。江戸時代には尾張藩領となり、木曾代官山村氏が居館を構えて陣屋町として発達した。そこで町づくりは、右岸が代官屋敷と武家屋敷、左岸が商人町というぐあいに、木曾川をはさむかたちになった。

大名も見物した奇勝「寝覚の床」

木曾谷はまさに深山幽谷《しんざんゆうこく》というにふさわしい。上《あげ》松《まつ》の手前には、長さ一〇〇メートルの崖伝いの岨《そば》橋があった。応永《おうえい》年間（一三九四〜一四二八）にかけられた桟道《さんどう》がその始まりといわれるが、正保《しょうほ》四年（一六四七）、通行人が落とした松明《たいまつ》によって焼け落ちた。そのため、翌慶安《けいあん》元年（一六四八）に石垣に改造され、その一部は今も残っている。「桟《かけはし》や命をからむ蔦《つた》かづら」と芭蕉が詠んだ「木曾の桟」である。

上松をすぎると、木曾八景の一つに数えられ

訪れる人も少ない不破関跡

る「寝覚《ねざめ》の床《とこ》」がある。木曾川の激流がこしらえた、直方丈や板状の巨大な花崗岩《かこうがん》の奇勝である。ここを通る街道脇には、茶屋本陣が設けられ、大名も必ず休憩して見物したという。

京都の清水《きよみず》寺とよく似た懸崖造りの岩出観音堂のある須原《すはら》をすぎ、野尻《のじり》・三留野《みどの》と木曾川に沿って下って行くと、木曾路の宿場町の姿をほぼ完全に復元した妻籠《つまご》にたどり着く。

町ぐるみ復元された妻籠宿

天保《てんぽう》九年（一八三八）の『木曾巡行記』によれば、妻籠は木曾路の中でも「寒気強く、田畑も少く、宿立も悪敷《あしく》、頭分の者も借財多く」貧しい宿場町だった。本陣・脇本陣はあったが、宿場としては小さかった。だが、宿駅はひとつの要害と考えられていたので桝形には石垣が築かれている。

妻籠は鉄道や国道から離れていたこともあり、明治以降急激にさびれた。しかし皮肉にもこれが、往時の宿場町の姿をそのまま伝えることになった。旧態をよみがえらせた妻籠の復元を機に、その美しい家並みを愛して訪ねる旅行者も多くなった。

町では、出格子造りの家構えから、土蔵・なまこ壁にいたるまで、すべて復元させた。雨樋も木製にし、電柱をすべて取り払い、町ぐるみ住みながら宿場町の姿を残そうとしている。

峠ひとつ向こうの馬籠《まごめ》も妻籠と同様、宿場町の保存・復元が盛んに行なわれている。

馬籠は島崎藤村の生まれ故郷だ。藤村は『ふるさと』の中で、馬籠は「岩や石の多い峠の上にできたお城のような村」であると書いた。この町は、馬籠峠下の斜面に落合《おちあい》や中津川《なかつがわ》を見下ろすかたちで発達した。

坂道に沿ってつくられた町並みの右側には、昔と変わらぬ用水の冷たい水が勢いよく流れている。藤村記念館は坂道の途中にある。かつての本陣跡であり、藤村の生家でもある。

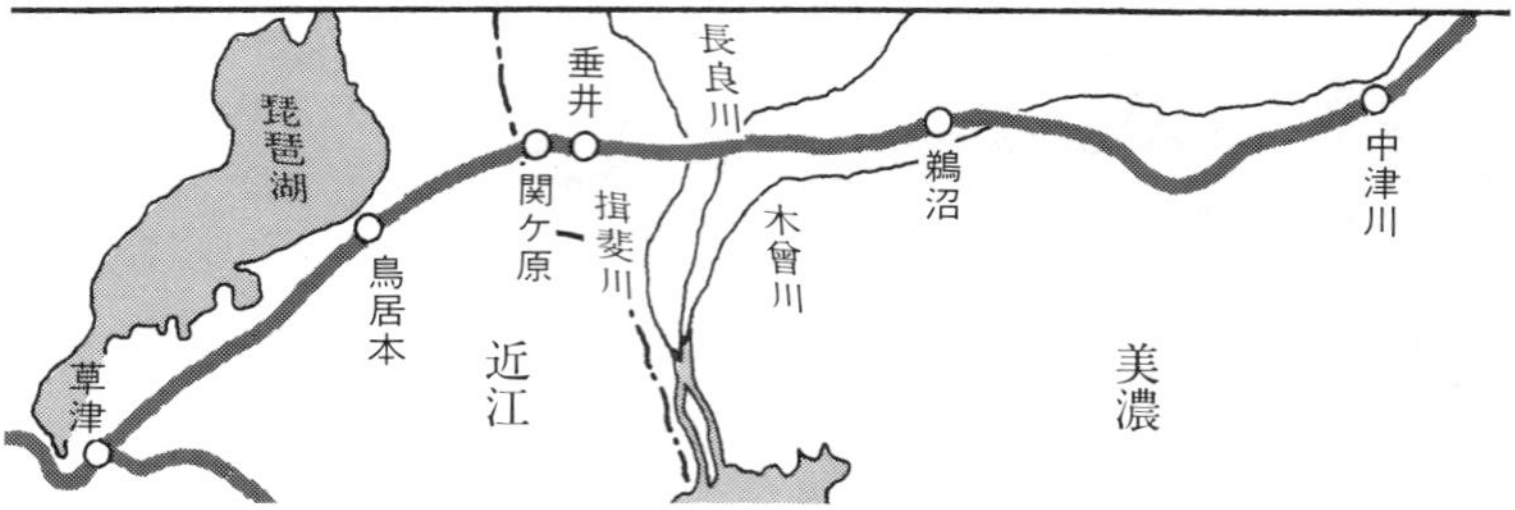

武将たちが駆け巡った道

美濃へと下る

木曾路に別れを告げ、落合から中津川へと一気に街道を下りる。いよいよ美濃である。残るは東海道と合流する草津宿まで、中山道は平坦な道を行くだけである。

中津川に下ってくると、その入り口には「山路来て何やらゆかしすみれ草」の芭蕉の句碑が立っている。深い山中の道を歩いてきた旅人にとって、中津川からの道中はわが家に帰り着いたような心地であったに違いない。

木曾川をへだてて犬山城が見えてくると鵜沼《うぬま》である。そして城下町加納《かのう》は、現在の岐阜市のはずれにひっそりとたたずむ。

長良《ながら》川・揖斐《いび》川を渡ると、東海道の宮宿に至る美濃路との追分がある垂井《たるい》は間もなくだ。となりは、徳川家康と石田三成の天下分け目の一大決戦が行なわれた関ケ原である。ここにも中山道の宿場がおかれたが、このあたりには奈良時代にすでに東山道が走り、不破《ふわ》関がおかれていた。しかし、伊吹《いぶき》山と霊仙《りょうぜん》山にはさまれたこのあたりは豪雪で旅人を苦しめた。そのため、関ケ原宿につづき、今須《います》・柏原・醒ケ井《さめがい》・番場《ばんば》と宿駅がわずかな道のりでつづいた。

武将たちの夢の跡を行く

そして番場と鳥居本《とりいもと》の間にある磨針《すりはり》峠から琵琶湖を望み、井伊氏三十五万石の彦根城下をすぎるあたり、京が間近であることを旅人は知った。歴史を変えていった武将たちの夢の跡が京に近づくにつれ大きくなる。愛知川《えちがわ》から武佐《むさ》に入るあたり、かつては織田信長の安土《あづち》城は金箔の瓦を誇らしげに見せていた。しかし、中山道が通る時代には、安土城は「夢幻の如く」消え去っていた。

守山《もりやま》の一里塚の大榎《えのき》は、東海道の草津宿が目前に迫っていることを知らせてくれる。

中山道から発する道❶

秩父往還

ちちぶおうかん

●中山道の熊谷《くまがや》宿を発し、小前田《おまえだ》・寄居《よりい》・矢那瀬《やなせ》・野上《のがみ》・金崎《かなさき》を経て秩父大宮《ちちぶおおみや》に至る。さらに大滝村・雁坂《かりさか》峠を越えて甲府にまで達する。

●江戸から秩父へは、川越街道を通り、川越を経て和紙のふるさと小川、粥新田《かいにた》峠を越えて行く道がある。

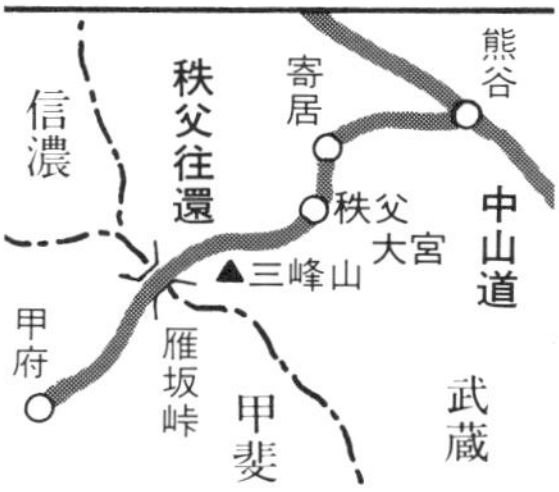

お遍路さん巡礼の道

秩父の歴史はことのほか古い。律令時代の武蔵国以前に、すでにこの地は「知々夫《ちちぶ》国」といわれ、多くの人が住み、一国を成していた。秩父の黒谷には、日本で初めて銅が採掘された遺跡がある。そして、この銅をもとにして日本最古の貨銭「和《わ》同開珎《どうかいちん》」がつくられ年号を和銅《わどう》元年（七〇八）に改めた。

秩父は江戸時代になると、秩父絹の市が立ち大いににぎわった。江戸からは絹商人が、熊谷から寄居を経てやって来たし、また川越や小川を経てやって来た。同時に、秩父三十四カ所観音霊場巡礼の地として、行き交う白衣のお遍路さんで大いににぎわった。

熊谷から秩父への道は、荒川に沿って上って行く。戦国時代の鉢形《はちがた》城の城下町寄居は、秩父山地と関東平野の境に発達した宿場町である。ここから道は、岩畳とよばれる岩石段丘がつらなる景勝地長瀞《ながとろ》を経て、秩父札所第一番の栃谷《とちや》の四万部《しまべ》寺へとつづくのである。

山深く分け入り三峰山へ

札所巡りの人気もさることながら、秩父の奥山の三峰《みつみね》山も各地から熱心な信者を集めていた。三峰神社奥宮にある妙法《みょうほう》ケ岳は標高一三三二メートル。幕末のころには、三峰山に登る講中（参詣者組織）は四〇〇〇〇以上にもなった。

道はさらに奥深く分け入る。秩父最奥の秩父市大滝の栃本《とちもと》には、江戸時代、山越えの交通の要地として関所がおかれていた。雁坂峠を越えると、道は笛吹川に沿って甲府に下りる。

佐久甲州街道

さくこうしゅうかいどう

●中山道岩村田宿から分岐し、千曲《ちくま》川に沿って進み、さらに平沢峠を越えて甲州道中の韮崎に至る道。
●宿場は、野沢・臼田《うすだ》・上畑・海尻《うみじり》・海《うみ》ノ口《くち》を経て平沢とつづく。

「風林火山」の旗指物

岩村田を起点に、佐久甲州街道は八ケ岳連山の裾野を南に進む。甲州方面からは善光寺参り、佐久方面からは富士講や伊勢講の旅人たちが行き交う高原の道であった。もちろん、茶・塩といった食料から木材まで、物資輸送の重要な道でもあった。

千曲川沿いの街道

佐久盆地の水田には、千曲川の伏流水《ふくりゅう》がいたるところで湧出している。そこで、天明《てんめい》年間（一七八一〜八九）に、湧出する水を利用して鯉の養殖が始まった。この佐久鯉の本場は野沢宿周辺である。また、野沢は佐久盆地の南部の米の集散地として、問屋場がおかれていた。野沢の歴史は古く、鎌倉時代には荘園が開かれていたという。

千曲川に沿って走る小海線

臼田に入ると、松平氏が築城した五角形の竜岡城跡がある。函館の五稜郭《ごりょうかく》とともに、日本では二つしかない珍しい洋式の城跡である。

高野町で上州・武州方面に向かう街道と分岐する。この街道は秩父の山村に米を運ぶ重要な道で、峠も米にちなんで十石《じっこく》峠とつけられた。

佐久甲州街道は高野町から上畑、今の八千穂《やちほ》

佐久甲州街道

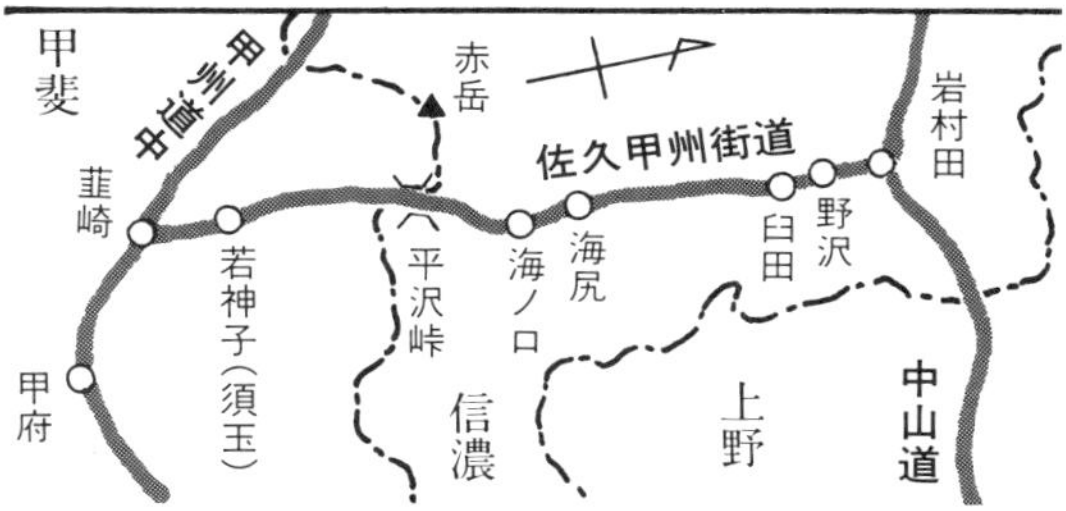

村へとつづく。千曲川沿いに質のよい湧き水があるので、幕末のころから酒造りが行なわれていた。しかし千曲川は暴れ川でもあった。寛保《かんぽう》二年（一七四二）の大洪水をはじめ、数々の村が壊滅的な被害を受けてきた。

ここから次の宿の海尻までは、およそ一二キロの長丁場である。断崖迫る千曲川峡谷沿いの街道を、緊張した面持ちで進んだことだろう。

お助け小屋のあった峠道

海尻から海ノ口までは、千曲川峡谷がぽっかりと開けた小さな盆地になっている。その昔、天文《てんぶん》五年（一五三六）に武田信虎は佐久侵攻を企て、海ノ口城を陥落させた。城主平賀源心は抵抗むなしく討ち死にしたが、そのときの戦いの激しさを物語るように、昭和十年ごろに、城下の畑から、赤さびた刀や鉄の矢じりがいくつも掘り出された。

海ノ口を出るといよいよ海抜一四三〇メートルの平沢峠越えだ。千曲川の谷底に沿った道から、旅人はあえぎあえぎ峠の道を登った。厳冬のころには、人っ子ひとり住まぬ野辺山《のべやま》原で、行き倒れの旅人が続出した。三軒家はこういった行き倒れの旅人の「お助け小屋」としてできた集落であり、また板橋も慶長《けいちょう》十一年（一六〇六）に幕府の命令によってできた「お助け小屋」集落であった。

しかし、平沢峠を越えたとき、旅人はこれまでの労苦を吹き飛ばすほどの絶景を目にする。西方に赤岳《あかだけ》を押し出し八ケ岳の山々がつらなる。足もとに果てしなく広がる高原の景色。そして南方には甲斐駒などの山なみや甲府盆地が遠望できる。

平沢峠を越えると平沢宿である。ここをすぎると甲州の道である。カラ松にかわり雑木林の中を行く。若神子《わかみこ》（北杜《ほくと》市須玉《すだま》町）まで下ると、甲州道中の韮崎宿は近い。

箱《はこ》根《ね》関（東海道）

神奈川県足柄下郡箱根町箱根一番地

　江戸時代にいくつも設置された関所でも、とくに有名なのが箱根関で、関の門前は人改めに待つ時間が長いため、市をなしたような大賑わいだったという。

　東海道中でもっとも要害である箱根は鎌倉時代から関所が点在していたが、現在の宿跡は、元和《げんな》四年（一六一八）に箱根宿が開設された頃、箱根権現一の鳥居付近から移ってきたものである。ほかの関所と同様、「入り鉄砲」と「出女《でおんな》」の取締りが中心だったが、寛永《かんえい》十年（一六三三）に新居《あらい》関が強化されると鉄砲改めは省略された。しかし女改めは相変わらず厳しく、例えば関所付近で出産をした場合、男児なら問題ないが、女児の場合は、江戸に戻って手形を交付してもらわなければ、稚児とて関を通過することはできなかった。また、周囲には根府川《ねぶかわ》、千石原《せんごくはら》といった裏関所や数多くの番所も存在し、小田原藩によって厳しく管理されていた。

箱根関所跡から芦ノ湖を望む

　箱根関所は復元工事が行われており、平成十九年春に完成予定であるが、一部はすでに公開されている。箱根関所資料館では、取締り風景を人形で再現し、関所手形など約一〇〇〇点の資料が展示されている。

横《よこ》川《かわ》関（中山道）

群馬県安中市松井田町横川

　碓氷《うすい》関とも呼ばれる横川関の創設は、古く九世紀までさかのぼる。平将門《まさかど》が乱を起こした頃、将門軍の来襲を抑えるため碓氷の関は重要視され、その後も度々戦乱の波に揉《も》まれてきた。元和《げんな》九年（一六二三）には井伊《いい》直之《なおゆき》が新たに関所を設置。これが近世の横川関である。上野《こうづけ》と信濃《しなの》の国境に跨る碓氷峠は、中山道のなかでもとくに峻険な地で、人を取り締まるだけでなく、防衛の上でも重要であった。徳川家光上洛時も、東海道を利用したにもかかわらず、横川関は近くに仮番所を設け、多数の足軽をもって有事に備えた。現在は東門だけが復元されている。

福島《ふくしま》関（中山道）

長野県木曾郡木曾町福島

木曾義仲で有名な木曾福島は、鎌倉時代に城が置かれていた。江戸時代に入り、中山道が東海道に次ぐ重要な交通路として整備されると、城に代わって福島関が設けられた。初めは妻籠《つまご》に口留《くちどめ》番所が置かれていたが、関ヶ原の合戦後に福島に移されたという。この頃には、横川（碓《うす》氷《い》）、箱根、新居《あらい》と並んで天下の四大関所と称された。福島は江戸と京都のほぼ中央に位置し、木曾谷十一宿で最も栄え、さらに狭長な地域で他に避けて通る道がないことから、関所として好都合だった。関跡は礎石が残り、部分的に建築物も復元され、関所資料館も隣接している。

新居《あらい》関（東海道）

静岡県浜名郡新居町新居一二二七-五

東海道中で、箱根関と並ぶ二大関所と呼ばれていたのが新居関である。慶長《けいちょう》五年（一六〇〇）に、浜名湖口の今切に渡る新居に設置されたが、地震や津波の害で度々場所を変え、現在は三度目の地である。この今切を渡らずして東海道を進むことは不可能で、旅人を監視するには都合の良い地だった。設置されたのも箱根関より約二十年早く、徳川家康が新居関をどれだけ重要視していたかが窺い知れる。関所は廃止後、学校や役場に利用されたが、昭和三十年に国の特別史跡に指定され、全国に唯一現存する関所史跡として保存されている。

気賀《きが》関（姫街道）

静岡県浜松市細江町気賀四五七七

京へ向かう東海道は、浜松を過ぎると浜名湖を海側に通り、新居関に差しかかる。これに対し姫街道は浜松を発したあと、浜名湖の山側を通り、気賀関を迎える。海側の新居関と山側の気賀関は対を成していたといえる。設置されたのは徳川幕府が開かれた前後とされ、都田《みやこだ》川の渡しに隣接していた。当時は、東と西に門を配し、北に旅人を改める本番所、南に牢屋を備えた遠見番所があり、周囲は瓦屋根堀と竹矢来《たけやらい》が囲んでいた。現在は気賀関跡の碑と本番所の屋根の一部を残すのみだが、近接地に資料をもとにして関所が復元されている。

北国と結ぶ

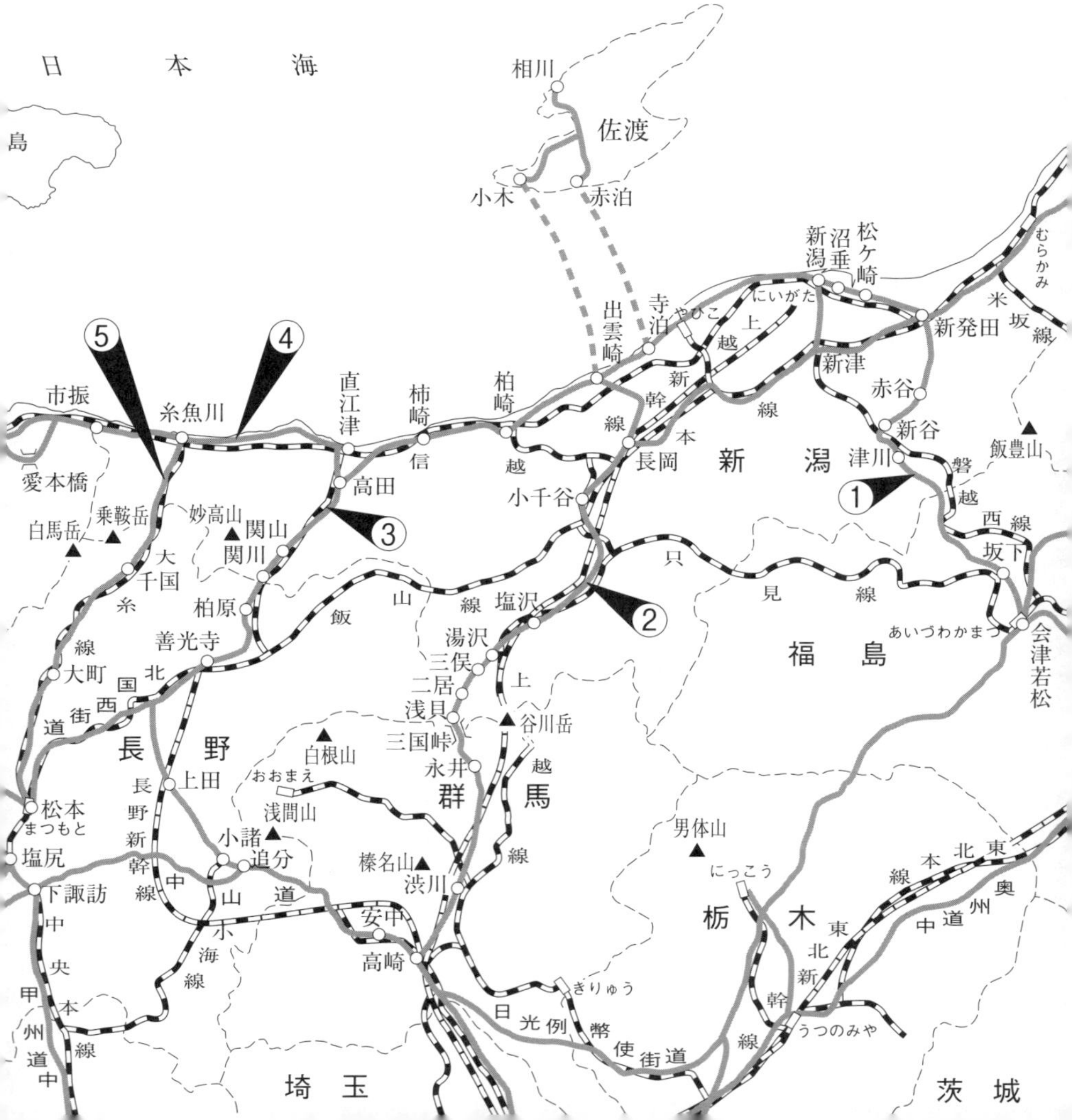
日本海
島
相川
佐渡
小木
赤泊
新潟
沼垂
松ケ崎
むらかみ
米坂線
新発田
にいがた
やひこ
寺泊
出雲崎
上越新幹線
新津
赤谷
新谷
飯豊山
津川
磐越西線
坂下
市振
糸魚川
直江津
柿崎
柏崎
信越本線
長岡
新潟
小千谷
高田
妙高山
関山
関川
乗鞍岳
白馬岳
大国
千国
糸線
柏原
飯山線
塩沢
只見線
湯沢
三俣
二居
浅貝
三国峠
永井
上越線
谷川岳
あいづわかまつ
会津若松
福島
善光寺
北国西街道
大町
長野
白根山
おおまえ
浅間山
上田
長野新幹線
松本
まつもと
塩尻
小諸
追分
中山道
榛名山
渋川
男体山
にっこう
群馬
下諏訪
安中
高崎
小海線
中央本線
甲州道中
きりゅう
日光例幣使街道
栃木
東北新幹線
東北本線
奥州道中
うつのみや
埼玉
茨城
1
2
3
4
5

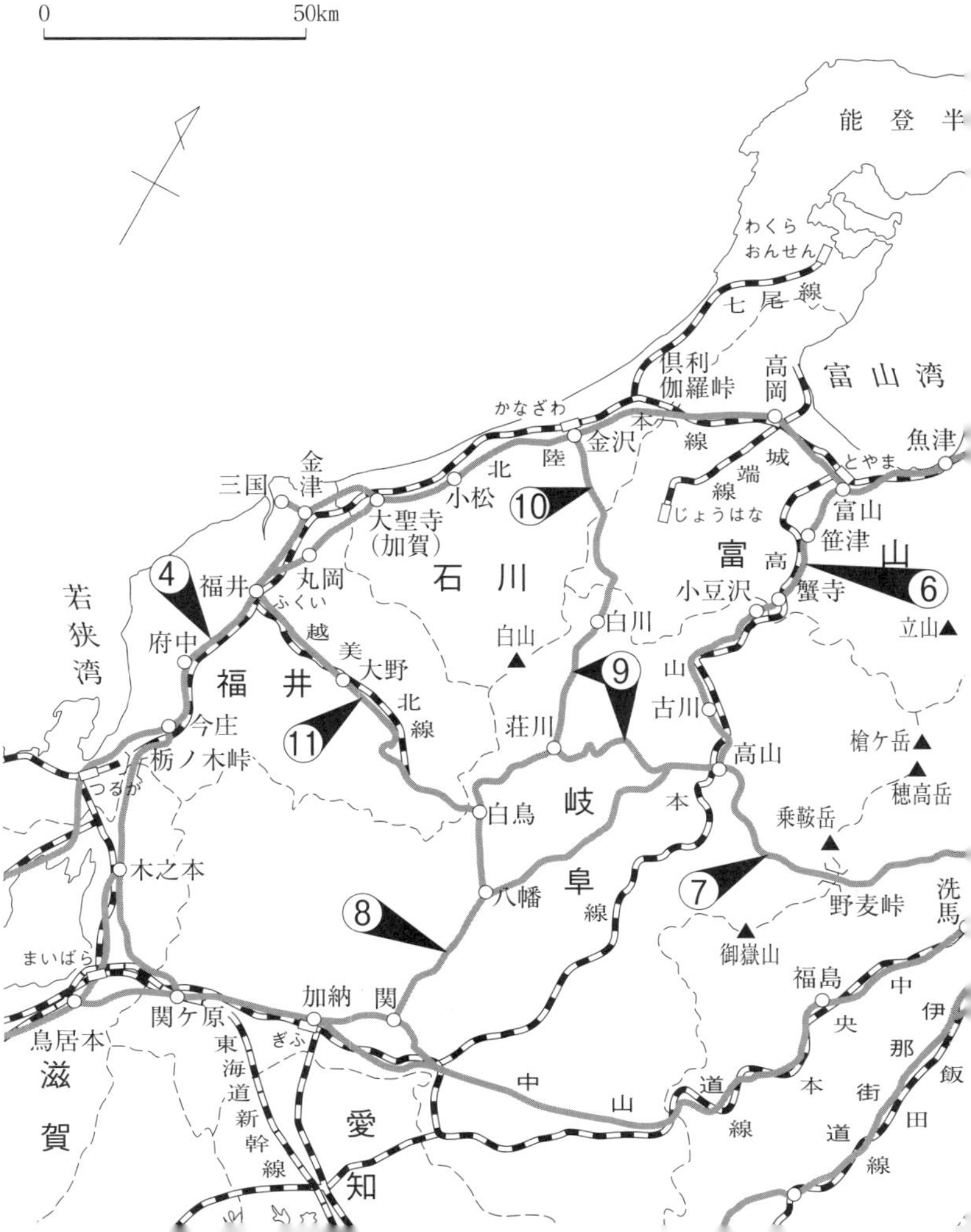

0
50km
能登半
わくら
おんせん
七尾線
倶利伽羅峠
高岡
富山湾
かなざわ
金沢
本線
北陸
城端線
じょうはな
とやま
魚津
三国
金津
大聖寺（加賀）
小松
富山
笹津
富
高
山
蟹寺
立山
石川
丸岡
福井
ふくい
越美北線
大野
白川
白山
小豆沢
若狭湾
府中
福井
山
古川
今庄
荘川
高山
槍ケ岳
穂高岳
栃ノ木峠
つるが
白鳥
岐阜
本線
乗鞍岳
木之本
八幡
野麦峠
洗馬
御嶽山
まいばら
福島
中央本線
伊那街道
飯田線
鳥居本
関ケ原
加納
関
ぎふ
東海道新幹線
中山道
滋賀
愛知

会津通り

あいづどおり

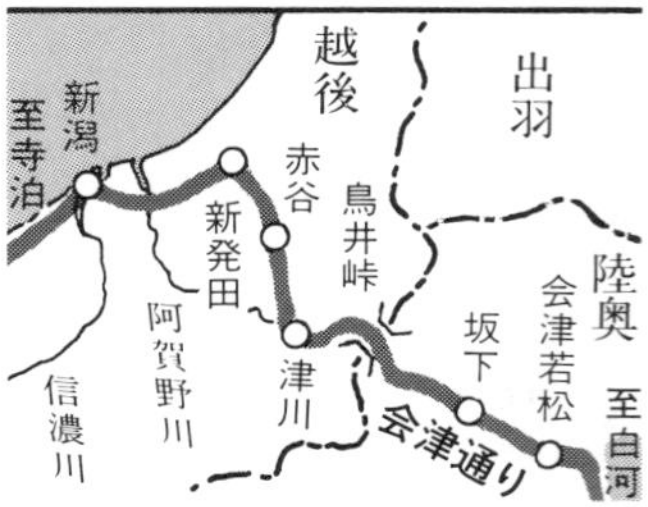

●会津通りは、会津若松を通り鳥井峠を越え、津川・赤谷《あかだに》を経て新発田《しばた》に至り、さらに、松ケ崎・沼垂《ぬったり》を経て、新潟・寺泊《てらどまり》へ至る。

東北の飢饉を救った会津通り

江戸幕府は佐渡を直轄領として佐渡奉行をおいた。佐渡金山が、幕府の財政の強力な基盤であったからである。佐渡の金銀は三国《みくに》街道や北国街道や会津通りを運ばれた。

もっとも、会津通りは金銀の運搬路であるとともに、冷害に苦しむ東北地方に越後の米を運んだ命をつなぐ道であった。この道はまた日本海の魚介類を運ぶ道でもあった。

江戸から会津通りを経て佐渡に向かうには、まず日光道中から奥州道中の白河を経て城下町会津若松に入る。

会津盆地を西に進むと、六斎市が開催されていたという坂下《ばんげ》の町がある。そこからは山道になり、阿賀《あが》川（福島県）のつきあたりにある宿場町が野沢である。越後の新発田藩と村上藩の参勤交代路にあたり、本陣がおかれていた。

鳥井峠からは、北の飯豊《いいで》山の展望が開け旅人の目を楽しませた。飯豊山は残雪が多く、その雪形が農事暦に利用された。さらには、会津盆地の人びとの信仰の対象となった。鳥井峠に飯豊山神社の一ノ鳥居が建てられたのもそのためである。

峠を越え、街道が阿賀野《あがの》川にぶつかると阿賀野川舟運の河港として栄えた津川である。天明《てんめい》三年（一七八三）に始まる奥羽の大飢饉のときには越後の米や海産物がこの津川まで船で運ばれ、ここからは馬の背で東北地方に送られた。津川は木材の集散地としてもよく知られた。

街道は、津川から新谷《あらや》へ出、綱木《つなぎ》を経て赤谷

多くの物資が行き交った阿賀野川

へ下る。赤谷までが会津藩領であり、ここから新発田藩の動向をうかがっていた。一方、新発田藩も藩境に関所をおいて警戒した。そしてこの二藩は、戊辰戦争の際には敵味方に分かれて戦うことになったのである。

新発田は溝口氏十万石の城下町であったが、赤穂義士、堀部安兵衛の生まれた町である。新発田藩士の子として生まれ、のち赤穂の家臣となった安兵衛は『忠臣蔵』で有名だが、城下の長徳寺には安兵衛の手植えと伝える松がある。

昔は沼地だった

新発田から新潟までの昔の道は、福島潟が広がる越後平野の沼地を走っていた。享保《きょうほう》年間（一七一六〜三六）、新発田藩はこの福島潟の干拓事業に乗り出した。そして、のちの宝暦《ほうれき》四年（一七五四）に幕府領となってからは、町人も参加して干拓が進められた。寛政《かんせい》二年（一七九〇）まで新田開発が行なわれたことにより、大地主の市島家や佐藤家などが生まれた。東北地方が冷害に悩まされたときにも、新田は頼りがいのある米倉となった。

越後平野は阿賀野川とともに、日本最長の川である信濃川がつくったものである。二つの川にはさまれた新津《にいつ》には、越後七不思議の一つに数えられた「柄目木《がらめき》の土火」とよばれる油田があった。

新潟は、このような穀倉地帯と地下資源を背景に、信濃川河口の港町として発達した。佐渡へ渡る船はこの新潟や寺泊・出雲崎《いずもざき》から出た。佐渡の相川《あいかわ》金山が本格的に開発されたのは慶《けい》長《ちょう》六年（一六〇一）からである。やがて全盛期を迎えると、鉱山町相川《あいかわ》の人口は一〇万を超えたという。しかし、安永《あんえい》年間（一七七二〜八一）以降、鉱山の労働者は各地から送られてきた無宿人たちとなり、そのにぎわいも遠い過去のものとなった。

三国街道

みくにかいどう

●中山道の高崎宿から分岐し、金古《かねこ》・渋川《しぶかわ》・永井を経て三国峠を越える。さらに浅貝《あさがい》・二居《ふたい》・三俣《みつまた》の山中三宿を下り、湯沢・関・塩沢・六日《むいか》町《まち》・五日町・浦《うら》佐《さ》・堀之内・川口・妙見《みょうけん》・六日市・長岡・与《よ》板《いた》を経て出雲崎に至った。

●五街道につぐ主要脇往還で、北国街道・会津通りとともに「佐渡三道」とよばれた。三国通りの別称もある。

佐渡送りの罪人を泊めた石牢

江戸から三国街道を経て佐渡へ行くには、まず中山道の高崎宿から分かれて三国峠を越えなければならない。

街道は榛名《はるな》山のふもとを北上する。利根川にそそぐ小さな川を何本も渡りながら、宿は金古・渋川とつづく。渋川からは、「伊香保《いかほ》ろに天雲い継《つ》ぎかぬまづく人とおたはふいざ寝しめとら」と『万葉集』の中でうたわれた伊香保温泉への道が分かれる。

渋川のとなりの金井宿に入ると、いよいよ旧街道の昔をしのばせる町並みがつづく。家並みこそ新しいが、街道に面した宿割りは昔と変わりない。間口十間（約一八メートル）の宿割りが、用水路をはさんできちんと残されている。

本陣の屋敷内には半地下の石牢がつくられた。石段を下りると、分厚い石の扉で厳重に閉じられた牢が今も残っている。天井には丸太が並べられ、そのすき間から牢の中の様子をのぞくことができた。これは、佐渡送りの重罪人を

静かな三国の町並み

泊めるための牢であり、三国街道と他の街道との違いを際立たせるものだった。

二つの峠を越えて三国峠へ

吾妻川を渡ると横堀宿である。そこから、子持《こもち》山と小野《おの》子《こ》山の間を抜ける海抜七〇九メートルの中山峠に向かう。峠を越えると中山宿。ここからもうひとつ金比羅峠を越えなければならない。人家も見当たらぬ寂しい山道であったが、ところどころ岩の割れ目から清水が湧き、旅人を元気づけてくれる山道だった。このなかでも「牛の糞」とよばれる清水は、おいしいことで知られていた。なお、中山からは切《きり》ケ《が》久《く》保《ぼ》峠を越えて布施《ふせ》に下る道もあった。

相俣《あいまた》宿周辺は江戸時代からの湯治場だった。なお、今の猿ケ京《さるがきょう》温泉は、人造湖赤谷《あかや》湖の底に沈んだ笹《ささ》ノ湯《ゆ》温泉と湯島《ゆしま》温泉が合併したもの。

相俣宿から猿ケ京関所を抜けると、いよいよ三国峠への急坂が迫る。海抜八〇〇メートルのあたりまで登って行くと、急斜面にへばりつくような永井宿の家並みが旅人を迎えてくれる。ここから先、峠を越えるまで宿場はない。それゆえ、山奥深い宿場町ではあったが、永井宿には本陣から旅籠までひっくるめて三三戸の宿《やど》があった。さらに、近くには弘法大師が発見したといわれる古い法師《ほうし》温泉があり、湯治客たちも街道を往来した。

三国峠は海抜一二四四メートル。峠上には三国権現が祀られている。参勤交代の一行をはじめ旅人たちは、道中の安全を権現に祈り峠を越えていったであろう。

なお、中世から江戸時代の初めごろまでは、関東と越後の連絡路は魚野《うおの》川の東岸を通り、海抜一四四八メートルの清水峠を越えていた。直《すぐ》越峠《ごえのとうげ》ともよばれていたが、険しさは三国峠越えをはるかにしのぎ、今では、清水峠越えの旧道は登山者が利用するだけである。

浦佐の裸押合祭り(右)と『北越雪譜』に描かれた雪中用具(左)

山間の小宿　三国三宿

三国峠を越える道は、山岳の豪雪地帯である。冬の間は、数メートルもの雪が街道を埋めてしまう。旅人は近寄ることすらできない。江戸から越後へ抜けるには、会津通りや北国街道など、他の道を行かなければならなかった。

しかし雪のない季節には、三国街道は、江戸と、佐渡への船が出ている寺泊《てらどまり》や出雲崎とをおよそ七日で結ぶ近道であった。

峠を越えると、浅貝・二居・三俣と山間谷間の三国三宿（山中三宿）がつづく。いずれも助《すけ》郷《ごう》のない伝馬《てんま》稼ぎ専門の小さな宿場町であった。大名などの行列が通行するとなると、峠越えのための人馬はふもとの湯沢宿で調達しなければならぬほどであった。

しかし小さな宿場町とはいえ、三俣宿には参勤交代の大名が泊まる脇本陣もあった。この脇本陣の池田家は、旅館となって現存している。

魚野川沿いに街道を下ると、「越後縮《ちぢみ》」のふるさと塩沢宿である。鈴木牧之《ぼくし》が『北越雪譜《ほくえつせっぷ》』の一節にふれているように、「雪中に糸となし、雪中に織り、雪水に洒《そそ》ぎ、雪上に曬《さら》す」越後縮は、ひと冬に米一〇〇俵にも相当するほどに織り上げられ、大量に江戸に送られたという。

となりの六日町は、かつて六斎市が開かれた町である。また、戦国時代に長尾氏が坂戸城を居城として以来、城下町として栄えた。坂戸山の山頂には、今も本丸屋敷や中屋敷が残っている。

江戸から三国峠を越えて六日町に入った旅人は、ここで日本海にたどり着いたような気分になる。六日町は魚野川舟運の発着地であり、この六日町船を利用して川を下れば、ほんの半日たらずで長岡に行けたからである。

三国街道も魚野川沿いに下る。普光《ふこう》寺（浦佐《うらさ》毘《び》沙門《しゃもん》堂）の裸押合《はだかおしあい》祭りで知られる浦佐をすぎ

深い雪にも暖かさを見せる越後の早春

れば、江戸時代から伝えられるヤナ場のある堀之内である。ヤナにはね上がったアユやサケやマスを手づかみで獲る。これらは楽しみの少なかった旅人たちを大いに喜ばせたことだろう。

大河信濃川に沿って日本海へ

　魚野川は川口宿で信濃川と合流する。そして、小千谷《おぢや》のあたりで流れはゆったりとして、川幅が広くなる。小千谷は「長岡船道《ふなどう》」すなわち信濃川水運の河港として繁栄した町である。

　このあたりは戊辰戦争の折、会津・長岡両藩と官軍が戦火を交える激戦地となった。両軍の和平交渉の場となり、また決裂の場となった慈《じ》眼《げん》寺は、かつての動乱の時代が嘘のように静かなたたずまいを見せている。

　戊辰戦争は、さらに川を下った長岡の町にも壊滅的な打撃を与えた。長岡城も城下町も焦土と化した。長岡は、第二次世界大戦の折にも戦災にあい、壊滅的な打撃を受けている。「常在戦場」を家訓とした長岡藩そのものの壮烈な運命を背負った町であった。

　長岡からは与板を経て出雲崎に至る。また、長岡から信濃川を下り、大河津《おおこうづ》から渡部《わたべ》を経て寺泊へ、ここから佐渡の赤泊《あかどまり》に渡る行程もあった。これは赴任する佐渡奉行の経路であった。

北国街道

ほっこくかいどう

●北陸道の高田宿から分岐して、善光寺《ぜんこうじ》・矢代《やしろ》（屋代）・上田・小諸《こもろ》を経て中山道追分宿に至る。「佐渡三道」の一つ。
●篠ノ井《しののい》から分かれて、松本を経て洗馬《せば》で中山道に合流する道は北国西街道で、善光寺街道ともよばれた。

佐渡と江戸を結ぶ「金の道」

正徳《しょうとく》三年（一七一三）以降佐渡奉行が江戸から赴任するときには三国街道が使われ、江戸へ帰任するときには、小木《おぎ》の港から出雲崎《いずもざき》に渡り、高田経由の北国街道が使われるようになった。北国街道はまた、佐渡の金山から江戸の御金蔵《ごきんぞう》に運び込まれる御金荷《おかねに》の輸送路でもあった。最盛時、御金荷は一回に一〇〇箱以上にもなり、人馬の負担は街道沿いの人びとを大いに悩ませた。

佐渡が金銀の産出地であるならば、出雲崎は『日本書紀』にも「燃ゆる水」が越国《こしのくに》から朝廷に献上されたとあるように、古くからの石油の産地であった。しかし、出雲崎は良寛《りょうかん》の誕生と終焉《しゅうえん》の地として知られ、また松尾芭蕉が「荒海や佐渡に横たふ天の川」の一句を詠《よ》んだ地としてのほうがむしろよく知られている。

出雲崎から高田までは「米山《よねやま》さんから雲が出た」でおなじみの民謡「三階節《さんがいぶし》」のふるさと米山峠の道を行く。この道は起伏が多く、親不知《おやしらず》につぐ難所であった。

北国街道は高田から山に入る。豪雪地の「雁《がん》木《ぎ》の町」高田は、かつては榊原氏十五万石の城下町であった。北陸道が経由するようになってからは、宿場町としても大いに栄えた。御金荷の一行もここに泊まった。御金荷は御金蔵に納められ、一〇〇人近くの人足による徹夜の警戒体勢がしかれた。

となりの新井宿からは、上杉謙信の城があった飯山への道が出ている。しかし、北国街道は二本木《にほんぎ》を経て関山《せきやま》へ向かう。右手に妙高《みょうこう》山を望

信越国境の関川関所跡

みながら、やがて街道は少しずつ登りが急になる。二俣・田切《たぎり》・関川と小さな宿がつづく。そして、信州との国境《くにざかい》の関川の関所を越える。

中山道追分宿へ向けて

野尻《のじり》湖畔の野尻は信州最北端の宿場であった。ここから道は柏原宿に向かう。「松かげに寝て喰う六十余州かな」の小林一茶《いっさ》の句碑とともに、一茶が晩年を暮らした土蔵が今も残っている。

街道は大古間《おおふるま》・牟礼《むれ》・新町の各宿を経て、門前町として大いににぎわった善光寺宿へ入る。「牛にひかれて善光寺参り」の言葉のように、各地から参詣者が集まった善光寺は、推古《すいこ》天皇十年（六〇二）に難波《なにわ》から百済《くだら》伝来の阿弥陀三尊を移したのが、その始まりといわれる。大きな宿場町でもあったので、加賀藩をはじめ高田藩や長岡藩など数多くの大名が利用した。

街道は大きな川を二つ渡る。一つは犀川《さいかわ》である。ここの渡しは、川をまたいで張られた綱を船頭がたぐる方法が使われた。もう一つは、篠ノ井と矢代を分断する千曲《ちくま》川である。

戸倉《とぐら》宿は、幕府から飯盛女も許可された宿場であった。遊女たちが献灯した船山神社の石灯籠には、女たちの名が刻まれている。となりの坂木宿にも遊郭がおかれた。この宿場は加賀藩主の定宿でもあり、参勤交代の折には五〇〇人前後の家臣を泊めることができたという。

真田《さなだ》昌幸《まさゆき》ゆかりの城下町上田も大きな宿場町であった。御金荷の一行も、ここでは人馬の心配は必要なかった。いざとなれば、人馬も五〇〇以上はそろえることができたのである。

用水路が町の中央を流れる海野《うんの》宿を通りすぎれば、いよいよ北国街道最後の宿場小諸である。小諸は城下町でもある。佐久甲州街道へも通じ、商業の中心でもあった。口留番所も街道筋に二カ所もおかれていた。ここを出れば中山道の追分宿は目前である。

北陸道

ほくりくどう

●中山道鳥居本《とりいもと》宿から分岐して琵琶《びわ》湖東岸を北上し、日本海沿岸を新潟までたどる、全長約五二〇キロの街道。北陸街道、北国路、北国街道ともよばれる。

●街道は米原《まいはら》から長浜《ながはま》・木之本《きのもと》・栃ノ木《とちのき》峠・府中（武生《たけふ》）・福井・大聖寺《だいしょうじ》・小松・金沢・倶利加羅《くりから》峠・高岡・富山・愛本・親不知・糸魚川《いといがわ》・高田・柏崎を経て新潟に至る。

●中山道の関ケ原から、伊吹《いぶき》山麓を抜け木之本に達する道は北陸脇往還である。

武将たちが踏みしめた道

近江から越前をまたぐ栃ノ木峠

中山道の鳥居本を出発する北陸道は、栃ノ木越えともよばれている。近江から越前に抜ける道の中でも、もっとも海抜のある五三七メートルの栃ノ木峠を越えるからである。

栃ノ木越えは武将たちが何度踏みしめた道であろうか。木曾義仲・源義経・上杉謙信・柴田勝家そして羽柴（豊臣）秀吉と、武将たちが街道を上り下りするたびに、日本の歴史は大きく変わった。

中山道鳥居本宿は北陸道の起点でもあった。武将たちはこの要衝にあった佐和山《さわやま》城をめぐって争った。戦国時代末期、浅井氏そして織田信長・羽柴秀吉・石田三成とめまぐるしく城主が変わったが、やがて城は井伊氏によって跡形もなく破壊される。これとひきかえに井伊氏三十五万石の彦根《ひこね》城が琵琶湖畔の金亀《こんき》山に屹立《きつりつ》することになるのである。

北陸道は彦根城を背に北上する。琵琶湖畔に沿った街道は、米原・長浜と彦根藩の重要な港を通り抜ける。ここからは大津へ渡る船が出ていて、旅人や商人たちでにぎわった。

長浜も琵琶湖舟運の要港だった。秀吉が木下藤吉郎から羽柴筑前守となり、一城の大名となった長浜城の城下町でもあった。長浜は秀吉一色の町である。春の「曳山《ひきやま》祭り」は、秀吉に子が生まれたのを祝ったのが始まりという。

道をさらに北上する。日本三大山城《やまじろ》の一つ、

賤ヶ岳古戦場

浅井氏の小谷《おだに》城跡を右にして、木之本宿へ入る。近江は戦国時代の史跡が多い。信長亡きあとの柴田勝家と羽柴秀吉との賤《しず》ヶ岳《たけ》合戦の地もここから近い。この戦いに勝った秀吉は「日本の始まりはこのときに候」といったが、まさに天下分け目の大決戦であった。

春なお雪深い栃ノ木越えの道

　木之本を出ると、街道は琵琶湖を離れ、余呉《よご》川に沿って栃ノ木峠へ向かう。越前の豪雪地帯と接するこの峠は、春おそくまで雪が消えない。もとはといえば、栃ノ木越えは天正《てんしょう》六年（一五七八）に柴田勝家が、安土《あづち》と北ノ庄（福井）を結ぶ軍用道路として整備したもの。それまでは敦賀《つるが》から今庄《いまじょう》へ抜ける木ノ芽《きのめ》峠の道が使われていた。

　栃ノ木峠には、その名のとおり樹齢五百年の栃の木が立っている。そこから、今は廃村となった板取《いたどり》宿と板取関所跡を通り抜け、今庄宿に達する。かつては、旅籠五五軒、茶屋一五軒、酒屋一五軒、酒場一四軒、そして女郎屋が二軒もあるにぎやかな宿場であった。

　今庄を出た道はやがて府中に至る。府中は古代、越前国の国府・国分寺・総社がおかれた、この地方の文化の中心地だった。また、紫式部の住んだ地としても知られ、「ここにかく日野の杉むら埋む雪小塩《おしお》の松にけふやまかへる」の紫式部の歌碑が河濯《かわそ》社の境内に立っている。

海抜五三七メートルの難所、栃ノ木峠

福井から金沢へ

伝統工芸が息づく街道

武生盆地の北はずれに鯖江《さばえ》宿があった。もとはといえば、真宗誠照《じょうしょう》寺の門前町としてにぎわった町である。それからのちに間部《まなべ》氏五万石の城下町となり、宿場町となったのである。しかしこの地を支えるものは漆器である。古くから全国的に知られた河和田《かわだ》漆器は千年の歴史をもつ。豪雪の地であるため、人びとは春の雪どけを待つ間、漆器の手仕事に精を出した。

鯖江が漆器なら、福井は織物の町である。羽《は》二重《ぶたえ》は明治に入ってから大いに名をあげた。これは、福井藩の下級武士の妻が内職として絹織物をつくったことがきっかけであるという。

福井は今も昔も大都市である。戦国の武将柴田勝家は自然の要害足羽《あすわ》川畔に壮大な城を築いた。しかし八年後には、秀吉に城を包囲され、自らの手で火を放ち壮絶な最期をとげる。

のちに徳川家康の次男、結城《ゆうき》（松平）秀康《ひでやす》が六十七万石で入封、以後、越前は松平氏の支配となった。この地は一乗谷《いちじょうだに》朝倉氏の遺跡をはじめ歴史をいろどる史跡の宝庫といえる。

福井を出た道は、途中、丸岡へ向かう道と、金津《かなづ》を経て大聖寺に至る道とに分かれる。「一筆啓上、火の用心、お仙泣かすな、馬肥せ」は手紙の古典的名文とされるが、この「お仙」がのちの丸岡城主「本多の殿さん」成重である。

福井藩の奉行所があった金津《かなづ》宿は、越前一の大宿場町だった。これは町を流れる竹田川を下り、三国へ米を運ぶ舟運業のおかげだった。

加賀百万石の地を行く

現在の加賀市、九谷《くたに》焼で知られる大聖寺は金沢平野南端の町である。そこから二〇キロほどで、「しほらしき名や小松吹く萩すすき」と芭蕉が詠んだ小松宿に着く。加賀百万石の城下町金沢へは、さらに

金沢城搦手の石川門

北へ二五キロほど歩かなければならない。

加賀藩が大大名の地位を獲得したのは、二代藩主前田利長《としなが》が関ケ原の戦いで徳川方についたことに始まる。しかし、藩祖利家《としいえ》は豊臣政権の五大老の一人で、徳川家康とならぶ実力者であった。家康にとって、前田氏はなんともけむったい存在であり、何度か加賀征伐を試みようとしたが、戦《いくさ》を好まなかった利長は、母を人質に差し出すなどして、家康に恭順の意を示した。

加賀藩は以来、武家による武家のための文化をうちたてることに力をそそいだ。金沢の町の人口は江戸時代には一〇万を超えていた。そして、その半数以上が侍屋敷の住人かその奉公人であり、町人はきわめて少なかった。

百万石の大藩だが、その石高にくらべ、金沢城の規模は大きくはなかった。しかし職人たちの技術の粋が、建物や庭園に集められている。成巽閣《せいそんかく》や兼六園はその代表例である。

金沢は侍の町ではあったが、大商人も輩出した。犀川の河口にある外港宮腰《みやのこし》港には、北前船《きたまえぶね》が出入りしてにぎわった。銭屋《ぜにや》五兵衛は御用金を上納して、ついには藩の御用船を支配、巨額の富を手にするまでに至った。

街道は河北《かほく》潟をあとに、寿永《じゅえい》二年(一一八三)に木曾義仲が平維盛《これもり》の大軍を火牛で破ったといわれる倶利伽羅峠へと向かう。

薬売りのふるさと
富山の薬店店舗

富山から日本海に沿って新潟へ

砺波平野に始まる越中の旅

「焼刀《やきたち》を砺波《となみ》の関に明日より
は守部《もりべ》遣《や》り副《そ》へ君を留めむ」

と大伴家持《おおとものやかもち》の歌にあるように、倶利伽羅峠を越えるとその昔「砺波の関」があったという。峠の山道を下り、小矢部《おやべ》川沿いに街道を進むと、かつて前田利長が引退後、城を築き、その終焉の地となった高岡につきあたる。城下町として出発したこの町は、利長の死後は商工業都市として発展していく。銅器鋳物の伝統技術は、利長の保護のもとに始まった。もうひとつ、五月の曳山《ひきやま》祭りも利長が御所車を城下の七つの町に与えたのが始まりである。

「わせの香や分入《わけい》る右は有磯《ありそ》海《うみ》」と芭蕉が詠んだように、越中は日本海を横目に、稲田が広がる。しかし一見のどかな田園風景も、立山《たてやま》から流れ下る神通《じんづう》川がときとして氾濫を起こし、農村を苦しめた。これに加え、下流の富山は強い南風が暴れまわることでも知られ、引退した前田利長も一度は富山城に入ったが、大火により城を焼失し、高岡に移ったという。富山は越中売薬の行商でも知られ、これは富山藩が財政をうるおすために奨励したものである。

毎年四月ごろ、魚津《うおづ》の沖合いに蜃気楼《しんきろう》が現われる。永禄《えいろく》七年（一五六四）に上杉謙信が目撃したという記録もある。魚津郊外の松倉には加賀藩の金山があった。幕府に産出額を知られるのをおそれ、鉱山の入り口には番所が設けられていた。しかし金山の寿命は短かく、やがて掘子たちは佐渡の金山へと流れていった。

街道は日本海の海岸べりを走る。地曳き網漁やわかめ採りの小舟は今も昔も変わらない。

旅人を嘆かせた親不知子不知

市振《いちぶり》を流れる境川は、越中と越後を分ける文字どおりの境界である。この先には、北陸道最大の難所

春日山城の天守閣跡

親不知が待ち構えている。市振で泊まった芭蕉と弟子の曾良《そら》は、伊勢参宮するという新潟の遊女と一緒になった。ここで、「一家《ひとつや》に遊女もねたり萩と月」の哀感をたたえた句を芭蕉はのこしている。

親不知は飛驒《ひだ》山脈と白馬《しろうま》連峰の北端が日本海岸になだれ込み、高さ四〇〇～五〇〇メートルの険崖をつくったものである。旅人は崖の下を、波が引くのに合わせ走り抜けたという。親不知の名の起こりは諸説あるが、文治《ぶんじ》元年（一一八五）、平頼盛《よりもり》のあとを追ってこの険崖にさしかかったその妻が、愛児を波にさらわれた悲しみに「親知らず子はこの浦の浪枕越路《こしじ》の磯の泡と消えゆく」の哀歌を詠んだことに由来するともいわれる。

糸魚川は、上杉謙信が甲州の武田信玄に塩を送った輸送ルート、千国《ちくに》街道の分岐点である。波打ち際まで迫る険崖におびえながら、旅人はやがて謙信の居城春日山《かすがやま》が近い直江津にたどり着く。しかし、北国街道の起点が高田になると、北陸道も高田を経由することになり、街道筋からはずれた直江津は一時さびれた。

越後の海岸は長い。直江津から先は、黒井・柿崎とつづき、鉢崎の関所をすぎ、米山峠を越えて、柏崎・出雲崎・寺泊まで、七十数キロも海沿いの道がつづく。新潟へは、さらに四〇キロほど北上しなければならない。

江戸時代の初めごろの新潟周辺は、信濃川と阿賀野川が流れこみ、低湿地帯が広がっていた。そのため舟運が発達した。新潟の歴史は古い。大化《たいか》三年（六四七）に大和朝廷の渟足柵《ぬったりのき》が設けられ、また戦国時代には新潟港としてその名が知られはじめた。寛永《かんえい》十年（一六三三）の大洪水で河口が広がり水深が深くなると、良港の条件が整い、やがて、西廻り航路の寄港地となり、町は著しく発展、繁栄するのである。

千国街道

ちくにかいどう

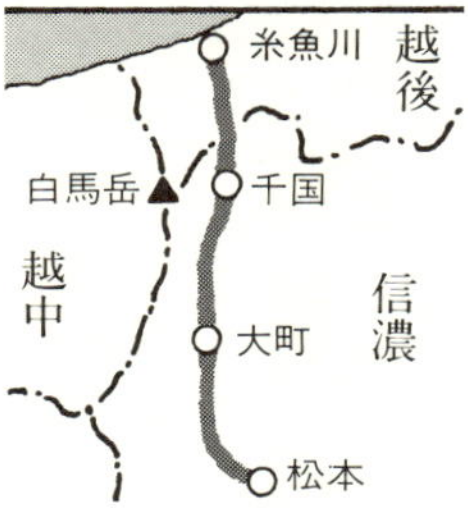

●北陸道の糸魚川《いといがわ》から千国・大町《おおまち》・池田・穂高《ほだか》を経て松本に達する道。糸魚川街道ともよばれた。

糸魚川から松本への道は、フォッサ・マグナとよばれる本州をぶつ切りにする大断層の地溝帯を行く。一説には、この大断層は、関東弁と関西弁を分ける接点にもなっているという。

上杉謙信の塩の道

千国街道は、大名の一行が通る道でもなければ、善光寺への参詣者たちが通る道でもなかった。この道を有名にしたのは、戦国時代に上杉謙信が、塩不足に悩む宿敵、甲斐の武田信玄に塩を送りとどけたという逸話である。

しかし江戸時代になっても、千国街道は重要な塩の道であることに変わりはなかった。塩ばかりでなく、日本海からは海産物が運ばれ、高岡の鋳物、輪島《わじま》の漆器なども入ってきた。一方松本からは木綿や綿、たばこなどを送った。いわば、信濃と日本海を結ぶ産業道路であった。

糸魚川を起点とする千国街道は、奴奈川《ぬなかわ》姫伝説のロマンを秘めた姫川《ひめかわ》に沿って上って行く。姫川は古代から知られたヒスイの産地であった。

姫川沿いの道は険しい。道端にはところどころに、行き倒れの旅人を弔う石仏がおかれている。小谷《おたり》村のあたりまで登ってくると、北アルプスの山々が頭上に迫ってくる。

ここまで来れば、千国の宿場は目前である。宿場ではあったが、松本城主石川氏によって、慶長《けいちょう》年間（一五九六〜一六一五）に設けられた口留《くちどめ》番所があった。出女に入り鉄砲だけでなく、輸送品の厳重な取り調べがあった。塩や海産物に通行税を課していたからである。

かつては宿場であった千国の集落

冬は歩荷にたよった雪の道

千国の番所を越えてほっと息つく間もなく、街道は親坂《おやざか》という難所を登る。牛や馬が歩きやすいように石が敷かれた石畳状の道が今も残る。坂を登りきると、牛宿《うしやど》のある沓掛《くつかけ》にたどり着く。宿は、牛方《うしかた》が牛と同じ屋根の下で寝るように工夫されていた。一階に牛を入れ、牛方は二階に寝て牛の様子を眺めることができた。

しかし、雪にうもれる冬の間は、牛や馬は使えなかった。たよりになるのは「歩荷《ぼっか》」とよばれる人たちしかいなかった。

親ノ原まで登ると、白馬《しろうま》岳・杓子《しゃくし》岳・鑓《やり》ケ岳の白馬三山からの吹きおろしが、旅人をふるえあがらせた。ここでも行き倒れの旅人が多く出たのであろうか、百体観音の石仏が並ぶ。

上り坂は佐野坂を越えたところで下り坂になる。うっそうとした樹木にすっぽりと囲まれた青木湖が現われ、さらに中綱《なかつな》湖・木崎《きざき》湖がつづく。ここをすぎれば、街道は大町を経て北アルプスの美しい山なみを見ながら、安曇野《あずみの》の田園地帯を下って行く。冬の雪のさなか、何十キロもの荷物を背にした歩荷たちも、ここまで来るとほっとひと息ついたことだろう。

千国宿越えの道で、はじめての町らしい町は大町宿である。塩や魚の中継地点として、何軒も問屋があった。この町は、鎌倉時代には豪族仁科《にしな》氏の館があり、にぎわっていたという。

池田から、宿の両出入り口に桝形《ますがた》がある穂高宿、そして成相新田を抜けると、いよいよ千国街道の終着点松本である。

松本は城下町であり、信濃の交通網の要にあたっていた。この地方の商工業の中心として、また信州中馬《ちゅうま》の中心として栄え、日本海側から千国街道を越えて運ばれてきた塩や魚は、ここから各地に送られた。なお、松本藩では太平洋側から塩を運ぶことを禁止していた。

嶺峰を越えて❷

飛驒街道

ひだかいどう

●富山と飛驒高山を結ぶ神通川に沿った街道。

●富山を起点に、笹津《ささづ》・片《かた》掛《かけ》・蟹寺《かんでら》を通って飛驒に入り、船津《ふなつ》・古川の各宿を経て高山に達する。

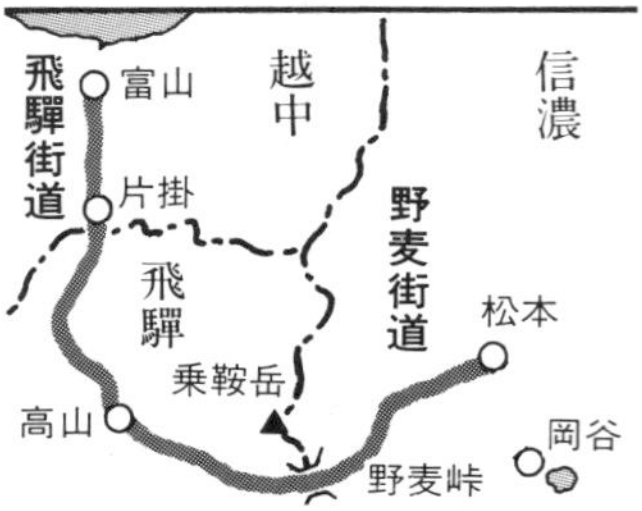

度市参と歩荷の道

街道とは名ばかり、富山から飛驒高山に至る道は文字どおりの山道だった。道幅が狭いため馬は使えず、牛にたよることが多かった。牛は険しい山道を苦もなく登ったが時間がかかった。しかし、二頭、三頭と連れ立って歩かせることができたので、大量の荷物を運ぶことができた。しかも路傍の草を食べてくれるのでエサを特別に用意する必要もなかった。このような牛による輸送は飛驒では「度市参《どしま》」とよばれていた。

しかしなんといっても、たよりになるのは、重い荷物を背負って運んでくれる「歩荷《ぼっか》」たちだった。一〇人以上の列をつくり、塩や海産物を富山から高山まで歩いて運び上げた。一人が四〇〜六〇キロほどの荷を背負ったという。

飛驒ブリが登った道

歩荷が運び上げたものでとくに珍重されたのは「飛驒ブリ」である。山国の正月には欠かせないごちそうだった。ブリは越中や能登《のと》の海でとれたものだが、飛驒からさらに山国の各地に送られたので「飛驒ブリ」とよばれた。飛驒の人たちは、これを「越中ブリ」とよんでいたようである。

歩荷たちの仕事は命がけだった。神通川沿いに登る道は細く険しい。朝、暗いうちに富山を出ても、庵谷《いおりだに》峠を越えて片掛にたどり着くのは暗くなりかけた夕方であった。山中の村とはいえ、片掛には銀山があったので、三〇〇戸以上の家が並ぶ大集落だった。足もとの石仏を見ながら登ると、やがて西猪谷《にしいのたに》番所につきあたる。蟹寺からは神通川の上流、宮川を渡り高原川に沿って船津へ。宮川には、川の上に綱を渡し、そこを籠《かご》に乗って越えた「籠の渡し」があった。山を越え谷を越え、ブリは歩荷の背にゆられ飛騨の山の中まで登ってきたのである。

嶺峰を越えて❸

野麦街道

のむぎかいどう

●飛騨高山から野麦峠を越えて松本に至る街道。飛騨街道の延長路とよばれることもある。約九〇キロの道のり。

●なお飛騨側からは善光寺道ともよんだ。

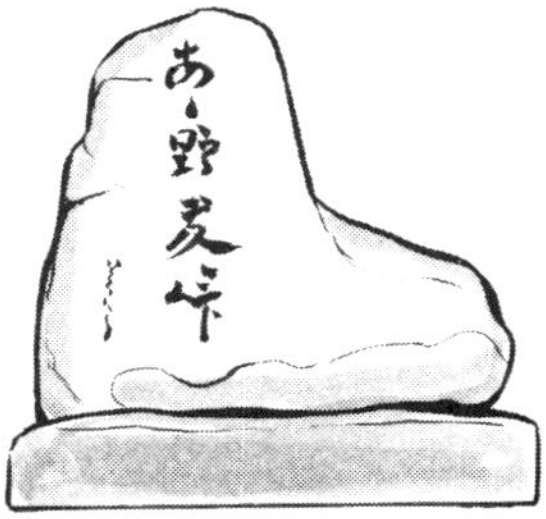

糸姫たちの悲しみの碑「あゝ野麦峠」

峠越えのごちそうの道

野麦街道は松本の人びとにとっては、高山から飛騨ブリを運んでくれるごちそうの道だった。しかしこの道でも、飛騨ブリは歩荷の背にたよらなければならなかった。ブリは正月用であるから、雪の多い厳冬のさなかに送られる。牛は使えない。歩荷は雪の中を歩くため、野麦峠を越えるにしても、わずか一〇キロほどの山道を行くのに朝から晩までかかった。

重い荷物を背負った歩荷だけでなく、旅人にとっても、冬の野麦峠越えは命がけだった。遭難も相ついだ。天保《てんぽう》十二年（一八四二）には、野麦峠に「お助け小屋」ができて、行き倒れ寸前の旅人の命を救った。しかし、峠の手前、飛騨側には番所があり、荷物を運ぶ者から通行税をきちんと取っていた。

出稼ぎの娘たちの道

野麦峠は海抜一六七二メートルの高さにある。ここから北方に乗鞍《のりくら》岳が見渡せる。明治時代になり諏訪地方の製糸工業が盛んになると、飛騨から出稼ぎの娘たちがこの峠を越えた。

岡谷《おかや》では製糸工場の工女たちを糸姫とよんでいた。糸姫たちは、十五歳前後の少女が多かった。三〇人、四〇人が一緒の列をつくり、雪の峠を越えた。峠の地蔵は、寒さと疲労で倒れた少女たちがいたことを物語る。

郡上街道

ぐじょうかいどう

●中山道の加納から関《せき》・八《はち》幡《まん》町を経て、坂本峠を越えて高山に至る道。
●なお、八幡町から白鳥《しろとり》へ至る道は上保《かみのほ》街道とよばれた。

白山参詣の道

石川・福井・岐阜三県にまたがる白山《はくさん》は、古来、富士山・立山《たてやま》とならぶ日本三名山の一つである。主峰の御前峰《ごぜんみね》に奥宮をもつ白山比咩《しらやまひめ》神社は、養老《ようろう》元年（七一七）泰澄大師《たいちょうだいし》によって開かれたという。

郡上街道は、まさにこの白山へ向かう参拝者たちの道であった。戦国時代には、白山参拝の人びとが数多く通ったことから、関所が設けられ通行税を取ったという記録もある。

加納から長良川に沿った道を行くと関に入る。鎌倉時代から七五〇年の伝統をもつ関の刀鍛冶は、無双の名工孫六《まごろく》を生んだ。

そしてとなりは現在美濃市の上有知《こうずち》。このあたりは美濃和紙の本場である。美濃和紙の歴史はさらに古い。一二〇〇年の伝統をもち、現在も手漉《す》き和紙がつくられている。

修験の山，白山の山頂

長良川は自然の姿を残した川である。天然アユで知られるこの川の流れは、遠い昔のままである。美濃からは峡谷になる。郡上街道は長良川の峡谷を縫うようにさかのぼっていく。急流

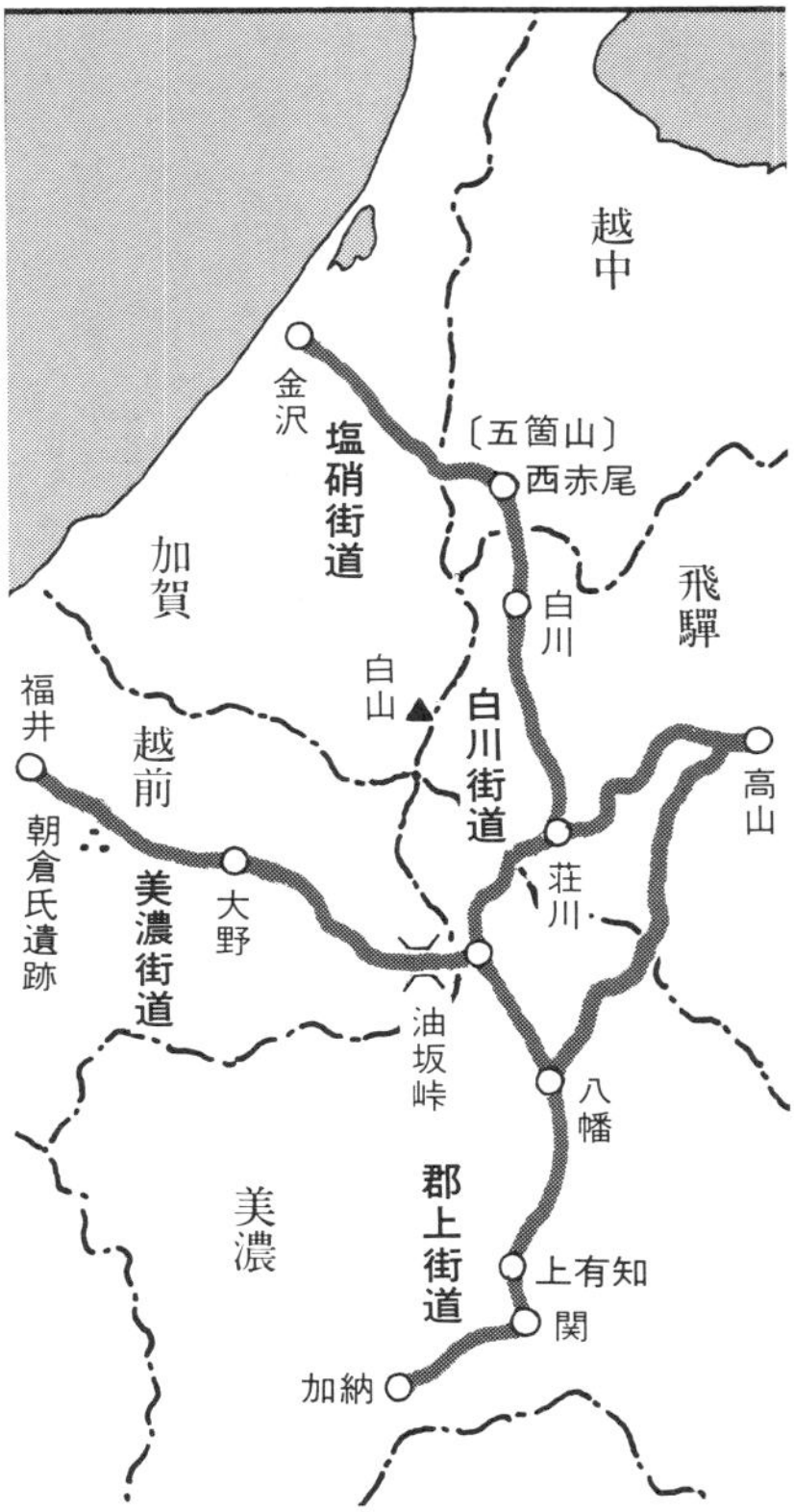

郡上踊りのにぎわい

が多いので、落ちアユを狙ったヤナがところどころに仕掛けられている。

郡上踊りのふるさとを行く

街道はやがて、長良川と吉田川の合流点にある八幡の町にたどり着く。古くから交通の要地として栄え、永禄《えいろく》二年（一五五九）遠藤盛数《もりかず》が八幡山に城を築いてからは城下町として発達した。宝暦《ほうれき》八年（一七五八）青山氏入封後は四万八千石の城下だった。町の各所に残る古い家並みと、道の両側を流れる水路が往時をしのばせる。

「郡上の八幡出てゆくときは雨も降らぬに袖しぼる」――夏を迎え、こんな盆踊り歌が流れはじめると、八幡の町は郡上踊りでにわかに活気づく。郡上踊りの始まりは定かではないが、寛《かん》永《えい》年間（一六二四〜四四）には、盆踊りとして各町村ごとに行なわれていたという。やがて郡上一揆後に入封した青山氏が、民心の融和をはかるため、城下ぐるみの郡上踊りを奨励したといわれる。夏の夜を徹夜で踊りあかす人びとのざわめきと、笛や太鼓の音は今も昔も変わらない。

そしてここから長良川の谷をさかのぼると、白山参拝の登山口の白鳥《しろとり》に行きあたる。かつては、「上り千人下り千人」といわれるほど参拝者たちでにぎわった。白鳥神社に参拝をすませると、白山への道である。

嶺峰を越えて❺

白川街道

しらかわかいどう

●白鳥から荘川《しょうかわ》を経て飛騨の白川に至る道。なお、荘川から分かれ、松ノ木峠を越えて高山に達する道も白川街道とよばれている。

豪華な高山祭りの屋台

合掌造りの並ぶ秘境

白鳥から、道はさらに深く分け入る。ブナの原生林が残る蛭ケ《ひるが》野《の》の高原の道を越えると、やがて高山市荘川町の牧戸《まきど》にたどり着く。牧戸は高山へ向かう道と白川へ向かう道との分岐点である。

ダムの建設で御母衣《みぼろ》湖ができたが、以前は木材が下る庄川の谷が、街道の足もとを走っていた。六つの集落と数百世帯の家屋が湖底に沈んだのである。

湖をあとにして、庄川に沿って谷を下ると、現在白川村の鳩谷《はとがや》である。合掌造りの家がところどころに見られる。釘やかすがいをいっさい使っていない建築様式で、雪の多い冬に、馬や蚕までが同じ屋根の下に収められるようにつくられた構造が特色である。茅葺きの三角形の建物は、そのほとんどが三階建てである。合掌造りは今は崩壊した大家族制度の名残といえよう。

なお白川村で今も昔も変わらないのは、秋祭りの「どぶろく祭り」だ。赤鬼と青鬼の悪魔払いのあとを神輿《みこし》がつづく。白川八幡神社の境内にもどるとどぶろくが参拝者すべてに振る舞われる。素朴な山奥の祭りが終わりを告げると、早足に冬将軍がやってくる。

匠のふるさと高山

牧戸から右に分かれる道も白川街道であった。峠をいくつも越えながら、高山へ至る道である。

高山は、碁盤目状の町並みに宮川が北流し、そのたたずまいから小京都ともよばれた。平安時代から江戸時代に至るまで、高山には数多くの名工が輩出したが、一位《いちい》一刀彫は、幕末の根《ね》付《つけ》師松田亮長《りょうちょう》によって始められたもの。その繊細な木目を生かした彫刻は、「飛騨の匠《たくみ》」の伝統を受けつぐものである。

高山は飛騨の匠のふるさとである。美しい出格子と梁《はり》組の家が江戸時代のまま残っている。

嶺峰を越えて❻

塩硝街道

えんしょうかいどう

●金沢から浅野川沿いに上り、峠を越えて小矢部川の谷をさかのぼる。さらにブナオ峠を越え、五箇山《ごかやま》を経て飛騨白川に至る加賀藩の陰道《かげみち》。

秘境五箇山に残る合掌造りの集落

塩硝街道とよばれる街道の名は、昔も今も地図にはのっていない。しかし道はあった。それは金沢から浅野川沿いに上り、五箇山に抜ける加賀藩の重要な道であった。

加賀藩は五箇山で、火薬の原料の塩硝をつくらせていたのである。塩硝は秘密裡に、険しい峠越えと谷川沿いの道を金沢まで運ばれた。

五箇山は四方を山に囲まれた秘境であり、平家の落人の里としても知られる。合掌造りの家が、ところどころに見られる。どの家でも、養蚕をし、和紙を漉《す》いた。この秘境で、加賀藩の重要産業である塩硝づくりは行なわれた。

五箇山は加賀藩の流刑の地でもあった。流刑はもっとも重い刑の一つであり、流刑小屋は庄川に沿う断崖の地におかれた。山を下りるには、崖の上から対岸に張られた綱に籠をつないで渡る方法しかなかった。流刑人の逃亡はきわめてむずかしかったのである。

遊女お小夜《さよ》は加賀藩士をたぶらかした罪で流刑となり庄川に身を投げ、また、「加賀騒動」で知られる大槻伝蔵《おおつきでんぞう》は異例の出世をねたまれて失脚、この地に流刑となり自刃した。

林道が並行して走るようになってからは、塩硝街道は草に覆われ消えかかっている。

美濃街道

●福井から足羽《あすわ》川沿いに上り、花山《はなやま》峠を越えて大野盆地へ。さらに九頭竜《くずりゅう》川沿いにさかのぼり油坂《あぶらさか》峠を越えて美濃の白鳥に至る道。吉例街道、越前街道ともよばれる。

大野の寺町通り

朝倉氏の夢のあと

戦国時代、一乗谷《いちじょうだに》の朝倉氏はおよそ一〇〇年にわたって越前を支配した。朝倉氏が山城を築いた一乗谷は、福井から足羽川に沿って上る美濃街道の道筋から近い。三方を山に囲まれた、自然の要害であった。

一乗城山山頂の城と西麓におかれた朝倉館《やかた》を中心に、狭い谷あいには有力武将の屋敷が建ち並び、朝倉氏はこの地に、独特の文化をはぐくんだ。戦国騒乱のまっただ中にあった京都をさけ、数多くの公卿・僧・文人も訪れた。しかし、天正《てんしょう》元年(一五七三)、五代義景《よしかげ》のとき、織田信長の侵攻を受け朝倉氏は滅亡、栄華をきわめた城下は廃墟と化した。

そして今日、四百年後の発掘調査が行なわれ、朝倉氏の館の大規模な遺構が出現することとなった。井戸や池が姿を現わし、そして庭園も再現された。近くに武家屋敷の跡も発掘された。

越前の雄，朝倉氏の館跡

今、朝倉氏の遺跡は、これをとり囲む山の杉

越前大野城

満々と水をたたえる九頭竜ダム

林に埋まり、ひっそりとしたたたずまいを見せている。

街道は美山《みやま》で足羽川と分かれる。大野の盆地までは、杉の山の中を進む。江戸時代には、杉の切り倒しは夏に行なわれた。そして雪の季節になると、材木を雪の上をすべらせて足羽川に落として運んだ。

花山峠を越えると大野盆地だ。ここには広々とした水田がある。畑も多い。収穫した野菜は、江戸時代から大野の朝市にならべるのが習わしだった。

信長に信頼された金森長近

一乗谷朝倉氏の崩壊後、天正三年、一向一揆平定のため大野に来た織田家の武将金森長近《かなもりながちか》が、この地に城を築いた。亀山城とよばれたこの城は大野盆地のどこからでもながめることができた。

城下は、小京都といわれるように、碁盤目状の町並みが整然とつくられ、町の周囲には寺町が配置された。城主長近は、信長・秀吉・家康と三人の武将に仕えた数少ない大名であった。

大野藩は小藩であったが、安政《あんせい》五年（一八五八）には幕府の許可を得て藩の船大野丸を進水、やがて樺太《からふと》の西海岸に渡り、そこを藩の準領地としてさずかった。新天地にいどむ開拓精神旺盛な藩だったのである。

山に囲まれ、端正なたたずまいをみせる城下町大野を経て、街道はいよいよ九頭竜川の源流に向かって上る。九頭竜川には古くから開けた鉱山が多い。中竜《なかたつ》鉱山は、寛元《かんげん》年間（一二四三〜四七）にその鉱床が発見されたという。その上流の面谷《おもだに》鉱山も康永《こうえい》年間（一三四二〜四五）に銅の鉱脈が発見された。しかし、面谷の銅山は大正十一年に鉱脈がつきて閉山になる。

細長い九頭竜ダムを通りすぎると油坂峠。そして、この峠を越えると、美濃の白鳥は目前である。

猪谷《いのたに》関（飛騨街道）

富山市猪谷

飛騨《ひだ》に発する宮川は、越中《えっちゅう》に入ったあたりから神通《じんづう》川と名を変える。この川に沿うように飛騨街道は、飛騨と越中を結んでいる。山間の道で狭く険しいのだが、古くから交通は発達し、とくに荷を運ぶ目的で使われたという。この流れを監視するため、飛騨と越中の国境付近にある猪谷には番所が設けられていた。寛文《かんぶん》七年（一六六七）になると、富山藩により西猪谷関所と東猪谷関所、そして室牧《むろまき》川上流に切詰《きりづめ》関所が設置され、国境を守った。

西猪谷関所では通行人の身元を調べたが、越中を出る者、とくに女性には厳しく、逆に入る者には緩かった。また荷物の通過も頻繁に行われた飛騨街道は、日本海で取れたブリを中心に、塩、米、薬、酒などが飛騨を通り、他地方へ運ばれていった。これらには税金（役銭）がかけられていたため、越中藩はたくさんの利益を得たという。関所の歴史は、「猪谷関所館」に残され、番人を務めていた橋本家の史料コーナーで詳しく知ることができる。また神通峡資料コーナーでは、神通峡の歴史、文化、自然を紹介している。

ＪＲ猪谷駅前にある猪谷関所館

猿《さる》ヶ《が》京《きょう》関（三国街道）

群馬県利根郡みなかみ町猿ヶ京一一四四

上野《こうづけ》と越後《えちご》の国境である三国峠は、隣国へ攻める入り口にもなり、たびたび戦いの場となった。越後の上杉謙信も、関東管領《かんれい》に任じられると、越後から関東へ進入することが増えたため、峠に近い猿ヶ京に城を築いたという。要衝として重要視された猿ヶ京には、寛永《かんえい》八年（一六三一）、赤谷川と西川が削り取った断崖絶壁の狭路に関所が置かれた。管理は真田家によって行われたが、真田家改易《かいえき》後は幕府によって支配された。現在は三国街道の旧道沿いに関跡が見られ、関守の一つであった片野家の役宅が猿ヶ京関所資料館として利用されている。

関川関《せきかわ》（北国街道）

新潟県妙高市関川

北国街道は、江戸時代の五街道に次ぐ重要な交通路で、越後《えちご》と信濃《しなの》の国境にある関川関は、交通の要衝でもあった。佐渡《さど》で産出された金が通る道であったため、取調べはとくに厳しいものだったといわれる。国道一八号線にある関川の道の駅には、「関川の関所 道の歴史館」が設置され、関所破りの捕獲に使った三つ道具、出女《でおんな》の取調べ風景、復元した門と番所など展示物の数々が当時を偲ばせる。九月には関川関所祭りが行われるなど、地元にとって関川関所は、この地の歴史と風俗を伝える文化財として大切に守られている。

安宅関《あたか》（北陸道）

石川県小松市安宅町

文治《ぶんじ》三年（一一八七）、源頼朝の追討を受けた源義経一行が京から奥州へ落ち延びる際、安宅関で足止めを食らった。厳しい尋問を受けながらも武蔵坊弁慶は白紙の「勧進帳《かんじんちょう》」を読み上げる。しかし強力《ごうりき》に扮した義経への疑いは晴れず、弁慶は主人の義経を杖で打ち据えた。これに感動した関守の富樫《とがし》氏は、騙《だま》されたふりをして一行を通したという。関跡には義経、弁慶、富樫の像が立ち、歌舞伎でもおなじみの名場面を彷彿させる。安宅関所館には、勧進帳の資料などが展示され、隣接している安宅住吉神社は、難関突破のご利益があるという。

千国番所《ちぐに》（千国街道）

長野県北安曇《きたあづみ》郡小谷村千国乙三一二五－一

千国はその名を街道名に冠しているように、街道の中心地である。そのため江戸時代には、人の出入りの監視、物資の流通にかける税金を徴収するため口留番《くちどめ》所が設けられた。十九世紀中頃の記録によると物資の流れは、越後から信濃へ送られるものが、信濃から越後へ向かうものに比べると、約十倍の比重だったという。物資の中味はほとんどが塩で、千国街道が「塩の道」と呼ばれる所以でもある。松本藩が安永《あんえい》七年（一七七八）まで、起点の糸魚川《いといがわ》からのみ塩を運び入れていたためだ。「千国の庄史料館」は、当時の番所を復元し、その役割を伝えている。

古都のある道

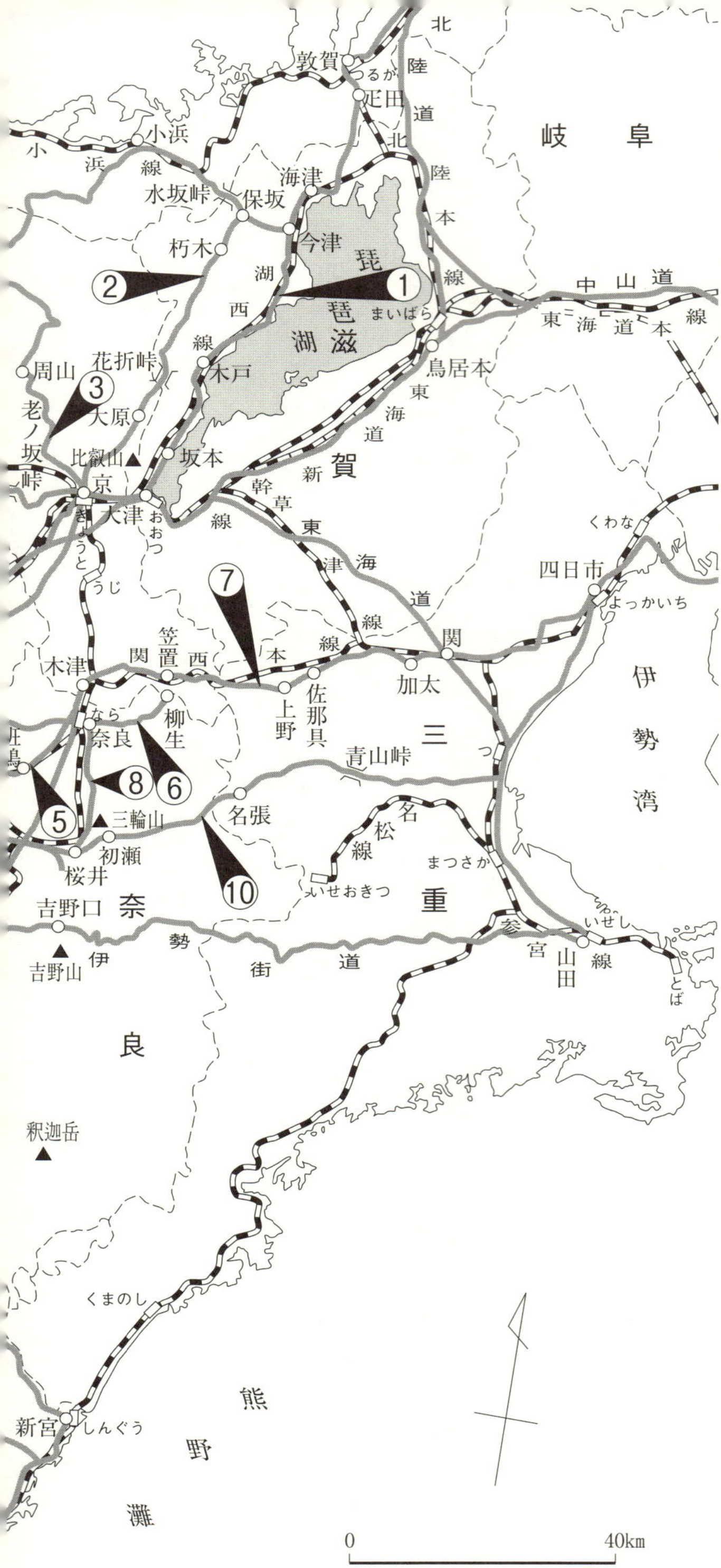

北陸道
敦賀
つるが
疋田
北陸本線
岐阜
小浜
小浜線
水坂峠
保坂
海津
朽木
今津
琵琶湖
湖西線
1
2
中山道
まいばら
東海道本線
滋賀
木戸
鳥居本
花折峠
周山
3
大原
老ノ坂峠
比叡山
坂本
東海道新幹線
京
きょうと
大津
おおつ
草津線
東海道線
うじ
7
くわな
四日市
よっかいち
笠置
関西本線
関
木津
加太
なら
奈良
柳生
上野
佐那具
三重
伊勢湾
8
6
5
青山峠
三輪山
名張
名松線
桜井
初瀬
まつさか
10
いせおきつ
吉野口
奈良
伊勢街道
参宮線
山田
いせし
とば
吉野山
釈迦岳
くまのし
新宮
しんぐう
熊野灘
0
40km

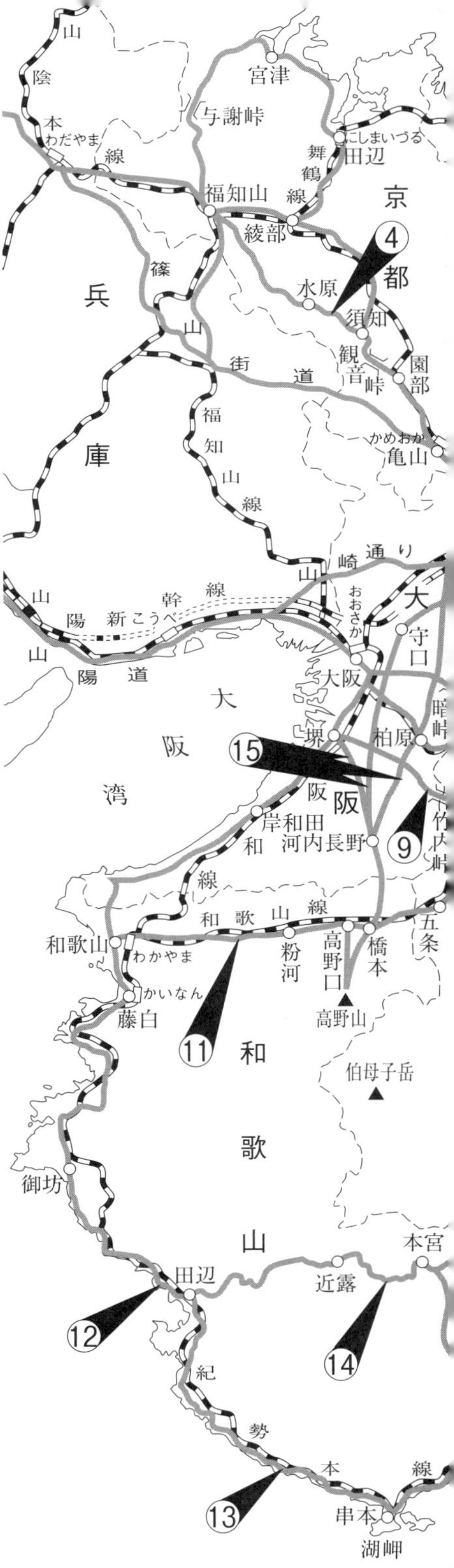

山陰本線
わだやま
宮津
与謝峠
にしまいづる
田辺
舞鶴線
福知山
綾部
京都
兵庫
篠山街道
水原
須知
観音峠
園部
かめおか
亀山
福知山線
山崎通り
山陽新幹線
新こうべ
おおさか
大阪
守口
山陽道
大阪湾
暗峠
柏原
堺
阪和線
岸和田
河内長野
竹内峠
和歌山線
和歌山
わかやま
粉河
高野口
橋本
五条
かいなん
藤白
高野山
伯母子岳
和歌山
御坊
田辺
近露
本宮
紀勢本線
串本
潮岬

西近江路

にしおうみじ

●大津から琵琶湖西岸に沿って北上、湖北の要港海津《かいづ》を経て疋田《ひきた》から敦賀《つるが》に達する道。
●敦賀側から海津までを七《しち》里《り》半《はん》越えまたは七里半街道ともよぶ。

琵琶湖西岸に沿う道

東海道五十三次最後の宿場町であった大津は、蔵屋敷が並ぶ商業の町でもあった。湖上舟運の重要な港でもあり、安永《あんえい》二年（一七七三）には、扱った米が一五〇万俵近くにまで達した。大津は東国と畿内《きない》をつなぐだけでなく、北国と畿内をつなぐ物資集散の地であった。

西近江路は、この北国と畿内を結ぶ街道の一つであった。街道には、古い歴史を秘めた町がいくつもつらなっている。

琵琶湖西岸沿いに七、八キロ行くと、坂本の町がある。室町時代には人口五万の大都市であった。比叡《ひえい》山のふもとにあり、延暦《えんりゃく》寺の門前町であった。室町時代には、各地から届く年貢米で坂本の港はあふれたという。

しかし元亀《げんき》二年（一五七一）の織田信長の比叡山焼き討ちの際、坂本は壊滅した。のちに信長の命で明智光秀が築城したものの、天正《てんしょう》十二年（一五八四）に浅野長政が坂本から大津に城を移してからは、それまでの活気がうそのように町はさびれてしまった。

琵琶湖がもっとも狭くなるところに堅田《かたた》がある。現在は琵琶湖大橋が架かっている。源平の時代には比叡山の水関があり、通行税を取っていた。のちに堅田湖賊とよばれる堅田衆の台頭で、湖上権の争奪戦が繰り返されることになるが、堅田はそれほど湖上交通にとっては重要な地であった。

近江八景「堅田の落雁《らくがん》」の浮御《うきみ》堂を右に見て、西近江路は琵琶湖西岸をさらに北上する。

延暦寺根本中堂

歴史の軌跡の上を走る街道

堅田のとなりの小野は、推古《すいこ》天皇十五年（六〇七）に聖徳太子の命で遣隋使《けんずいし》として中国へ渡った小野妹子《おののいもこ》をはじめとする「小野一族」の地である。小野神社・小野篁《たかむら》神社・小野道風《みちかぜ》神社など、小野一族ゆかりの神社がのこっている。

宿場町であった現在は大津市の木戸《きど》は、相撲の四十八手を編みだした志賀清林《せいりん》ゆかりの地である。四十八手は、大力士であった清林が神亀《じんき》三年（七二六）に聖武《しょうむ》天皇の命を受け、それまでの生死をかけた格闘技から「投げ・ひねり・反《そ》り・かけ」を基本として編みだしたもの。清林は相撲行司の祖ともいわれる。

右手に白砂青松の景勝地雄松《おまつ》崎、左手にかつて山岳仏教が栄えたころ高僧たちを育てた荒行場だった比良《ひら》山地を見ながら、街道はやがて大《おお》溝《みぞ》に達する。湖の中に長寿の神猿田彦命《さるたひこのみこと》を祀る白鬚神社の朱塗りの大鳥居が目に入る。高島市勝野の大溝は湖西で唯一の城下町であった。

陽明学を大成した中江《なかえ》藤樹《とうじゅ》の出生地、高島市安曇川《あどがわ》町をすぎると、若狭街道と琵琶湖舟運との中継地今津《いまづ》に達する。小浜《おばま》や敦賀から京へ向かう交通の要所であった。海津も、今津やさらに北の塩津とともに「湖北三港」の一つであった。敦賀から山を越えてきた日本海の海産物はここから船で大津に運ばれ、京へと送られた。

湖に浮かぶ竹生《ちくぶ》島を背に、道はやがて七里半越えとよばれる峠道を行く。古代三関の一つ愛発《あらち》関があったので愛発越えともいわれた。日本海と京とを結ぶ重要な峠であったが、この峠の歴史は古く、古代に大陸からの文化が伝播《でんぱ》してきた道であった。

峠を越えると越前である。疋田宿のあった街道の真ん中には、昔そのままの用水が流れている。朝倉義景《よしかげ》と織田信長の激戦の地を下りると、いよいよ日本海の港町敦賀である。

●小浜《おばま》から熊川・水坂《みさか》峠（九《く》里《り》半《はん》峠）・保坂《ほうざか》を経て琵琶湖北西岸の今津に至る九里半越えともよばれる道。
●保坂で今津への道と分かれ、朽木《くつき》・花折《はなおれ》峠・途中《とちゅう》村・大原《おおはら》を経て京都の出町柳《でまちやなぎ》に至る道。通称は鯖《さば》街道。

若狭路

わかさじ

若狭から京の台所への道

小浜の港に着いた北国の米は、かならず水坂峠すなわち九里半峠を越えて琵琶湖畔の今津まで運ばれたという。そこから湖上舟運と接続して、大津そして京に送られた。米だけではない。若狭からの海産物なども送られた。

小浜は酒井氏十万石の城下町であったが、むしろ日本海側の重要港として、京への物資輸送の起点として繁栄したのである。同時に、京の文化も街道を伝わって小浜にやってきた。若狭塗など、小浜の伝統工芸は京との交流なしには生まれなかったろう。

小浜から九里半峠への道は、宿場町遠敷《おにゅう》の里の若狭《わかさ》姫《ひめ》神社と若狭《わかさ》彦《ひこ》神社の参拝から始まる。もし春であるならば、奈良の東大寺へのお水送りの神事を神宮寺《じんぐうじ》で見ることができるだろう。松永川沿いに右へ行けば、鎌倉時代の三重塔がひっそりと立つ明通寺《みょうつうじ》がある。

若狭の神とみほとけの街道を進むと、やがて熊川にたどり着く。宿場であったが、米であれば三万俵は貯蔵できるほどの土蔵をもった若狭の物産の集散地でもあった。そのため、小浜藩も熊川に町奉行をはじめ藩士を送り、番所をおいて通行の者を厳しく取り締まった。

なだらかな九里半峠を越え近江側に入ると、山中《やまなか》関所があった。そこから保坂を経て追分への道に入る。そして石田川に沿った道を下ると、琵琶湖の港町今津である。

小浜から京への近道、鯖街道

小浜から大原までは約七〇キロ、大原から京までは十

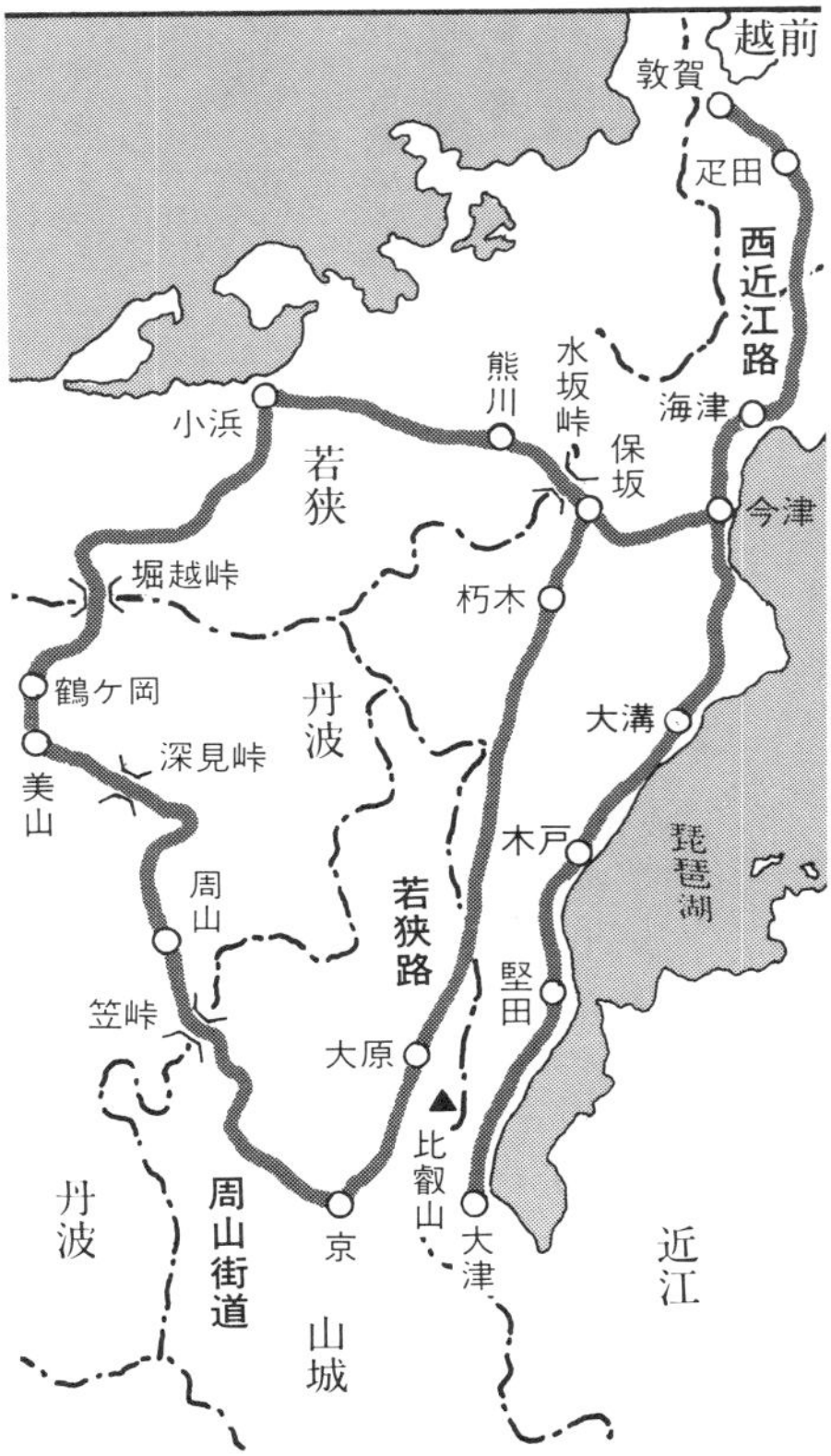

紺衣に御所染の帯をしめた小原女

数キロの道のりである。若狭の魚はこの道を超特急で京に運ばれた。朝、海からあがった鯖は塩でしめられ、まる一日かかって京の朝市に送られた。海の新鮮な魚介類が手に入らなかった京では、鯖は格好の寿司だねとなった。そこで若狭路は一名「鯖街道」ともよばれるようになった。

鯖街道は九里半峠を越え保坂から朽木谷への道を入る。奇岩怪石がつづく朽木渓谷は、「近江の耶馬渓《やばけい》」とよばれている。景勝の地であるが戦乱のたびに数多くの武将たちが走り抜けた地でもあった。京都と日本海を結ぶ西近江路の脇街道として、この道は軍事上の要衝であった。高島市朽木から小浜へは木地山《きじやま》峠を越えて行く道もあった。かつてこの山奥には、ロクロをひき、木製の盆や椀をつくる木地師《きじし》が多く住んでいた。今は、安曇川沿いの集落で、周辺からとれる竹を利用した扇骨づくりが盛んである。

左手に比良山地を見ながら、街道はさらに安曇川をさかのぼる。そして花折峠を越えると途中村、そして寂光《じゃっこう》院・三千《さんぜん》院のある大原に入る。野菜や花を京へ売りに行く大原女《おはらめ》の里である。ここを流れる大原川は、比叡山登山口の八《や》瀬《せ》では八瀬川と名を変え、さらに高野川から鴨川と名を変え京都に流れ込むのである。

●京都の御室《おむろ》を起点に、梅ケ畑を経て、御経坂《おきょうざか》峠・笠峠・栗尾峠を越えて周山に至る街道。
●街道はさらに、深見峠・堀越峠を越えて若狭の小浜に達する。

周山街道

しゅうざんかいどう

北山杉の道

枯山水《かれさんすい》の平庭、石庭で知られる竜安《りょうあん》寺、日本最古の在銘梵鐘のある妙心《みょうしん》寺など、周山街道の起点御室の周辺は、禅文化がみごとに花ひらいた地である。また、『徒然草《つれづれぐさ》』を執筆した吉田兼好《けんこう》が陰棲したのは、三つの峰をもつ双ケ岡《ならびがおか》の二ノ岡のふもとであり、今もなお静かなたたずまいをみせる地でもある。

周山街道はこの双ケ岡の西のふもとから出発し、奥殿川をさかのぼる。御経坂の峠を越えるあたりから、うっそうとした樹木が迫る山中の道となる。そして、紅葉の名所、高尾《たかお》（高雄）・槙尾《まきのお》・栂尾《とがのお》の三尾の山々が、つぎつぎと姿を現わす。栂尾の高山《こうざん》寺境内の茶園は、中国から茶の種を持ち帰った栄西《ようさい》禅師が、明恵《みょうえ》上人に与えたことにちなんでつくられたものだ。

中川・杉坂・小野郷とつづく山道は、紅葉のかわりに北山杉の美林が旅人を迎えてくれる。山一面をおおう杉の木は、一本一本たえず下枝がはらわれ、幹をまっすぐに伸ばしている。和風建築の床柱用にと、山から切り出された杉材はたんねんに磨きあげられる。

昔は笠峠を越えたが、今は笠トンネルが峠の下をくぐる。しかし、栗尾峠は越えなければならない。峠からながめる周山盆地の景色は美しく、小さな盆地に、大堰《おおい》川と弓削《ゆげ》川が合流する景色はまるで箱庭のようである。そしてここでも、北山杉が盆地を囲むように端正な姿を並べている。

周山すなわち現在の京都市右京区京北《けいほく》周山

北山杉の間を縫う周山街道

から京北鳥居へと街道をそれ、さらに山中に分け入ると、天然記念物のしだれ桜で知られる常《じょう》照皇《しょうこう》寺に至る。およそ六〇〇年前、北朝《ほくちょう》初代の光厳《こうごん》天皇が晩年に隠棲した禅寺である。

原生林を越えて日本海へ

旧山国村は戊辰戦争の折、錦の御旗を奉じて先導をつとめた郷士たちの出身地としても知られている。凱《がい》旋《せん》のときの「宮さん宮さん」の隊歌は、今も京都の時代祭りの行列の山国鼓笛隊が再現してくれる。

周山街道はさらに深く、山に分け入る。深見峠の右手一帯は芦生《あしう》の原生林である。峠を越えると深山幽谷の町美山《みやま》に入る。ここは丹波高地のまっただ中、日本海に流れ込む由良《ゆら》川の水源地を背中にひかえている。丹波独特の茅葺きの農家がところどころに見られる。とくに美山町には、三〇〇年以上も昔の茅葺きの石田家の民家が現存している。日本最古の民家である。

京都は山奥まで古いものが残っている。鶴ケ岡には、俵を肩にしてあやつる俵振りという郷土芸能があり、そのまた奥の盛郷には、河原に籠松明《かごたいまつ》をたてて繰り広げられる松上げの行事が残っている。

盛郷をすぎれば堀越峠までは人家の見えぬ山道。峠を越えると若狭の国である。街道に沿う深谷・深野の集落は、三百年の伝統をもつ若狭和紙の里である。

丹波路

たんばじ

●京都七口《ななくち》の一つ丹波口を起点に、老《おい》ノ坂峠・亀山（亀岡）・八木・園部《そのべ》・観音峠・須知《しゅうち》・水原を経て福知《ふくち》山《やま》に達する道。さらに、与謝《よさ》峠・加悦《かや》を経て宮津《みやづ》に至る。福知山までは山陰道の一部としても利用された。

●そのほか丹波路には、綾部から田辺（舞鶴《まいづる》）を経て宮津に出る道もあった。

丹波の山と小盆地

丹波の山々は険しくはない。ゆるやかな稜線となだらかな峠への道がつづき、小さな盆地の町と川沿いの町がつらなる。しかし朝霧のかかる丹波の山はことのほか深い。旅人は、歴史と伝説を秘めた丹波の山路を、京へ、日本海へ、そして瀬戸内海へと行き交った。

丹波路の起点は、京の七口の一つ丹波口である。七口とは、天正《てんしょう》十九年（一五九一）に豊臣秀吉が洛中と洛外を区分けする土塁《どるい》や掘割《ほりわり》を築いたときに設けられた京への出入り口である。

しかし丹波口の名を高めたのは、かつての島原の遊廓である。江戸情緒が色濃く残る島原の「角屋《すみ》」の遊廓建築は、数十メートルにわたる千本格子をはじめ、茶屋風数寄屋《すきや》造りの粋を集めたもの。このほか、大門《だいもん》や「輪違屋《わちがいや》」の貴重な遺構が昔のまま残っている。

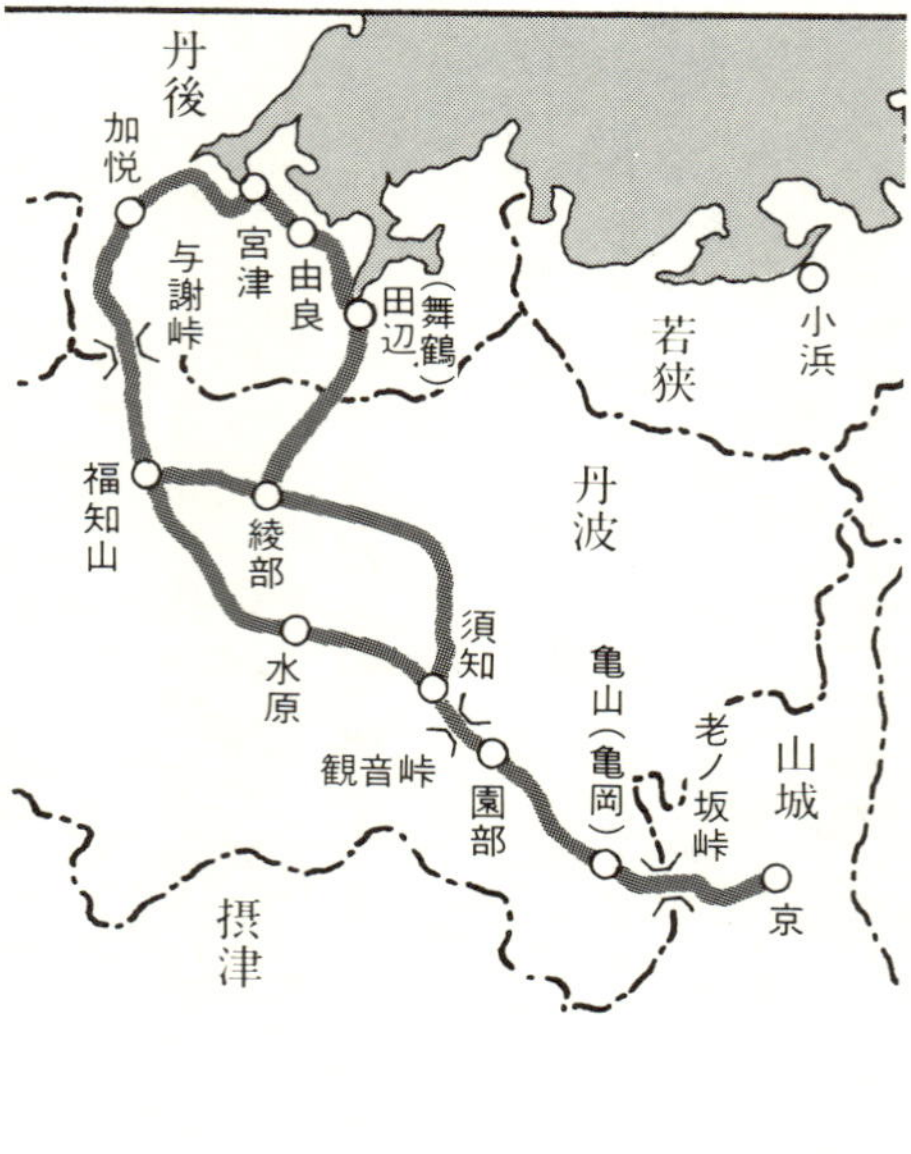

丹波への道は、いきなり桂川の船渡しから始まる。桂川沿いの森の中には、桂離宮がひっそ

遊廓建築の「角屋」

老ノ坂峠にある酒呑童子の首塚

りとたたずむ。右手の山の裾野には菩寺として知られる西芳寺《さいほう》がある。

丹波路最初の宿場町樫原《かたぎはら》をすぎると間もなくなだらかな坂が待ち受ける。老ノ坂峠への道である。峠にさしかかるあたりは、山城国と丹波国との国境《くにざかい》である。酒呑《しゅてん》童子と源頼光の伝説が残る首塚大明神の塚がある。毎晩のように京の都に出没して若い女をさらう大江山の盗賊を、源頼光とその四天王が退治した。そして、その首を葬ったのがこの首塚であるという。

峠を越えると、南北に細長くのびる亀岡盆地である。現在の亀岡市、亀山は、明智光秀の城下町であり、またその昔は丹波国府がおかれていた。天正十年、光秀はこの亀山から中国へ出兵の途中、本能寺《ほんのう》の織田信長を急襲した。しかし、それから間もなく、光秀の軍は羽柴（豊臣）秀吉の軍により打ち破られた。これが世にいう「光秀の三日天下」である。

亀山は山あいの盆地である。秋から冬にかけて霧が多く発生する。夏は暑く、冬は京都よりはるかに寒い。亀山だけではない。福知山をはじめ、丹波路の盆地の町は冬と夏の寒暖の差が激しい。

大洪水と闘った盆地の町

亀山は保津《ほづ》川下りの出発点であり、篠山《ささやま》街道を経て山陰道に向かう分岐点でもある。そして、保津川はこの地から上流は大堰《おおい》川とよばれる。下流は両岸に山が迫る保津峡である。そのため、大雨があると扇状地形の盆地は排水困難となり、大洪水となった。

上流の園部も、大堰川支流の園部川流域の山間小盆地として、洪水に悩まされた。

なお園部は小出氏二万六千石の城下町であったが、慶応《けいおう》三年（一八六七）に修築された園部城は日本でいちばん新しい近世の城として知られる。幕末の騒乱に備えての修築であった。

右山陰道、左篠山街道に分岐する亀山の追分

丹波高地の長い道

園部を出ると、街道は七曲りの急坂を行く。丹波路では数少ない急な山道である。海抜二七〇メートルの観音峠は、大堰川と日本海に流れ込む由良川の分水嶺《ぶんすいれい》となっている。

峠のふもとの須知の家並みに入る手前に、高さ四〇メートルの琴滝がある。そこから川はいくつもの支流を集めながら、丹波から丹後の山の間を抜け、日本海に入る。

丹波は大昔は湖であったという。伝説によれば、大山咋命《おおやまぐいのみこと》が山を崩して湖の水を京方面に流し丹波の高地をつくったという。この大山咋命は、京丹波町の町はずれの九手《くて》神社に祀られている。

ここから、綾部を経て福知山に達する道と、水原を経て土師《はぜ》川に沿って福知山に達する道と二手に分かれる。さらに、綾部からは田辺に下る道が出ていた。

綾部は九鬼《くき》氏二万石の城下町であったが、城跡は残っていない。九鬼氏はもとはといえば熊野の豪族、海をところ狭しと暴れまわった九鬼水軍の出である。山国に転封されても水軍の伝統は捨てられない。城とは名ばかり、由良川沿いの平地に館を建てたにすぎない。もっとも、幕府も勇猛な九鬼水軍の伝統をもつ綾部藩に、天守閣をもつ築城を許さなかったこともある。

丹波国から丹後国へ

一方、水原を経て走る丹波路は、山また山の台地を土師川に沿って少しずつ日本海側に下って行く。ここまでやって来るともはや京都の文化圏ではなくなる。言葉はいわゆる丹後弁となる。土師川やその下流の由良川は、京へ流れ下る大堰川と同じように、丹波名物の暴れ川であった。そのため、福知山をはじめ断層盆地の町や村は、大雨のたびに大水害に悩まされた。

とくに、由良川と土師川の合流点にある福知

天下の名勝，天橋立

山は、水びたしの災害を繰り返した。しかし同時に、福知山は合流する二つの川のおかげで、河口の由良《ゆら》との間の舟運により大いに栄えた。かつては水車がいたるところで回され、製粉が行なわれ、自然の力の恐ろしさを人間を助ける力に変える工夫がされていた。

福知山で、忘れてはならないのは悲運の武将明智光秀である。この地の横山城を落とした光秀はこれを近世的に改築した。本能寺の変以後反逆者の烙印をおされたが、福知山では名君として今も慕われている。光秀を祀る御霊神社の福知山踊りでもその善政がたたえられている。

若狭湾の宮津へは、与謝峠の道を下る。野田川沿いの道で、丹後ちりめんの里加悦《かや》の町がある。やがて、松林の間から、海につき出た天橋《あまのはし》立《だて》が見えてくる。日本三景の一つに数えられる、全長約三キロの砂嘴《さし》である。となりは「縞の財布が空となる」と民謡『宮津節』に歌われる宮津の港である。本庄氏七万石の城下町であったが、日本海の西廻り海運の風待ち港として繁栄した町であった。しかしとなりの由良は、宮津のにぎやかさと対照的に、佐渡に送られた母と生き別れになってこの地に売られてきた安《あん》寿《じゅ》と厨子王《ずしおう》の悲話が残る。

奈良街道

ならかいどう

●大坂の高麗《こうらい》橋を起点に、玉造《たまつくり》・枚岡《ひらおか》を経て、暗峠《くらがり》を越える。峠から生駒《いこま》谷の小瀬《おぜ》に下り、榁木《むろのき》越えで矢田丘陵を横切り奈良に至る。暗越《くらがりごえ》奈良街道ともよばれている。

●一方、大坂の天王寺《てんのうじ》から柏原《かしわら》を経て、大和川沿いに斑鳩《いかるが》の里から奈良に達する道も奈良街道とよばれた。

暗峠越えで奈良へ

大坂は古《いにしえ》の奈良の都に負けず劣らず古い歴史をもつ。古代、外国使臣の上陸地として栄え、高《たか》津宮《つのみや》などの王宮がおかれたところでもある。以後、大坂は奈良や京都へ、瀬戸内海から入ってきた大陸の文化から海産物に至るまで、あらゆるものを送る重要な中継地となった。やがては、いくつもの大道が開かれた。

近世になって多く利用されたのは、暗峠越えの道である。大坂の高麗橋を出て、聖徳太子が戦勝祈願をし、のちには豊臣秀吉が大坂城の守護神として崇敬した玉造稲荷社のある玉造の町に入る。玉造は奈良街道の大坂からの東の出口であった。伊勢参りの人びともこの道を利用したので、大いににぎわった。

さらに東に進むと、東高野街道と交差する枚岡に達する。河内《かわち》国一ノ宮の枚岡神社があり、ここでは七百年の伝統をもつ農作物の吉凶と天候を占う粥占《かゆうら》というめずらしい神事が、毎年一月十一日に行なわれている。

難波豊崎宮跡と大阪城

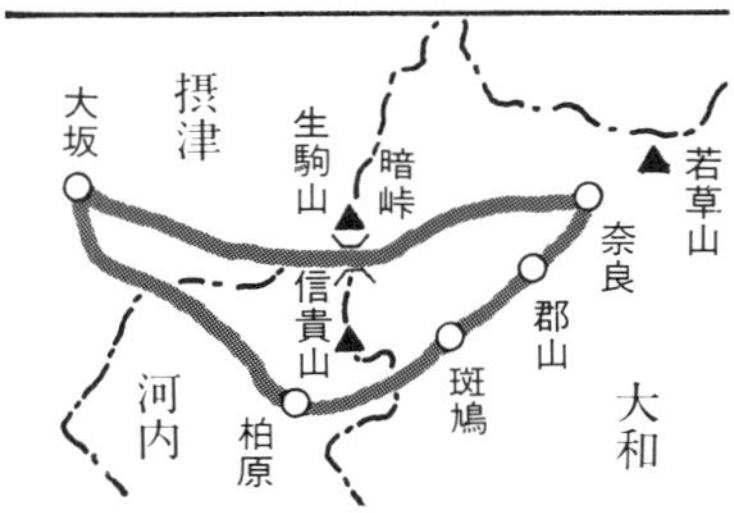

東大寺の大仏

道はやがて生駒山をめざして進む。そして、松尾芭蕉が「菊の香にくらがり登る節句かな」と詠んだ生駒山の南側にある暗峠を越す。旧道に残る石畳や石灯籠が往時の面影を伝えてくれる。

天平文化の花咲く西ノ京

暗峠から生駒山のふもとの矢田丘陵を下り、生駒川・富雄《とみお》川を渡ると、のどかな田園風景を繰り広げる西ノ京に入る。

ここには、薬師《やくし》寺・唐招提《とうしょうだい》寺という天平《てんぴょう》文化の粋を集めた二大古刹《こさつ》が並ぶ。垂仁《すいにん》天皇の前方後円墳が見えてくるあたりから、かつての奈良の都の平城京の坊条に入る。平城京は、和銅《わどう》三年（七一〇）に元明《げんめい》天皇が中国の長安《ちょうあん》にならって南北各四坊、東西九条に区画して建設した古代都市である。

唐招提寺は垂仁天皇陵の南にある。戦火に一度もあうことのなかった大伽藍《だいがらん》は、天平文化の香りをそのまま伝えてくれている。天平宝字《てんぴょうほうじ》三年（七五九）に、失明をしながらも中国から渡って来た鑑真《がんじん》が創建した寺である。

なお、金堂は鑑真の死後に弟子の如宝《じょほう》により建立されたものである。重量感のある屋根とそれを支える胴にふくらみのある列柱をもつ金堂は、まさに「天平の甍《いらか》」の美をあますところなく見せてくれる。

薬師寺は唐招提寺のさらに南に位置する。「逝《ゆ》く秋のやまとの国の薬師寺の塔のうへなる一《ひと》ひらの雲」と佐佐木信綱が歌った三重塔は、勝間田《かつまた》池と秋篠《あきしの》川が織り成す西ノ京の田園風景の中に、千二百余年もその清麗な姿を見せてきたのである。

ふたたび街道にもどる。東の若草山のふもとをながめると、東大寺の大仏殿の屋根が緑の木立の上に突きでている。奈良三条大路は一直線に東大寺方向をめざして走っている。

斑鳩里の法隆寺五重塔

大和川沿いに進む もうひとつの街道

水の都大坂は、堀や川の開発が盛んに行なわれた。大坂の運河は、元禄《げんろく》年間（一六八八〜一七〇四）にはほぼ完成していたという。そして北の淀川によって大坂は京と結ばれ、南の大和川によって大和と結ばれた。もうひとつの奈良街道はこの大和川に沿って大坂から奈良に至る道である。

大坂冬の陣で徳川家康が本陣をおいた天王寺の茶臼《ちゃうす》山のこんもりとした森を背に、街道を出発する。やがて、左前方に信貴《しぎ》山・生駒山が迫ってくる。柏原は大和川が石川と合流する地点にある。江戸時代の中ごろまでは、川は平野を網の目のように流れ、大雨のたびに氾濫を起こした。そこで大和川のつけかえ工事を河内今米村庄屋の川中九兵衛が幕府に願い出たが九兵衛は死去。その後、幾多の困難を乗り越え、宝永《ほうえい》元年（一七〇四）にわずか八カ月で工事は完了した。旧川筋には綿作が行なわれ、これがのちに特産の河内木綿となったのである。

街道は、縁起絵巻で知られる信貴山の南のふもとを抜け、斑鳩《いかるが》の里に入る。竜田《たつた》川を渡るあたりの紅葉は、「千はやぶる神世もきかず竜田川から紅《くれない》に水くくるとは」と在原業平《ありわらのなりひら》が詠んだように今も千古の美しさを伝えてくれる。斑鳩の名は、聖徳太子が営んだ斑鳩宮にちなんでつけられた名である。

法隆寺は、この斑鳩の里にそびえる大伽藍である。矢田丘陵を背に建ち並ぶ金堂・五重塔などの伽藍は世界最古の木造建築として知られる。そして、法隆寺東院に寄りそうように、弥勒菩薩像で名高い中宮《ちゅうぐう》寺がある。右手を頬に触れ、右足を組んだ半跏《はんか》思惟《しい》像《ぞう》は飛鳥《あすか》時代の代表的木彫である。

斑鳩と接する郡山《こおりやま》は、奈良にはめずらしい城下町で、江戸時代中期以降は柳沢氏十五万石の支配が明治維新までつづいた。かつては藩士が内職に養殖したという金魚の池が広がり、古寺が点在するのどかな田園風景は、蕉門十哲《しょうもんじってつ》の一人、森川許六《もりかわきょろく》の詠んだ「菜の花の中に城あり郡山」の句そのままである。やがて街道は暗峠越えの道と合流する。

奈良と結ぶ道❷

柳生街道

やぎゅうかいどう

●奈良の春日《かすが》大社《たいしゃ》の南から能登川に沿って滝坂道《たきさかみち》を抜け、さらに石切峠を経て柳《やぎ》生《ゆう》の里へ通じる街道。

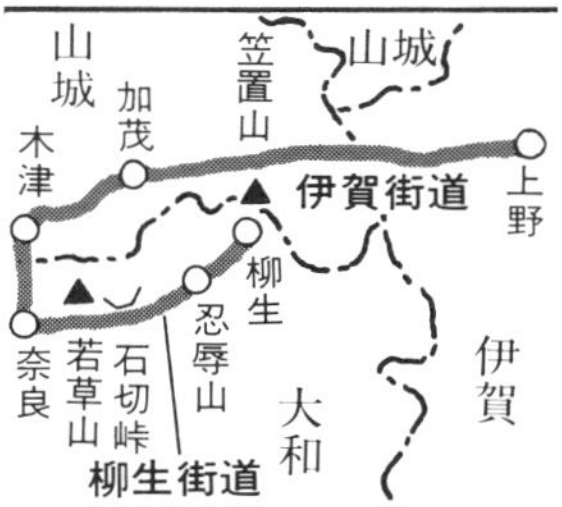

古代から人間の手にふれさせることのなかった春日山の原生林は、大杉やウワミズザクラをはじめ、暖帯・温帯・熱帯の植物でうっそうとおおわれている。剣豪のふるさと柳生への道は、この原生林の中を走る滝坂道を登る。能登川の渓流に沿うこの道には、寝仏や夕日観音・朝日観音の石仏が並び、さらに奥に分け入ると首切地蔵や穴仏《あなぼとけ》などが石畳の山道の両側につづいている。

石切峠を越え、大慈《だいじ》仙《せん》の町を経て、道は江戸時代には多くの信者を集めた忍辱山円成《にんにくせんえんじょう》寺に通じる。忍辱とは、いかなる苦悩にも耐える修行で、菩薩行六波羅《ろっぱら》蜜《みつ》の一つである。

やがて街道は白砂川を渡り、柳生の里に入る。柳生氏は一万石の大名で、代々徳川将軍の兵法指南役をつとめた。無《む》刀取《とうどり》といわれる抜かざる剣を追求した柳生宗厳《むねよし》（石舟斎《せきしゅうさい》）の新陰流は、戦乱が去った江戸時代の剣法として大いにもてはやされた。

柳生の里を一望する地に、柳生家の菩提寺の芳徳禅寺《ほうとくぜんじ》が建っている。そして、宗厳の孫の柳生十兵衛が、一万人もの弟子を指導したという正木《まさき》坂《ざか》道場の名は今も残され、現代の剣士たちが技を競っている。

奈良と結ぶ道❸

伊賀街道

いがかいどう

●奈良を起点に、木津《きづ》を経て、加茂《かも》・笠置《かさぎ》・島ケ原・上野《うえの》に達する道。街道はさらに佐那具《さなぐ》から加太《かぶと》越えを経て東海道の関に至る。
●関からは伊勢別街道が分岐していたので、伊賀街道を通って伊勢神宮参拝に向かう旅人も多かった。

奈良と伊勢への分岐点、鍵屋ノ辻

奈良から伊賀国上野に向かうには、まず北上して山城国木津へ向かう。木津川がほぼ直角に折れる地で、上流は伊賀川と名を変える。平城京や東大寺が建立されたときは、木津川の河港として各地から多量の木材が集められた。

伊賀川に沿って

伊賀川に沿って道は山の中に分け入る。山中の小さな町ではあるが、加茂には山城国の国分寺がおかれていた。またこの地の銭司《ぜず》は、和同開珎が銭造されたところであった。古代から開けた土地で、奈良時代には聖武《しょうむ》天皇の恭仁《くに》京のおかれたところでもある。

さらに川をさかのぼると、巨大な磨崖仏《まがいぶつ》が頂をおおう標高二九〇メートルの笠置山がたちはだかる。その昔、後醍醐《ごだいご》天皇は鎌倉幕府に対する政変が発覚し、この笠置山に逃れてきた。

忍者の里へ

忍者の里上野は、笠置山のはるか奥、鈴鹿《すずか》山脈や布引《ぬのびき》山地、室生火山群に囲まれた盆地にひっそりとたたずむ城下町である。藤堂高虎《とうどうたかとら》が慶長《けいちょう》十三年（一六〇八）に入封してつくった碁盤目状の町割りは今も残る。伊賀流忍術の発祥地であり、江戸時代初期、服部半蔵ひきいる伊賀組は忍者集団として活躍した。

奈良と伊勢への分岐点の鍵屋《かぎや》ノ《の》辻《つじ》は、渡辺数馬とその助太刀の荒木又右衛門らの伊賀越仇討のあった場所である。

上野はまた松尾芭蕉生誕の地でもある。芭蕉の句「みの虫の音を聞きに来よ草の庵」にちなむ蓑虫庵《みのむしあん》は、高弟服部土芳《どほう》の住居跡である。

奈良と結ぶ道❹

山の辺の道

やまのべのみち

●奈良盆地の東側を春日山のふもとから、高円山《たかまど》・三輪《みわ》山の山裾をぬい、桜井の海石榴市《つばいち》に至る古道。全長は約三五キロ。

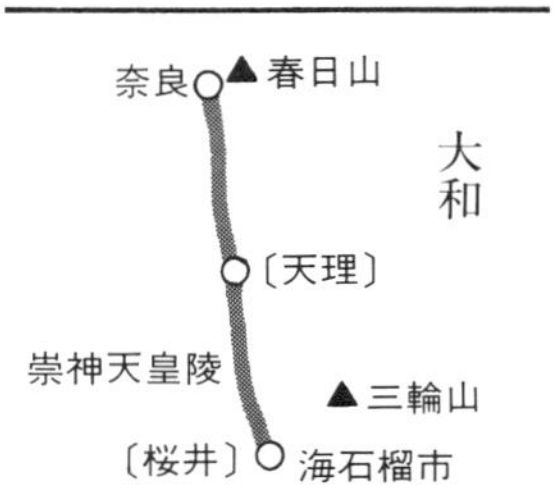

日本最古の道

『古事記』や『日本書紀』によれば、山の辺の道は奈良時代以前に存在していたことがわかる。日本の歴史上でもっとも古い道のひとつであるといえるだろう。大昔、奈良盆地は沼沢地だった。交通路は山裾の高いところを通らなければならなかった。しかも、山ひだに沿って歩かねばならなかった。のちに盆地内の平野部に道ができるようになると、山の辺の道はいつとはなしに、人びとの利用が少なくなっていった。

あまり利用されなくなったことが、かえってこの道が「記紀《きき》」や「万葉」の時代の息吹をそのままに残す自然道となった。

春日山の原生林のふもとの白毫《びゃくごう》寺は、大和棟の民家の中にひっそりとたたずむ。ここから古市の集落の東の山の辺の道をたどって行くと、尼寺の山村御殿（円照寺《えんしょう》）に至る。

古墳の道を行く

山の辺の道は大古墳の道でもある。天理《てんり》市を中心に、全長一〇〇メートル以上の大古墳が点在している。崇神《すじん》天皇陵は全長約二四〇メートル、景行《けいこう》天皇陵は三段に構築された前方後円墳で全長が約三〇〇メートルもある。倭迹迹日百襲姫命《やまとととひももそひめのみこと》墓は全長約二七二メートル。箸墓《はしはか》ともいわれ、姫が座ったはずみに箸で自分の陰処をついて死んだという『日本書紀』の中の記述にちなむ。

大神《おおみわ》神社はさらに壮大で、神体は背後に迫る標高四六七メートルの三輪山そのもの。酒の神でもあり、酒屋の商標の杉玉（酒林）はここでつくられて参拝者に配られたという。

奈良と結ぶ道❺

竹内街道

たけのうちかいどう

●難波《なにわ》から天王寺を経て堺に南下。そこから東方へ進み、河内飛鳥《かわちあすか》から二上山《にじょうさん》の南側の竹内峠を越えて、大和の飛鳥に至る七世紀初めにつくられた官道。

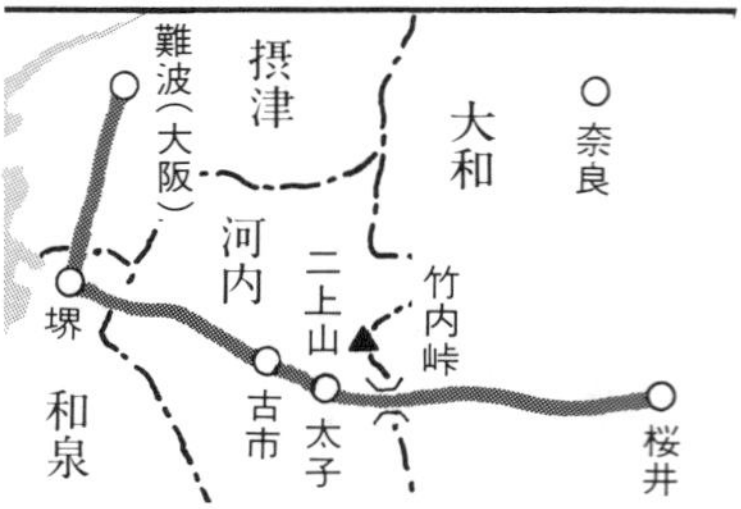

外国文化を伝えた道

『日本書紀』の推古天皇二十一年十一月の条には「難波から京に至る大道」をおくと記されている。この大道こそ日本最古の官道、竹内街道である。

昔の難波は海が近く、港があった。中国や朝鮮からの使節たちはこの難波津《なにわのつ》に上陸した。同時に、仏教や土木技術も上陸してきた。さまざまな文化は、難波津から竹内街道を経て大和の飛鳥に伝わった。

都が和銅《わどう》三年（七一〇）平城京に移り、奈良街道にとって代わられるまで、竹内街道は外国文化の伝播を一手に引き受けていたのである。

街道の古さを証明するように、古市《ふるいち》から竹内峠にかけて前方後円墳一九基、方墳一一基、円墳二五基が二上山の裾野をとりまいている。そのなかでもとりわけ大きい応神《おうじん》天皇陵は、日本で二番目の大きさを誇る、全長四一五メートルの巨大な前方後円墳である。

日本の都はその後いく度か移ったが、古市は近世になってからも、伊勢参りの旅人や、堺から大和に物資を運ぶ商人たちが行き交う沿道の町として大いに栄えた。

中将姫が織り上げた曼荼羅

古市から飛鳥、そこから二上山に向けて道を行くと現在の太子《たいし》町に至る。ここには、聖徳太子自らが造営し、死後葬られた円墳がある。

二上山といえば、東麓に大伽藍を配置する当《たい》麻《ま》寺があり、中将姫が蓮糸を染めて織りあげたといわれる当麻曼荼羅《まんだら》で知られている。大和棟の家々を通り抜けると大和盆地である。

奈良と結ぶ道❻

初瀬街道

はせかいどう

●大和・伊賀・伊勢の三国を結ぶ街道で、古くは長谷《はつせ》道とよばれた。
●大和の桜井を起点に、初《は》瀬《せ》・榛原《はいばら》・名張《なばり》・伊勢地《いせぢ》を経て青山峠を越え、伊勢国に至る街道。伊勢街道ともよばれる。

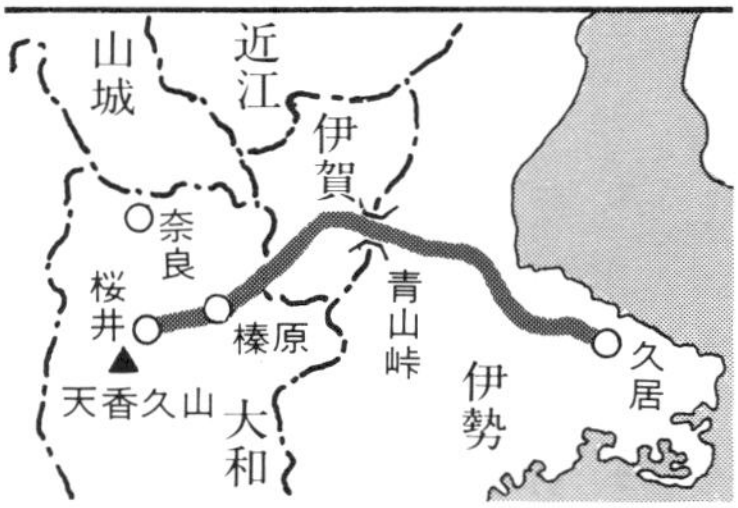

女人高野の室生寺へ

天香久山《あまのかぐやま》・耳成山《みみなしやま》・畝傍山《うねびやま》の大和三山をあとに、初瀬街道は桜井を出発する。やがて伊賀の山々を越え、伊勢へ向かう参詣の道である。しかし、大和盆地には訪ね歩かねばならぬ名刹があまりにも多い。

初瀬で街道をそれ、初瀬渓流沿いの道を上って行くと、長谷寺への道である。春は伽藍をとりまくように牡丹が咲き競い、秋には紅葉が参詣者たちの目を奪う。冬の二月十四日には「だだ押し」が行なわれ、参詣人が松明《たいまつ》をかざした鬼を追いつめる。長谷寺は西国三十三カ所第八番札所にあたる。初瀬は門前町であったが、伊勢参りが盛んになるにつれ、宿場町としてもにぎわった。

街道は初瀬から榛原を経て室生口《むろうぐち》に至る。ここで街道を右にそれると「女人高野《にょにんこうや》」の名で知られる室生寺がある。天平時代の可憐な五重塔や「室生寺様」とよばれる釈迦如来像など古美術の宝庫である。

伊賀の山越え伊勢の海へ

伊賀の国に入ると、やがて切り立つ香落渓《こおちだに》や、無数の滝が旅人を迎える。赤目四十八滝は、標高差三〇〇メートル、約四キロにわたって階段状につづく。修験者の祖役行者《えんのぎょうじゃ》が修行した滝である。

またこの滝は、伊賀流忍術の開祖といわれる百《もも》地《ち》三太夫《さんだゆう》の修行の地でもあり、滝の近くにはその屋敷と伝わる家がある。

深い伊賀の山も、海抜五〇〇メートルの青山峠を越えると、前方が開ける。北方の笠取山に登れば、はるか伊勢の海が見渡せる。

大和街道

やまとかいどう

●和歌山から紀ノ川沿いにさかのぼり、粉河《こかわ》・高野口《こうやぐち》・橋本・五條を経て奈良に至る道。
●五條から吉野方面へ抜ける道は、伊勢街道とよばれた。

紀ノ川をさかのぼって大和へ

吉野杉は、昔は紀ノ川を筏《いかだ》を組んで下った。旅人はこの筏を見やりながら、紀ノ川をさかのぼった。ある者は高野山へ、そしてある者は吉野山へ、大和へ、京へと向かった。

街道は桃畑の広がる紀の川市桃山町、以前の荒河荘を走る。ここの桃は紀州藩主徳川頼宣の命によって栽培されるようになったという。

岩出《いわで》では根来《ねごろ》街道が分岐する。根来寺への道だ。戦国時代末期には、この根来寺は僧兵一万余をもつ一大勢力であった。当時、鉄砲は泉州堺で盛んに製造され、根来衆も鉄砲隊を組織した。天正《てんしょう》十二年（一五八四）の小牧《こまき》・長久手《ながくて》の戦いでは秀吉の軍勢を苦しめたが、翌十三年秀吉の根来攻めにあい壊滅。しかし、江戸時代には復興し、寺を開いた覚鑁《かくばん》上人の徳を慕って、参詣する者は多かった。さらに上流にある粉河寺は、西国三十三カ所の第三番札所で、江戸時代には遍路姿の巡礼者たちの列がつづいた。「寺は石山、粉河、滋賀」と清少納言《せいしょうなごん》も『枕草

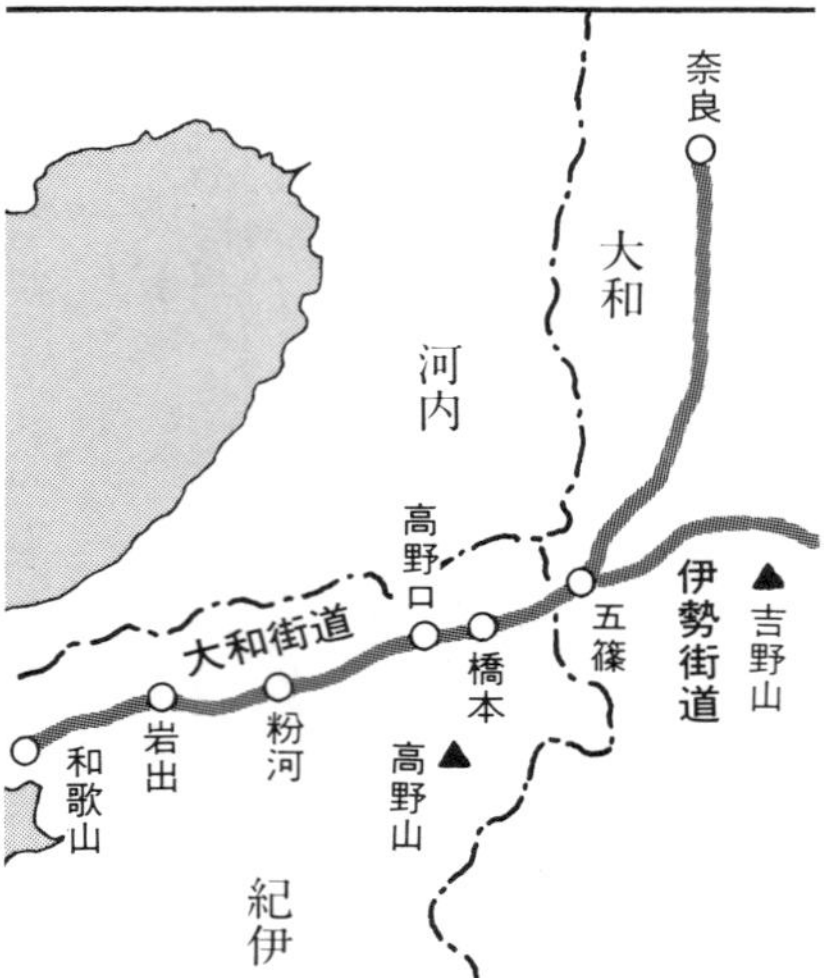

朝霧に煙る吉野

子』にとりあげたほど大きな寺だった。

やがて、街道は高野詣での玄関である高野口に入る。そのまた先の橋本は、京や大坂から高野街道を紀見《きみ》峠越えでやって来た参詣者たちも合流するので、町は大いににぎわった。

橋本はかつては紀ノ川をさかのぼって運ばれてくる塩の市でもあった。橋本の塩市は、天正十五年に始まったといわれる。

南朝の哀史を秘める吉野山

大和街道は五条から奈良へ向かう。五条は、大和・紀伊・伊勢などへの街道が合流する交通の要所である。江戸時代には幕府代官所もおかれていた。

五條の名は、天誅組《てんちゅうぐみ》旗揚げの地としても知られる。天誅組は吉村寅太郎を総裁に、京から河内を経て千早峠を越え、五條代官所を襲って討幕の兵を挙げた。だが、諸藩はこれを許さず、天誅組を追討した。吉村寅太郎をはじめ反乱の兵は、東吉野まで逃れたが、ついにこの地で決戦をまじえそのほとんどが討ち死にした。

五條から伊勢街道を進めば、吉野山金峰山寺《きんぷせんじ》への道である。修験者の根本道場への道であり、行者はさらに大峰山《おおみねさん》（山上ケ岳《さんじょうがたけ》）へと深く分け入る。大峰山は、今から一三〇〇年ほど前に、役行者《えんのぎょうじゃ》によって開かれたという女人禁制の山である。

吉野山は桜の名所でもある。これは役行者が本尊の蔵王《ざおう》権現を桜の木で刻んだという伝説があり、以来桜の木がたいせつにされてきた。

美しい桜の山であるが、吉野山は南朝の哀史を秘めた山でもある。足利尊氏《あしかがたかうじ》に幽閉されていた後醍醐天皇は吉野に逃れ、京都の朝廷に対抗する南朝を樹立した。しかし、頼りとした北畠《きたばたけ》顕家《あきいえ》・新田《にった》義貞《よしさだ》などの武将の戦死により、南朝はしだいにその力を弱めていく。そしてついに、南朝は吉野山から五條の山奥、梅の花咲く賀名生《あのう》の地で終焉を迎える。

紀州往還

きしゅうおうかん

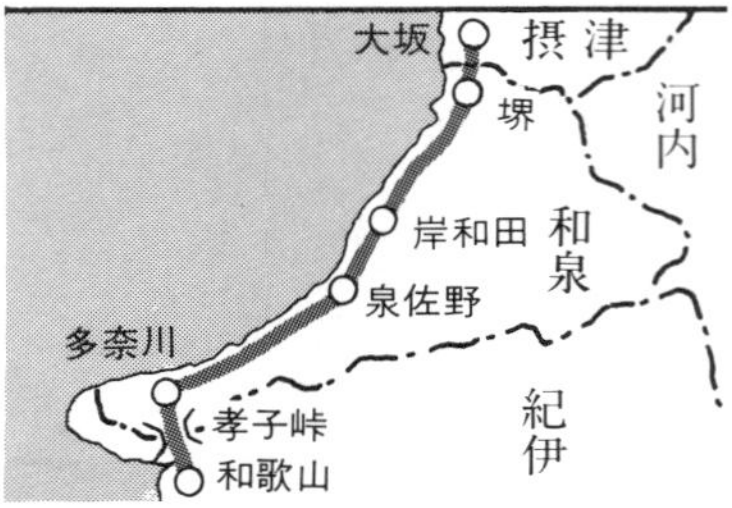

●大坂から南下、堺・泉大津《いずみおおつ》・岸和田《きしわだ》・泉佐野・泉南《せんなん》を経て孝子《きょうし》峠で和泉《いずみ》山脈を越え、和歌山に至る道。紀州街道ともよぶ。

天下の台所を支える道

街道は現在の大阪市浪速区恵美《えび》須《す》町の札ノ辻《ふだのつじ》を起点とする。豊臣秀吉が住吉大社や堺の政所《まんどころ》へ行くのにこしらえた道である。途中、天下茶屋《てんがちゃや》（殿下茶屋）があり、秀吉はそこで休憩したという。

住吉大社は航海の守護神として、廻船商人をはじめ多くの参拝者でにぎわった。境内の高灯籠は、住吉浦を航行する船への灯台の役をしていた。となりの堺は秀吉の大坂城築城で、城下町づくりのため多くの商人が移住させられた。かつての港の繁栄はうすれていたが、江戸時代になり幕府直轄領として再び栄える。しかし堺が重用されるようになったのは鍛冶屋の町としてだった。日本最大の鉄砲生産地であり、刀や包丁も秀れたものをつくった。今も当時の鉄砲鍛冶屋敷が残っていて、鉄を鍛練する吹子《ふいご》も二基保存されている。

この堺を背後にひかえ、各地から物資が入ってくる港にめぐまれ、しかも淀川・大和川の水運が発達した大坂は、秀吉の城下町づくり以降、大きな戦火を経ながらも、日本の経済を支える天下の台所となった。各大名も大坂に蔵屋敷をおき、米を換金した。いつしか大坂商人の力は、大名をもしのぐようになっていった。

街道をさらに進み、南北朝時代の南朝方の武将北畠顕家《きたばたけあきいえ》討ち死にの地石津浜《いしづはま》をすぎると、かつての白砂青松の景勝地高師浜《たかしのはま》である。今では、沖あいに臨海工業地帯が並ぶ海の見えない地になってしまったが、高石《たかいし》神社には、わずかばかりの老松が当時の名残をとどめている。

伝統の技を伝える堺の打刃物店

御三家の城下町へ

古くからの機《はた》織りの町として知られる泉大津を経て、岡部氏の城下町岸和田《きしわだ》に入る。寛永《かんえい》十七年（一六四〇）に入封した岡部宣勝は将軍家光の信任が厚く、紀州徳川家ににらみをきかせる役を仰せつかっていた。

岸和田藩は強力な藩であったが、となりの貝《かい》塚《づか》の一向宗願泉《がんせん》寺を中心に形成された環濠寺内《じない》町《まち》には手を出すことができなかった。和泉は一向宗が強い勢力をもった地で、その中心がこの貝塚寺内町であった。いわば、小さな独立都市を形成していたのである。

さらに街道を南に進むと、井原西鶴《いはらさいかく》の『日本《にっぽん》永代蔵《えいたいぐら》』に書かれたほどの商業都市泉佐野《いずみさの》に入る。かつては、「加賀の銭屋か佐野の食野《めしの》か」といわれたほどで、食野家はこの地に四〇もの大きな蔵をもっていた。大坂夏の陣の激戦が繰り広げられた樫井《かしい》川を越えると、根来《ねごろ》街道が分岐する。紀州往還も、和泉瓦で知られる多奈川《たながわ》をから左に折れ、海抜一〇六メートルの孝子峠を越え、紀ノ川が見えてくるといよいよ紀州和歌山である。

尾張・水戸藩と並ぶ御三家の紀州（和歌山）藩は、徳川家康の子頼宣《よりのぶ》を藩祖とし、将軍家と密接な関係にあった。たとえば、藩主であった吉宗《よしむね》はのちに、八代将軍となり享保《きょうほう》改革を行なう。その名君ぶりは紀州藩時代から知られていた。御三家として、紀州藩はさまざまな出費に悩まされ、財政は困窮をきわめていた。これをみごとに立て直したのが吉宗なのであった。

和歌山城は天正《てんしょう》十三年（一五八五）に豊臣秀吉が根来・雑賀《さいが》衆を平定ののち築城。それまでの紀州は、根来寺をはじめ高野山、一向宗太田党などが闊歩《かっぽ》する宗徒の地であった。江戸時代になり、紀州は西国の要衝として、将軍家と関係の深い藩主をおくこととなった。

熊野街道・大辺路

くまのかいどう・おおへじ

●和歌山を起点に、田辺で中辺路《なかへじ》を分岐し、日置《ひき》・周参見《すさみ》・串本《くしもと》・古座《こざ》を経て、那智か新宮《しんぐう》で中辺路と合流する。熊野街道の海辺を走る道。

太地浦捕鯨の図

平安時代から鎌倉時代にかけて、熊野参詣の旅は多くの人びとをひきつけた。上皇や法皇も参詣の旅に出た道で、「熊野御幸」として知られる。京から淀川を下り、大坂から南下、紀州に入る。そこから熊野への道をたどるのである。

王子を道しるべにたどる

一時すたれかかった熊野参詣の道は、江戸時代になり伊勢参りや西国巡礼が人びとの人気を集めるようになると、再びにぎわいをみせる。

和歌山の標高二二九メートルの名草《なくさ》山の中腹にある紀三井《きみい》寺は、その西国三十三カ所第二番札所であった。桜の名所としても名高く、「見上ぐれば桜しまふて紀三井寺」と詠んだ芭蕉の句碑も立っている。

京や大坂からの熊野参詣の旅人が紀州の海と出合うのは、海南《かいなん》の藤白王子《ふじしろおうじ》、現在の藤白神社のあたりである。王子とは、熊野三山の御子神《みこがみ》の意味で、末社のことである。熊野九十九《くじゅうく》王子といわれるが、実際にはそれほどない。熊野街道はこの王子をたどって熊野へと近づく。

街道は海ぎわの険しい山道を行く。足もとに見える加茂郷《かもごう》の塩津《しおつ》の海は、昔はイナ漁でにぎわった。この地のイナおどりは、イナが網の中ではねまわる姿をえがいたものである。

紀州徳川家の菩提寺である下津《しもつ》の長保《ちょうほう》寺をすぎると、紀州みかんのふるさと有田《ありだ》である。秋も深まるころには、一面に広がる段々畑にみかんがあざやかに色づき、旅人の目を楽しませてくれる。ここから湯浅《ゆあさ》まで、街道は有田川を渡り、糸我《いとが》峠を越える。

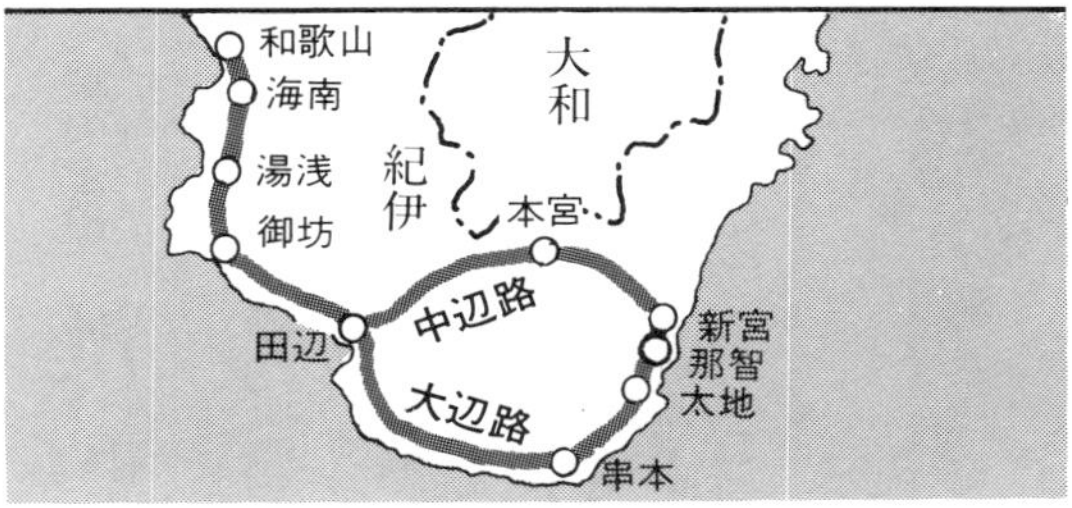

湯治場のあった大辺路

味噌としょう油のふるさと湯浅から水越《みずこし》峠を越えて、由良《ゆら》から御坊《ごぼう》にたどり着くと、安珍《あんちん》と清姫《きよひめ》の物語で知られる道成《どうじょう》寺がある。修行僧安珍に恋した清姫は、安珍の裏切りに怒り狂い、大蛇となって日《ひ》高《だか》川を渡る。そして、寺の鐘の中に逃げ込んだ安珍を恨みの炎で焼き殺し、自らも深淵に身を投げる。道成寺縁起によれば、二人はやがて熊野権現の力で救われたという。

　街道は日高川を越えさらに先に進む。切目《きりめ》王子神社はかつての切目王子である。平清盛が熊野参詣の途次、平治《へいじ》の乱（一一五九）が起こったが、それを知ったのがこの地。清盛は戦勝を切目王子に祈り急いで都に帰った。

　梅で名高い南部《みなべ》をすぎれば田辺。ここから大辺路は南国の海辺を新宮へ向かい、本宮《ほんぐう》へ向かう中辺《なかへじ》路と分かれる。田辺は、天然の良港をもち、紀州藩の国家老安藤氏三万八千石の城下町であった。

　海岸沿いに走る大辺路には、椿や湯川をはじめいで湯が多い。西国三十三カ所の巡礼にかこつけて、江戸時代のころから湯治客も多かった。日置は、日置川の河口にひらけた町で、豪族安宅氏がひきいる熊野水軍の拠点であった。このあたりの海は枯木《かれき》灘《なだ》とよばれ、風と波が激しくのたうちまわる。潮岬《しおのみさき》から東方は熊野灘。ここもやはり荒れ海である。

　熊野路は、江戸時代の画家長沢蘆《ろ》雪《せつ》をはじめ文人墨客も歩いた。串本の無量《むりょう》寺には蘆雪がこの地に滞在して描いた絵が数多く残っている。

　背に深い熊野の山々が迫る太地《たいじ》は、海なしには生きてゆけない町だ。太地の捕鯨は慶長《けいちょう》十一年（一六〇六）に初めて行なわれたという。

　やがて、那智《なち》で熊野那智大社への道が分かれる。ここから一三キロほどで、熊野速玉《はやたま》神社の町、新宮にたどり着く。

信仰の道❸

熊野街道・中辺路

くまのかいどう・なかへじ

●熊野街道の山道。近世では、田辺で大辺路から分岐して、三《み》栖《す》川（現・左会津川）に沿ってさかのぼり、まず潮見峠を越えて富田《とんだ》川上流へ。さらに逢坂《おおさか》峠を越え、湯ノ峰温泉を経て本宮に達する。大辺路とは那智または新宮で合流する。

熊野三山の一つ
熊野那智大社

山を越え谷を行く参詣の道

「蟻《あり》の熊野詣《もうで》」とは、平安時代中期以降、上は上皇から下は一般庶民に至るまで、無数の人びとが参詣したことからいわれるようになった。熊野三山すなわち本宮の熊野本宮大社、新宮の熊野速玉《はやたま》大社、那智の熊野那智大社の参詣は、一切衆生《いっさいしゅじょう》を救う仏の浄土と考えられた。そのため、参詣への道は山を越え谷を歩き、険しかったが、人びとは先を争って踏み越えた。

中辺路は、田辺から朝来《あっそ》を経て富田川をさかのぼり山に分け入る。後《ご》白河《しらかわ》法皇も、この山道を三三回も通ったという。田辺の山道から王子の社が多くなる。

「待ちきつる八上の桜咲きにけりあらく下ろすな三栖の山風」の歌は、三栖山のふもとの岩田村の岡にある八上王子に西行法師が詣でたときに詠んだものである。中辺路の中間点にある近《ちか》露《つゆ》は、田辺から歩けばちょうど一日の行程であった。参詣者たちの多くはここで宿をとった。

那智神社への海沿いの道

奥州の藤原秀衡《ひでひら》も、熊野三山を信仰したという。野中の継《つぎ》桜《ざくら》王子の境内には、秀衡手植えの桜の大木がある。そこから古道は岩神峠を登り、さらに三越峠を越える。峠のふもとの発心門王子にたどり着くと本宮は目前である。参詣者はここで一泊、禊《みそぎ》をして熊野本宮へ向かった。そして本宮から川に沿って下り新宮の速玉大社へ、そこから海沿いの道を経て那智大社への道をたどる。帰路は再び来た道を戻るか、那智大社からそのまま本宮へ出て、中辺路へ戻るのが常だった。

信仰の道❹

高野街道

こうやかいどう

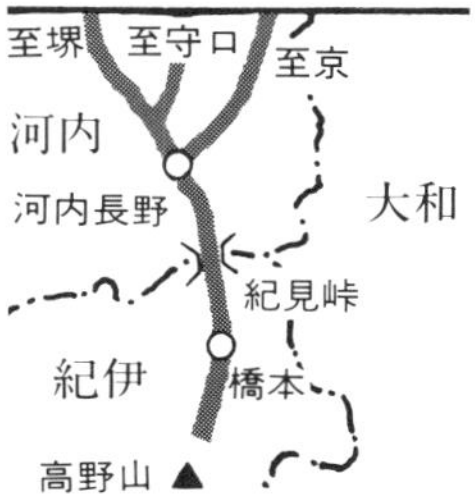

●京都、大坂から高野《こうや》山金《さんこん》剛峰寺《ごうぶじ》に至る参詣の道。
●京都からの東高野街道、守口《もりぐち》あたりから南下する中高野街道、堺からの西高野街道がある。南河内の狭山池の西で、中高野・西高野街道が合流、さらに河内長野で東高野街道と合し、一本となり、紀見《きみ》峠・橋本を経て高野山に達する。

紀見峠を越えて

京や大坂から高野山へ向かう道は幾本もあった。そしていずれも河内長野で一本道になり、紀見峠を越えて紀ノ川沿いの橋本に下った。

河内長野は交通の要所ということで、となりの三日市とともに宿場町として大いに栄えた。町から西南に六キロほど天野川をさかのぼると「女人高野」とよばれる金剛寺がある。この寺は奈良時代に行基《ぎょうき》によって開かれた。高野山は女人禁制であった。そこで女性が弘法大師の教えに接することができるよう、大師の御影《みえい》を安置する御影堂が建てられたのである。

紀見峠は海抜三七〇メートル、紀伊国を望み見る峠である。宿場であり、紀州藩の番所もおかれていた。峠の周辺には、高野豆腐の豆腐小屋もあった。

歴史を秘めた杉並木の参道

峠を下ると紀ノ川にぶつかる。橋本から九度《くど》山へ向かうと、ここにも「女人高野」とよばれる慈尊院があった。高野山金剛峰寺への道はここより一八〇町。一町ごとに建てられた町石をたどって登って行く。九度山は関ケ原の合戦に敗れ幽居した真田《さなだ》昌幸《まさゆき》・幸村《ゆきむら》父子の隠棲の地である。街道沿いには、大坂冬の陣に出陣するまで幸村が隠《いん》遁《とん》していた真田庵が今も残っている。

極楽橋を渡るといよいよ真言宗の総本山金剛峰寺の境内である。百余の僧坊伽藍があり、宿坊でもある寺院には一万人を超える宿泊収容力がある。一ノ橋から御廟までの杉並木の参道は歴史を秘めた数知れぬ墓が立ち並んでいる。

山《やま》中《なか》関（紀州往還）

大阪府阪南市山中渓《やまなかだに》

大阪府の南端と和歌山の県境にある山中渓は、阪和線の電車がひっきりなしに走る通勤区間であるが、この付近は通勤とは無縁のように緑に囲まれている。JR山中渓駅を降りると、左手に紀州街道の碑があり、ハイキングコースがある。駅から徒歩三分のところに山中関所跡の碑が立つ。現在は石碑を残すのみだが、東西から山がせまり、間には川が流れ、関所としては絶好の場所にあった。

南北朝時代に岸の和田氏の一族、橋本正高が関所を設けて関銭を課し、応永《おうえい》二年（一三九五）、長慶《ちょうけい》天皇が河内の観心寺に法華堂造営のために、この山中関所で関銭を徴収したとの記録がある。なお、この関所は江戸時代に入って廃止された。

紀州往還山中宿は、江戸時代には旅籠が二〇軒余りあり、山中本陣には元和《げんな》元年（一六一五）、紀州公の徳川頼宣《よりのぶ》が参勤交代の折に立ち寄った。このときは三千人もの人夫が集まって、炊飯・運搬・補給などの仕事にあたったというが、周辺の集落をみても多くの人を集めるのは、至難の業《わざ》だったようだ。

緑に覆われ見落としそうな山中関（写真／和歌山県）

愛《あら》発《ち》関（北陸道）

福井県敦賀市新疋田《しんひきだ》

愛発関は七世紀半ばに越前と近江の国境近くに設けられ、美濃国不破《ふわ》関、伊勢国鈴鹿《すずか》関と並んで古代日本の三関と称された。この関は淳仁《じゅんにん》八年（七六四）、藤原仲麻呂の乱のときの争点となった軍事的な要地でもあった。三関は延暦《えんりゃく》八年（七八九）に廃止されたが、都が平安京に遷《うつ》ると、愛発関の代わりに逢坂《おうさか》関（滋賀県大津市）が置かれている。

愛発関のあった正確な場所は、現在も不明で、その名残りを留めるものが疋田城跡近くの愛発中学校である。地勢からみると、国道八号と一六一号が合流するこの集落にあったと推測される。

諸木野関《もろきの》（伊勢街道）

奈良県宇陀《うだ》市榛原《はいばら》区諸木野

伊勢本街道にあった諸木野関は、室町時代に興福寺が通行税を徴収する目的でつくられた。この本街道は往来する人も多かったため、当時はそれぞれの荘園領主が領地ごとに関所を設けて通行税をとっていた。榛原区角柄《つのがわら》から諸木野の石割峠までの一二キロに関所がいくつも設けられ、通行人にとっては大変な負担となったという。諸木野は標高六九五メートルの石割峠の麓にあり、峠を控えているため、江戸時代には多くの旅籠屋が並んで賑わいをみせた。現在は静かな寒村で、林の中に関所跡の石碑がひっそりと立つのみで、当時の面影を残すものはない。

逢坂関《おうさか》（東海道）

滋賀県大津市逢坂一丁目

東海道の道筋にあたる逢坂関は、平安遷都の翌年に関所の前身といえる施設が置かれた。弘仁《こうにん》元年（八一〇）に越前国愛発《あらち》関に代わって、美濃国不破《ふわ》関、伊勢国鈴鹿《すずか》関と並ぶ三関となり、朝廷に重視されてきた。小倉百人一首でも平安時代の清少納言や蟬丸《せみまる》などが歌に詠んでいる。ここは京都の東口にあたり、現在も名神高速道路や国道一号線、京阪電車が通る交通の要所。京阪京津線大谷駅から徒歩二分の逢坂山検問所前に関所跡の碑と常夜灯が立っている。近くには琵琶の名手・蟬丸を祀る蟬丸神社の上社と分社もある。

山中関《やまなか》（若狭路・九里半街道）

滋賀県高島市今津町杉山

近江今津と若狭小浜《わかさおばま》を結ぶ九里半街道に唯一設けられていたのが、水坂峠を越えたところにあった山中関所である。この周辺は江戸時代に山中村と呼ばれていた。元和《げんな》元年（一六一五）に幕府が朽木《くつき》谷《だに》に本拠をもつ領主・朽木元綱《もとつな》に関所の管理を命じて以来、朽木氏が代々役人をつとめた。とくに夜半の取締りが厳しく、閉門中は大名の通行も許されなかったという。明治二年（一八六九）一月に廃止され、現在、関所跡を示すものはまったく残っていないが、近年まで集落内に残っていた「御茶屋」と呼ばれる民家が、番所の詰所であったと伝えられている。

若狭湾
丹後半島
琵琶湖
湖西線
滋賀
大津
小浜線
おばま
にしまいづる
田辺
舞鶴線
京都
福知山
きのさき
村岡
山陰本線
和田山
播但線
鳥取
とっとり
因美線
智頭
兵庫
柏原
天引峠
篠山
亀山
かめおか
京
きょうと
伏見
山崎
芥川
大坂街道
守口
おおさか
大阪
なら
福知山線
加古川線
西宮
こうべ
明石
大阪湾
淡路島
姫路
ひめじ
倉吉
鳥取
大山
上蒜山
佐用
三日月
土居
津山
久世
四十曲峠
髙田(勝山)
姫新線
津山線
岡山
三石
山陽本線
赤穂線
播磨灘
小豆島
伯備線
松山(髙梁)
びっちゅうたかはし
成羽
矢掛
七日市
笠岡
玉島
くらしき
うの
瀬戸内海
福山
尾道
燧灘
1
2
3
4
5
6
7

京から西へ

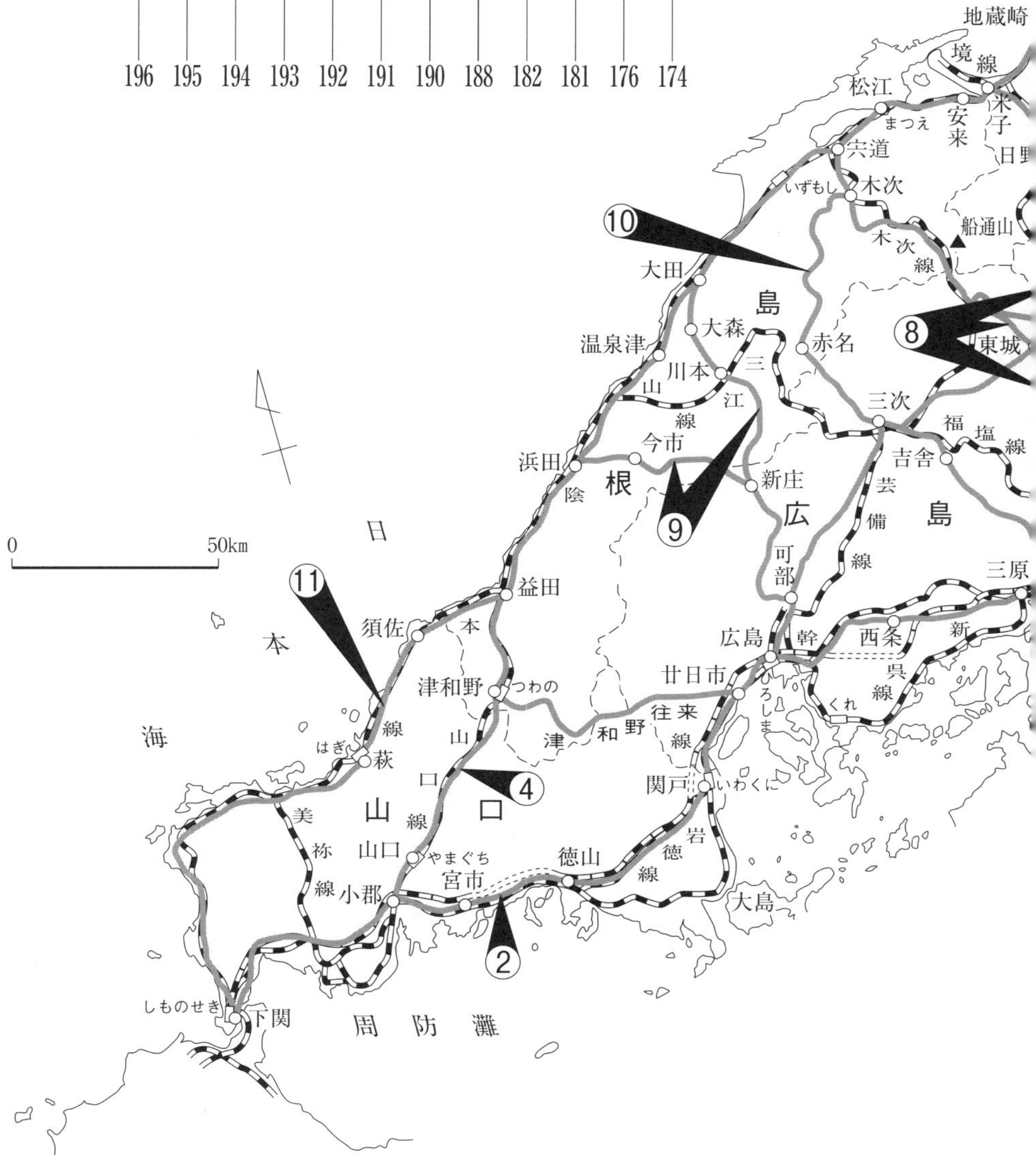

地蔵崎
境線
米子
安来
松江
まつえ
宍道
いずもし
木次
木次線
船通山
日野
大田
島根
大森
温泉津
川本
三江線
山陰
赤名
東城
三次
福塩線
吉舎
今市
浜田
新庄
広島
芸備線
可部
三原
益田
須佐
本
日本海
津和野
つわの
広島
ひろしま
幹
西条
新
呉線
くれ
廿日市
津和野往来
萩
はぎ
線
山口線
関戸
いわくに
岩徳線
山口
美祢線
山口
やまぐち
宮市
徳山
小郡
大島
しものせき
下関
周防灘
0
50km

唐街道・山崎通り

からかいどう・やまざきどおり

天下分け目の天王山を抜ける道

高さ五六メートルの背の高い東寺に送られて、街道は京都を出発して西へ向かう。桂川を渡れば、久世そして向日。孟宗竹の竹やぶでおおわれた長岡丘陵を、ゆるやかに上って行く。この地は、延暦《えんりゃく》三年（七八四）に桓武《かんむ》天皇が広大な長岡京を造営したところである。ところが、この都は不祥事の続出と桂川の氾濫に悩まされ、わずか一〇年ほどで平安京に移された。

神足も孟宗竹の道を行く。この竹は、鎌倉時代の僧、道元《どうげん》禅師が中国から持ち帰って植えたものであるといわれる。

やがて、桂川・宇治《うじ》川・木津《きづ》川が一つになって合流する山崎に入る。川の北側には、天王山《てんのうざん》が迫る。街道は、この地狭部をくぐり抜ける。山城《やましろ》と摂津《せっつ》の国境で、昔から北陸交通の要衝であった。天王山をめぐっての戦《いくさ》は数知れない。羽柴秀吉と明智光秀もこの地で戦った。天王山を制した秀吉の圧倒的勝利であったが、勝敗の分かれ目をいう「天王山」という言葉はこの山崎の合戦によって生まれた。

三つの川は一つとなって、淀川の大河とな

椿の老樹で知られる
「椿の本陣」梶家

●京都の東寺口《とうじぐち》から桂川を渡り、久世《くぜ》・向日《むこう》・神足《こうたり》と長岡丘陵のふもとを走る山崎までの道は唐街道とよばれた。

●山崎・芥川《あくたがわ》・郡山・瀬川・昆陽《こや》を経て西宮《にしのみや》で山陽道に合流する道は山崎通りとよばれた。

●なお、淀川の左岸に沿って京・大坂を結ぶ街道は、大坂からは京街道、京都からは大坂街道とよばれた。この道は東海道の延長路として考えられ、大津から伏見《ふしみ》・枚方《ひらかた》・守口を経て大坂に至った。

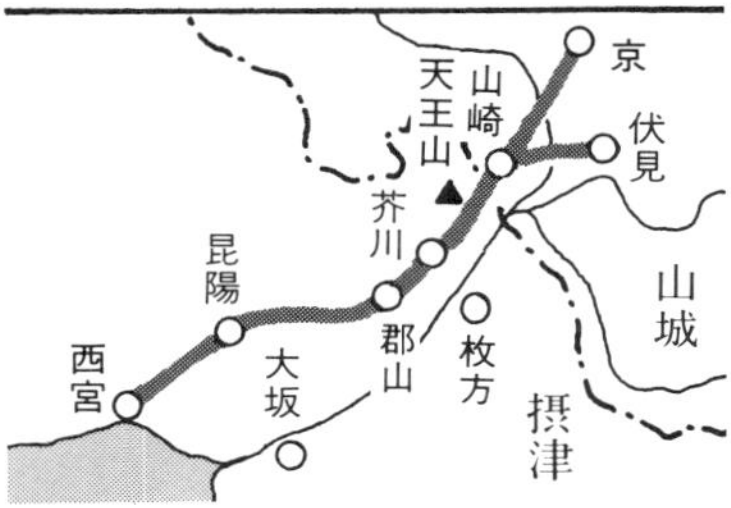

山崎古戦場

る。その淀川に、水無瀬《みなせ》川が遠慮がちに流れ込む。「見渡せば山もとかすむみなせ川夕べは秋と何思ひけむ」と、水無瀬川の美しさを歌ったのは、この地に離宮を設けた後鳥羽《ごとば》上皇である。

昔のままの椿の本陣

高槻《たかつき》は宿場町芥川の南にある城下町である。キリシタン大名高《たか》山右近《やまうこん》が城主であった天正《てんしょう》二年(一五七四)には教会も建てられたという。江戸時代になると、淀川に近い芥川は淀川水運の発展とともに大いににぎわった。川船は、京都の伏見と大坂の八《はち》軒家《けんや》を半日で下り、一日がかりで上った。川向こうの枚方は京街道の宿場町であったが、ここもやはり淀川の水運とともに栄えた。とくに船着場の鍵屋浦は京・大坂間の中継港でもあり、水上で酒やもちを売る「くらわんか船」で知られていた。

江戸時代には、杉玉をぶら下げた造り酒屋が街道沿いに三〇軒ほど並んでいたという富田《とんだ》をすぎれば、山崎通りで唯一の本宿郡山宿である。「椿の本陣」とよばれる大きな本陣は享保《きょうほう》六年(一七二一)再建のもので、昔のままの二〇〇坪もの建物が現存している。しかも、元禄《げんろく》九年(一六九六)から明治に至るまでの宿帳も残っているという。屋根の高さほどの大木となった門の脇の椿の老樹とともに、江戸時代がそっくりそのまま残る貴重な遺構である。

もうひとつこの地には貴重な遺産がある。古代史の謎である銅鐸《どうたく》の鋳型が発見されたことである。さらに、千里《せんり》の丘陵地からは、古墳時代の須恵器《すえき》窯跡が竹やぶの中からいくつも見つかっている。

瀬川は現在の箕面《みのお》市の南西端。脇本陣跡の梶山家が残るこの瀬川から昆陽へ入る。そこから一気に丘陵を下ると「灘《なだ》の生一本」で知られる酒造の町西宮に達する。

中国の幹道

山陽道

さんようどう

●西宮を起点に、兵庫・明石《あかし》・姫路・三石《みついし》・岡山・高屋《たかや》・広島・関戸《せきど》・徳山を経て下関に至る道。この間の宿駅は四六で、間《あい》の宿が五宿あった。江戸時代には正式には中国路とよばれていた。

●中世には山寄りの道がひらかれていた。江戸時代に瀬戸《せと》内《うち》水運が繁栄するにつれ、街道は海岸沿いに移動した。

古代日本の大動脈

朝廷と大宰府を結ぶ道

江戸幕府が開かれると、街道は江戸を中心に整備されるようになった。とくに東海道をはじめとする五街道は、道中奉行の管轄下におかれ、天下の大道となった。しかしこれとひきかえに、古代、九州大宰府《だざいふ》と京を結んだ「大路」の山陽道は、脇《わき》街道へと格下げになった。これは日本の中心が京から江戸に移ったことを象徴する。

律令制《りつりょう》がしかれたころ、山陽道は先進国であった中国や朝鮮からの使節や技術者の一行が通う大路として重要だった。役人が通い、防人《さきもり》が移動し、物資が運ばれ、文化が交流した。これと並行して、朝廷が難波にあったころから、**瀬戸内海を渡る海路**も発達していた。山陽道と**瀬戸内水運**はまさに古代日本の大動脈であった。

江戸時代に脇街道とはなったものの、山陽道は東海道の延長路として沿道の各藩による整備が行なわれた。東海道と同じように宿駅が整

一ノ谷の合戦に散った平敦盛の墓

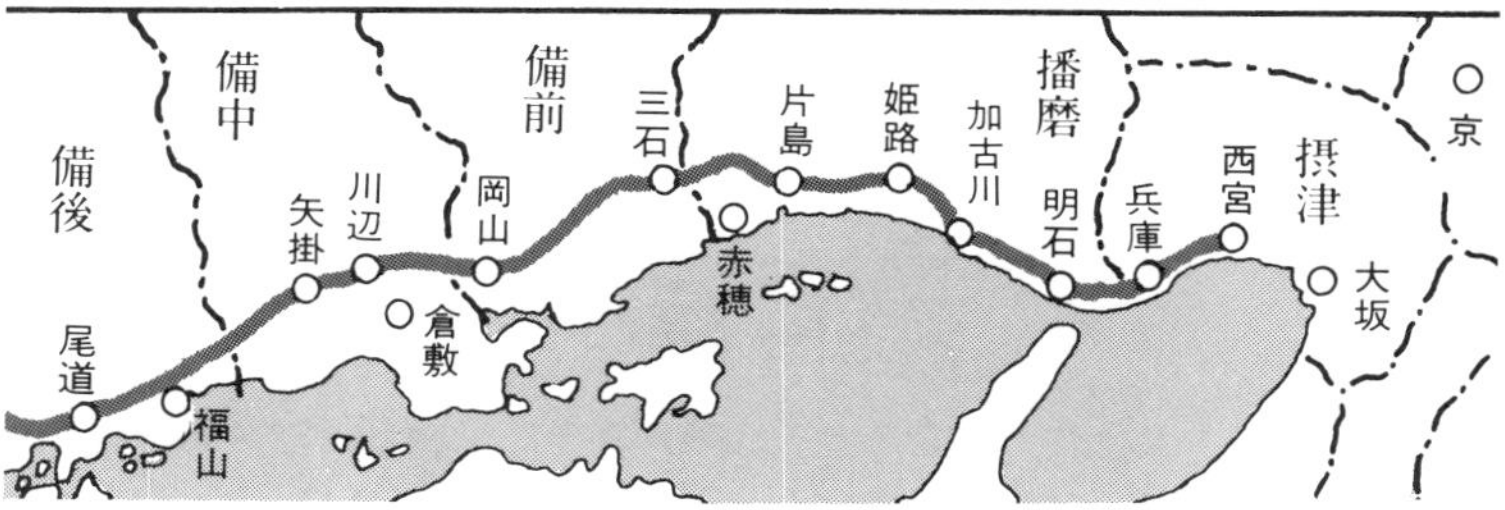

備・拡充され、道路は幅二間半、約四・五メートルに広げられ、松並木や一里塚も築かれた。瀬戸内水運によるだけでなく、山陽道も長崎奉行や大名たちの参勤交代に使われた。そのため、宿場町には、本陣や脇本陣がおかれた。

海路もさらに整備されるようになった。各藩では海の宿場ともいうべき海駅を決めた。そこにも本陣や脇本陣がおかれた。海路は、陸路にくらべて費用がきわめて安く人気があった。

山地が迫る狭隘の地を行く

山陽道の起点は西宮である。西宮はもともと西宮神社の門前町として発達した。江戸時代から、一月十日の「十日戎《えびす》」には、商売繁盛を願う善男善女が集まるようになり、大いににぎわった。

兵庫は、古くは大輪田泊《おおわだのとまり》として知られ、平安時代末期には、平清盛が大規模な築港を行なって対宋貿易の基地としたところ。江戸時代も慶《けい》応《おう》三年（一八六七）の神戸の開港までは摂播《せっぱん》五泊の重要港として栄えた。

須磨《すま》は天智《てんぢ》天皇のころ、須磨関が設置されていたところである。須磨ノ浦は『源氏物語』や『平家物語』の舞台となった景勝地。一ノ谷は寿永《じゅえい》三年（一一八四）に源義経が北の鵯越《ひよどりごえ》を経て、背後から一ノ谷平家陣地の奇襲に成功した古戦場として知られる。

須磨をすぎれば、四国へ向かう船渡しのあった明石。街道は西宮を出てから、六甲《ろっこう》をはじめとする山地が海岸ぎわまでせまる狭隘《きょうあい》地を進んで行く。明石をすぎると、やがて宿場町の加古《かこ》川《がわ》である。「高砂《たかさご》やこの浦船に帆をあげて」と謡曲で歌われる相生《あいおい》ノ松で知られる高砂は、加古川河口にあり、中世のころは御厨《みくりや》庄とよばれ、朝廷へ海産物を調達する村だった。街道沿いにのどかな海岸の景色がつづいた。そして穀倉地帯の播磨平野のかなたに白い天守閣が見えてくると、いよいよ姫路である。

当時そのままの矢掛宿脇本陣、高草家

埋もれた歴史の道

吉備路を行く

姫路は、古くから、出雲《いずも》・因《いな》幡《ば》・但馬《たじま》への街道が分岐する山陽と山陰を結ぶ交通の要地である。白亜のゆえ白鷺《しらさぎ》城とよばれている姫路城を背に、街道は古代の吉備の地へ向けて走る。

備前《びぜん》国の手前、赤穂《あこう》は播州赤穂藩五万三千石の城下町。藩主浅野内匠頭長矩《たくみのかみながのり》をめぐる『忠臣蔵』の舞台である。もっとも、山陽道は赤穂を通らず、片島・有年《うね》から船坂峠を越えて走っていた。峠を越えると山中の三石宿があった。律令時代の大路もここを通っていた。岩肌もあらわにロウ石山の台山が旅人の目を驚かせた。

岡山藩が領内の庶民をも入校させた閑谷《しずたに》学校は、三石の先の閑谷にあった。学校建設は寛文《かんぶん》十年（一六七〇）に始まり、今も当時の校舎が残っている。さらにとなりの和気《わけ》では、寛文九年に着工して三十年がかりで完成した田原井堰《いせき》と全長一八キロの用水路が、今でも耕地をうるおしている。この地は、歴史の中に庶民の息吹が生き生きと伝わっている。

「烏《う》城」とよばれる岡山城は後楽園を見下ろす地にある。藩主池田綱政がつくらせ、元禄《げんろく》十三年（一七〇〇）に完成した岡山の後楽園は、日本三庭園の一つに数えられる。岡山城を借景とした園内には、中国周時代の井田《せいでん》法を模した地割や茶園もあり、藩主が農民の労苦をしのんだという。

山陽道は、この岡山から板倉を経て川辺《かわべ》へと向かうが、大昔は、川辺の東南の倉敷のあたりまで「吉備穴海《あなうみ》」が入り込んでいたという。この地方では、貝塚が多数発見され、楯築遺跡をはじめ、多くの古墳があり、かつてこの地が古代人の活躍の場であったことを語っている。

備前一ノ宮の吉備津彦《きびつひこ》神社では室町時代にさ

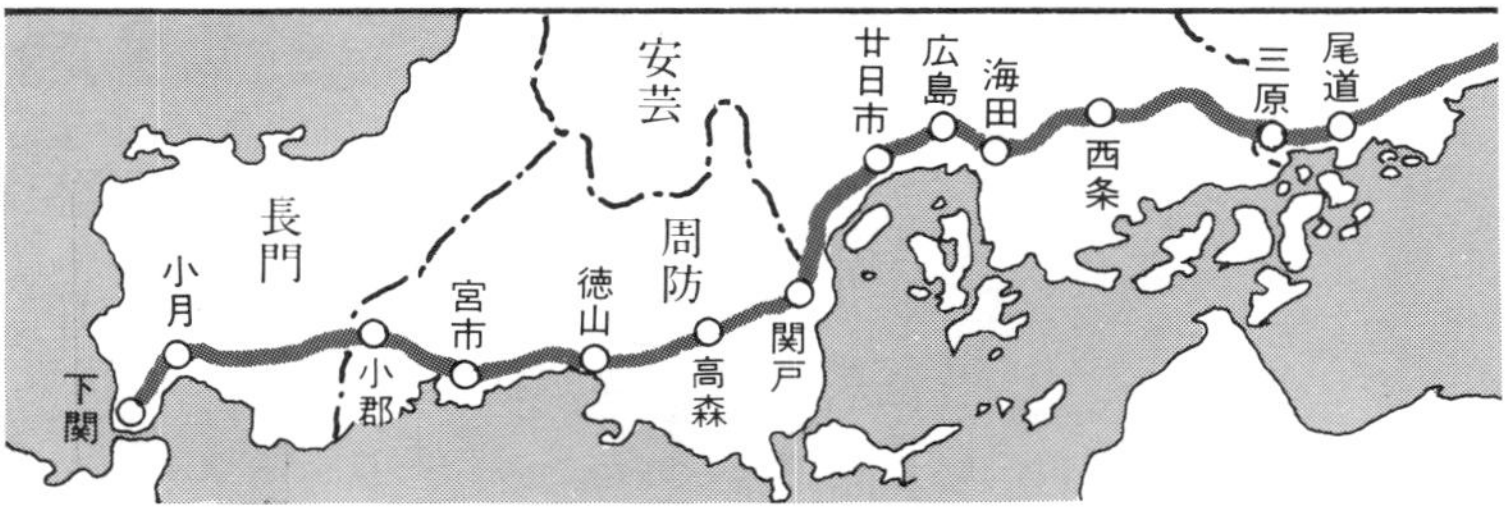

かのぼる御斗代《みとしろ》神事、すなわち八月二日のお田植祭が行なわれる。吉備一ノ宮の吉備津神社は出雲大社の二倍もある広大な本殿で知られる。秀吉の水攻めの悲話を伝える高松城跡を北にして、松林に埋もれた備中国分尼寺跡や備中国分寺跡の脇を街道はひっそりと通り抜けていく。

古き山陽道の面影を求めて

川辺の次の宿場町は矢掛《やかげ》である。東西一キロほど、細長く家並みがつづく。間口三六メートルほどもある本陣石井家は江戸時代中期の建物である。脇本陣も安永《あんえい》年間（一七七二〜八一）の建築で、街道の時代の宿場町の家並みもそっくり残されている。七日市《なぬかいち》・高屋《たかや》を経て神辺《かんなべ》へ、ここも、やはり宿場町の面影を残す。

阿部氏十万石の城下町福山を左に見て、やがて港町の尾道《おのみち》である。持光《じこう》寺をはじめ、寺が町をとりまき、地名のとおり尾根裾の狭い道に町並みが発達した。北前船《きたまえぶね》が出入りし、豪商たちが定住した。南方の因島《いんのしま》は、中世、村上水軍の根拠地であったことでよく知られる。

山陽道にもにぎやかな祭りがある。三原には、小早川隆景《こばやかわたかかげ》による天正《てんしょう》十年（一五八二）の三原城築城を祝って始まったという「やっさ踊り」がある。八月に行なわれ、徳島の阿波踊りとならび称される。

やがて街道は山中に分け入る。西条《さいじょう》は延宝《えんぽう》三年（一六七五）以来の酒造りの町である。白壁の酒蔵と、軒先につり下げられた杉玉が、歴史の古さをうかがわせる。脇本陣が残る海田《かいた》を経て、安芸《あき》と備後八郡を支配した浅野氏四十二万六千石の城下町広島に達する。原爆で壊滅した広島で、焼失をまぬがれた数少ない寺に不動院がある。足利尊氏《あしかがたかうじ》が全国に建てた安国《あんこく》寺の一つで、広島の歴史の古さをしのばせる。

広島の西、廿日市《はつかいち》で津和野《つわの》に向かう津和野往来が分岐、日本三景宮島《みやじま》は目前である。

海中の鳥居で知られる厳島神社

安芸国から長門国下関へ

宮島は厳島《いつくしま》神社の「宮」がある島の意が地名に込められている。正式には厳島といい、古くは島そのものが海の守護神であった。聖なる島の中では出産は許されず、墓も建ててはいけなかった。平清盛は宮島を平氏の守護神と決め、厳島神社に写経を奉納した。

信仰の島ではあったが、弘治《こうじ》元年（一五五五）に毛利元就《もうりもとなり》が周防《すおう》の陶晴賢《すえはるかた》を破った厳島の戦いの場ともなった。

山陽道は大野瀬戸をはさむ宮島を左手に見ながら、玖波《くば》を経て岩国《いわくに》城の天守閣をあおぐ関戸に入る。吉川《きっかわ》氏六万石の城下町岩国には、延宝元年に藩主吉川広嘉《ひろよし》が架設した錦帯橋《きんたいきょう》が旅人を待ち受ける。長さ約一九三メートル、釘を用いない木造五連のアーチ橋である。

関戸を出ると山道である。山陽道には険しい峠道はない。宿場町高森をすぎると小さな中山峠を越える。険路はないが、小さな町や村をいくつも通らなければならなかった。木曾路のような人里離れた道はない。徳山に下りるとまた海沿いを歩く。現在の防府《ほうふ》市、宮市《みやいち》は防府天満宮の門前町として栄え、近くの三田尻《みたじり》には毛利水軍の御船倉と塩田があった。

小郡《おごおり》からは山陰道が分岐する。船木《ふなき》を経て、吉田川の三角州に発達した小月《おづき》をすぎれば、いよいよ山陽道の終点下関《しものせき》である。

下関は関門《かんもん》海峡をはさんで門司《もじ》と対向する交通の要地であった。江戸時代には西廻り航路の発達で大いに栄えた。しかし、元治《げんじ》元年（一八六四）には、英・仏・蘭・米の四国連合艦隊の砲弾の嵐が、下関の海峡を襲った。また、その昔、文治《ぶんじ》元年（一一八五）にはこの地の壇ノ浦で源平合戦も繰り広げられた。源義経の軍勢にあえなく敗れ去った平氏滅亡の哀史は『平家物語』で今も語り継がれている。

京から山陰へ

篠山街道

ささやまかいどう

●亀山（亀岡）で丹波路と分かれ、天引《あまびき》峠を越えて、篠《ささ》山《やま》・柏原《かいばら》・さらに佐治山峠に向かう。

篠山城の石垣

「デカンショ節」の道を行く

篠山街道は、古代山陰道の一部である。しかし近世になってからも、篠山藩が参勤交代の際に通行し、商人や旅人たちにもよく使われた。山陰道につながる道として、きわめて重要であった。

亀山から天引峠を越えて篠山に入る。篠山は「デカンショ、デカンショで、半年くらす、ヨイヨイ」で知られる「デカンショ節」のふるさとである。この地の「みつ節」が変形したものともいわれる。

藩主松平康重はわずか五万石の大名であった。それにもかかわらず、居城の篠山城は慶長《けいちょう》十四年（一六〇九）に徳川家康が姫路五十二万石の大名池田輝政を普請奉行に命じて、大がかりに築城させたものである。ほかにも多くの大名が協力し、延べにして八万人を費やしたという。篠山は大坂をにらむ軍事上の拠点と考えられていたが、この異例の築城は西国諸大名の財力を弱めるための家康の作戦だったという。

佐治山峠を越えて

山道をさらに進むと、柏原の町である。ここには古くは石清水《いわしみず》八幡の荘園があった。町の中には樹齢六百年といわれる欅の大木があり、これが小川をまたぎ自然の橋となっている。この欅の根の中には、木の成長で埋もれてしまったお地蔵さんがあるという。

古刹達身《たっしん》寺のある氷上《ひかみ》をすぎると、佐治山峠への上り道である。峠を越えれば和田山。ここで福知山からの道と合流し、山陰道は一本道で進む。

風浪の浜道

山陰道

さんいんどう

●京都丹波口を起点とし、亀山を経て丹波国を横切り、和田山から鳥取に達する。さらに、米子《よなご》・松江・浜田・益田・山口を経て小郡で山陽道と合流する。

白兎海岸の「大黒様」の歌碑

風雪きびしい日本海への道

昔話の宝庫、鳥取

山陰道は山中の和田山を経て、八鹿《ようか》の町に入る。日枝神社の秋祭りに奉納される「ざんざか踊り」は、十月十五日に行なわれる。この祭りが終わると、山はやがて訪れる冬将軍にそなえ、あわただしい秋を迎える。妙見山の向こう側の村岡も、冬は深い雪に埋まってしまう。しかし山奥の町であるが、早くから出雲文化が浸透していた。三の谷壁画古墳には線で刻まれた二羽の鳥の絵も残されている。

村岡の町から日本海へ出るには、二つも三つも峠を越えなければならない。雪が多い冬の峠越えはほとんど不可能であったろう。

道は鳥取に入る。鳥取の南東の国府《こくふ》は、古代、因幡《いなば》国府がおかれた地であり、奈良時代から鎌倉時代には因幡の政治・文化の中心として栄えた。この地は「傘踊り」のふるさとでもある。色とりどりの大きな傘に小鈴をつけ、それをかざして踊り歩く。江戸時代末期に農夫が雨乞いをして雨を降らせたことに始まる踊りである。

千代《せんだい》川下流の鳥取は、かつては低湿地で洪水にたびたびみまわれた。近世になり、因幡・伯《ほう》耆《き》三十二万石の城下町になるが、古くは広大な沼沢地であったという。千代川は暴れ川であった。その流砂は、日本海に流れ込むや磯波で打ち上げられ、飛砂となって、やがて東西一六キロ、幅二キロ、海抜九二メートルもの大砂丘ができた。

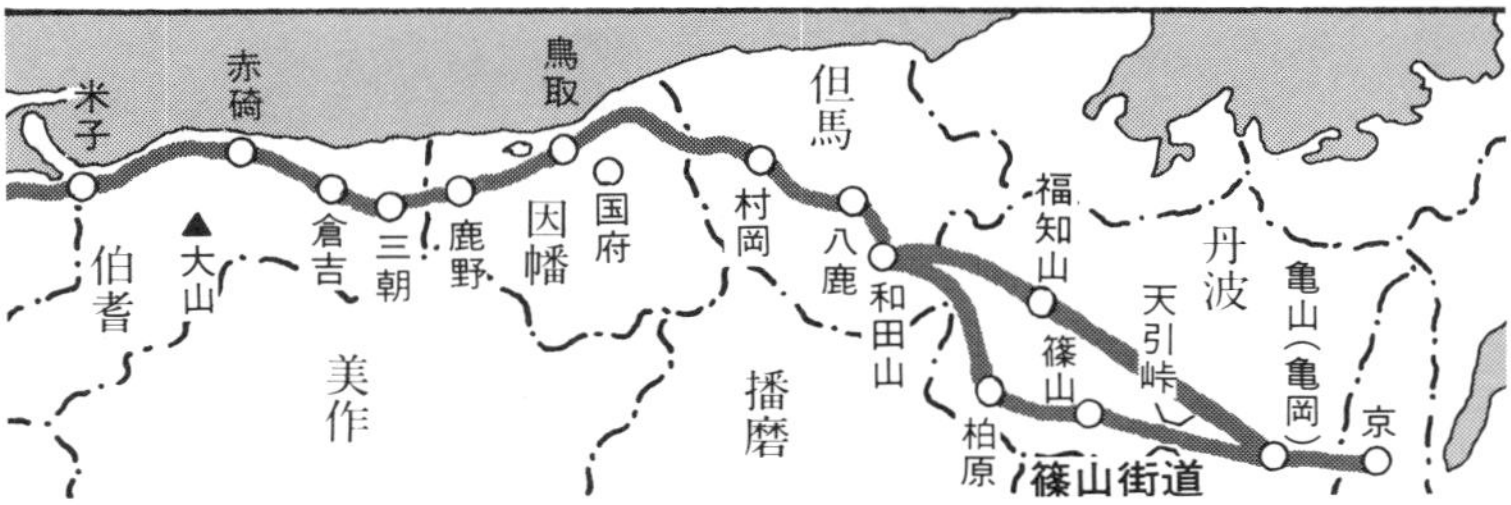

鳥取には昔話が多い。湖山《こやま》池にまつわる話がある。欲深い長者が乙女たちに田植えをさせ、日没になると太陽を黄金の扇子でよびもどし一日で田植えを終えさせた。あくる年も同じようにした。すると、天の怒りにふれ、水田は大きな池となり、それが湖山池になったという。

また、池の北側にある白兎《はくと》海岸沖には、『古事記』の中の出雲神話「因幡の白兎《しろうさぎ》」で知られる白兎が住んでいたという淤岐《おき》ノ島《しま》がある。

民話と古湯をたずね歩く道

山陰道は湖山池の南、山側の吉岡温泉を通る。ここにも昔話がある。芦岡長者の一人娘の顔にできた腫物が、夢に現われた薬師《やくし》如来《にょらい》のお告げにより柳の下の霊泉で洗ったら治ったという昔話だ。千年も前の話であるが、以後、湧きつづける温泉は湯治場として長い歴史をもつ。

さらに南の鹿野《しかの》は山あいの静かな城下町である。天正《てんしょう》九年（一五八一）に亀井茲矩《これのり》が城主となり、河川の改修や琉球との御《ご》朱印船《しゅいんせん》貿易などですぐれた治政を行なった。この亀井侯も吉岡の温泉で湯治を楽しんだという。

街道は修験《しゅげん》道の行場三仏寺《さんぶつじ》の脇を通り、八百年の歴史をもつ古湯三朝《みささ》温泉へと向かう。やがて古代の伯耆《ほうき》国の中心地倉吉《くらよし》に達する。天神川が流れる倉吉平野の開発は早く、古墳や条里制遺構・国分寺跡が残る。倉吉は西に鉄生産の地出雲をひかえ鍛冶職人が多く軒を並べていた。とくに、「稲扱《いねこ》き千刃」とよばれる脱穀機はこの地の鍛冶職人が元禄《げんろく》年間（一六八八〜一七〇四）に考案したものである。

天神川は、それが運ぶ土砂で、倉吉の北東に東郷池をこしらえた。池の北東、日本海に面した泊村《とまりそん》は、江戸時代には海岸沿いを走る街道の宿場町であった。池をめぐる周辺の村は、ワカサギやフナを四ツ手網でとる漁師が多く、のどかな水郷風景をかもし出している。

大山の中腹に立つ古刹、大山寺

神と鉄の国をめぐる

大山のふもとから鉄の国へ

倉吉を出て、米子《よなご》へと向かう街道は海岸沿いに西に向けて走る。右は日本海、左は大山《だいせん》。赤碕《あかさき》のあたりから見える外輪山の船上《せんじょう》山は、元弘《げんこう》三年（一三三三）の冬のさなか隠岐《おき》を脱出した後醍醐天皇を伯耆の豪族名和《なわ》長年《ながとし》がここに迎え、翌年の建武《けんむ》の中興《ちゅうこう》の端緒を開いた山として知られる。

大山は標高一七一一メートル、中国地方の最高峰である。円錐状火山にできたカルデラを、のちの鐘状火山が覆った複式火山である。山裾は日本海まで広がり、米子やさらに西の松江のあたりからもその頂を遠望することができる。古くは大神岳《おおかみのだけ》とよばれた大山は、奈良時代には早くも山岳仏教が開かれていた。中腹には天台《てんだい》宗の古刹大山寺がある。平安時代には、神仏習合《しんぶつしゅうごう》して地蔵菩薩が祀られ、荘園と僧兵が勢力をふるっていた。そして江戸時代には、幕府から三千石の寺領を得るほどの力をもつに至った。

大山を望み見ながら道は米子の町に入る。米子は日野川の三角州の上にできた町である。江戸時代は交通の要衝、物資集散の地として栄えるが、その昔は加茂とよばれた小漁村だった。

米子の北、法勝寺《ほうしょうじ》川上流の現在の南部町は、砂鉄から鉄をつくる「たたら」製鉄が盛んに行なわれていた。さらに上流の下中谷にある白山神社には、秘仏である聖観音立像と十一面観音立像がある。この二つの像は、この地で製鉄された鉄で鋳造されたものである。いよいよ鉄の国に入ってきたことを知らされる。

「水の都」松江へ

「安来《やすぎ》千軒名の出た所、社《しゃ》日桜《にちざくら》に十神山《とがみやま》」と歌う「安来節」は「どじょうすくい」で知られる。この踊りは、ザルでどじょうならぬ砂鉄を採取する姿をまねたものといわれている。

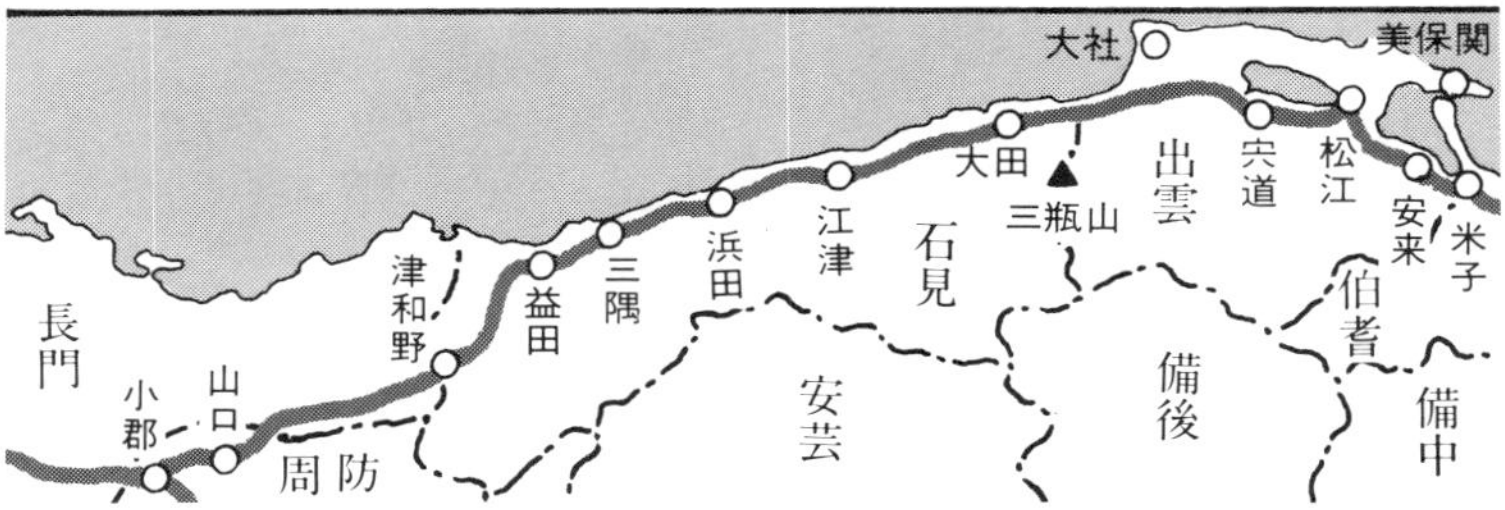

安来は山陰道の宿場町として栄えたが、奥出雲で産出した鉄の集散港として大きな町となった。現在、市役所に隣接して、たたらをはじめとする製鉄資料を展示した和鋼記念館が建ち、たたらの実物模型や天秤ふいご、日本刀に用いられる玉鋼《たまはがね》など、和鋼・和鉄に関するさまざまな資料が展示されている。

中海《なかうみ》に沿って道は松江へとつづく。大橋川が中海と宍道《しんじ》湖を結ぶ。松江大橋を渡ると、松平氏十八万六千石の城下町松江である。大橋の歴史は古く、慶長《けいちょう》十六年（一六一一）にこの地に築城した堀尾《ほりお》吉晴《よしはる》が建設したといわれる。

松江は大橋川や天神川など無数の堀川が流れる「水の都」である。しかし、宍道湖の水位が低くなる夏には、しばしば海水が逆流し付近の水田に塩害を及ぼす。

なお、島根半島の先端にある美保関《みほのせき》には、平安時代から鎌倉時代にかけて海の関所が設けられていた。隠岐への渡航地であり、海路の要衝にあったからである。さらにその昔は、朝鮮半島からの文化が運び込まれた地でもあった。

江戸時代の美保関の港は、一日に船が千艘も出入りしたといわれ、山陰一の繁栄をみせた。「関の五本松　一本きりゃ四本　あとはきられぬ夫婦《めおと》松」と民謡に歌われた「関の五本松」は、長い航海を経て美保関の港に入るときの目印であった。今では、古松一本が残るだけである。

さて、松江からの道は宍道湖の南岸を行く。平安時代まで、貴族に珍重された勾玉《まがたま》がつくられていた出雲玉作《たまつくり》跡のある松江市玉湯《たまゆ》町を抜け斐伊《ひい》川を渡ると現在の出雲市、今市《いまいち》である。

のちに大和朝廷に帰属したが、出雲は古代この地方の政治・宗教の中心地であった。そして神戸《かんど》川河口にある出雲大社は、大国主命《おおくにぬしのみこと》を祀り、伊勢神宮と並び称される。創建は遠く神《かみ》代《よ》の時代にさかのぼるといわれる。

勾玉でデザインされた玉造温泉の橋

海沿いの道から山道へ

断崖絶壁の海岸を西下する

『古事記』の神代の記述の中で、出雲神話の占める量は三分の一に達する。和銅《わどう》六年（七一三）には元明《げんめい》天皇が各国に伝説や産物などを記す風土記の作成を命じた。『出雲国風土記』は、天平《てんぴょう》五年（七三三）に編纂されたもので、ほぼ完全な形で残る唯一の風土記である。

国土が小さかったので出雲の八《や》束水臣津野命《つかみずおみつぬのみこと》が新羅《しらぎ》国などから「国来《くにこ》国来」と余った土地を引いてきて、それが島根半島になったという話は有名である。八俣《やまた》の大蛇《おろち》を退治した素戔鳴尊《すさのおのみこと》や国土を平定した大国主命など、出雲は神々が集う場所であった。

神戸川を渡って今市を出ると神西《じんざい》湖にぶつかる。『出雲国風土記』にいう「神門水海《かんどのみずうみ》」である。右手は日本海の砂丘、左手はなだらかな丘陵地帯。街道は多伎《たき》を経て大田に達する。大田から浜田にかけては、海沿いの断崖絶壁の景勝地がつづく。

大田は標高一一二六メートルの三瓶《さんべ》山の裾野にできた町である。三瓶山は『出雲国風土記』では国引きの柱となり「佐比売山《さひめやま》」と記されている。大田の南西には石見《いわみ》銀山があった。銀山川に沿って大森の町並みがつづくが、これは銀山で栄えていたころの名残である。江戸時代には天領となって、銀山を監視する大森代官所も設けられた。その遺構は今も残っている。

街道は、江戸時代に大森銀山の搬出港として栄えた大田市温泉津《ゆのつ》町、江津《ごうつ》を経て浜田に向かう。温泉津の海岸は沈降海岸で、入り海が格好の港となった。松平氏六万石の城下町であった浜田も天然の良港に恵まれている。浜田の地名は、寛仁《かんにん》四年（一〇二〇）に中納言常方が潮汐を調べるために浜に田を開いた故事に由来する

石見の海の落日

という。

浜田と益田の間に三隅《みすみ》がある。「水澄《みす》み」からきたという三隅川は、その名のとおり冷たく澄んでいる。石見半紙はこの川から生まれた、江戸時代からの特産である。

益田は大田・浜田とならび「石見三田」とよばれた。室町時代後期の画家雪舟等楊《せっしゅうとうよう》ゆかりの地でもある。万福《まんぷく》寺や医光《いこう》寺の庭園は雪舟の作庭といわれ、また大喜《たいき》庵は雪舟が晩年をすごした寺でもある。

小京都への道　山陰道は益田で日本海と別れ益田川沿いに山道を行く。銀山のあった日原《にちはら》を経て津和野へ入る道である。

津和野は江戸時代は亀井氏四万三千石の城下町であったが、「山陰の小京都」とよばれるほど、町並みや文化が洗練されていた。今も、武家屋敷をはじめ白壁の旧家や用水路が昔のまま残されている。

悲劇の武将、坂崎出羽守は、この津和野の領主であった。大坂夏の陣で千姫を救出、家康は出羽守に千姫を嫁がせることを約束したが、千姫は拒んだ。出羽守は思いつめ、千姫を奪おうとして失敗、自殺するのである。

津和野にはもうひとつ悲話が伝わる。信仰の自由がまだ認められる前の明治の初め、この地の光琳《こうりん》寺に長崎県浦上村のキリスト教徒一五三名が収容され改宗を迫られた。拷問による殉死者は三六名に及んだという。今は、光琳寺の跡に乙女峠記念聖堂が建っている。

木戸峠を越えれば、室町時代に「西の京」とよばれた山口である。大内弘世《ひろよ》が京を模して市街をつくり、大陸や南蛮文化を積極的に取り入れた文化都市であった。天文《てんぶん》十九年(一五五〇)には、ザビエルがこの地で布教をしている。椹《ふし》野《の》川沿いに下ると小郡。山陰道はそこで山陽道と合流して長い旅の終わりを知る。

智頭街道

ちずかいどう

●出雲往来の佐用《さよう》から平《ひら》福《ふく》・大原・志戸《しど》坂《さか》峠・智《ち》頭《ず》・用瀬《もちがせ》を経て鳥取に至る。

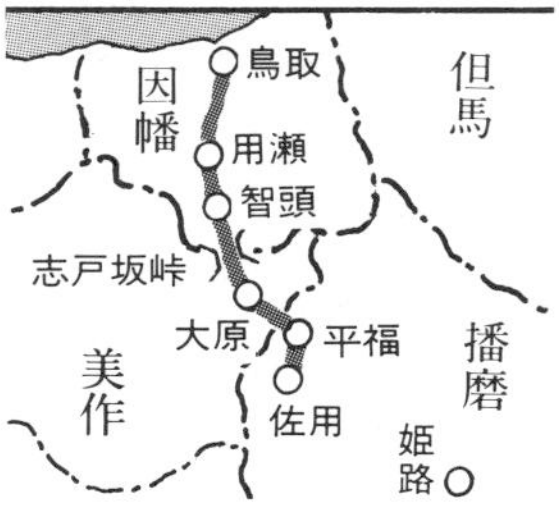

国守も通った因幡への道

播磨から因幡へ向かう道は、大小さまざまの峠をいくつも越えなければならない山道である。しかし、山陰道よりはるかに街道の整備がゆきとどいていたため、畿内《きない》からの旅人はこの道をよく使い、鳥取藩をはじめ山陰の各藩も参勤交代路として利用した。

智頭街道は歴史の古い道である。古代、山陰の文化は、若桜《わかさ》経由の若桜街道やこの智頭街道にほぼ沿うように進出してきたという。のちには都からの旅人もこの道を山陰へ向かった。承《じょう》徳《とく》三年（一〇九九）に因幡国府へ下った国守の平時範《ときのり》は、この街道の志戸坂峠、当時の鹿跡御《ししとみ》坂《さか》を越えて因幡へ入ったことを『時範記《じはんき》』に記している。二月九日に京を出た時範は、同十三日、姫路から佐用に到着。翌十四日辰《たつ》の刻（午前八時ごろ）佐用を出て、未《ひつじ》の刻（午後二時ごろ）に志戸坂峠の手前、現在の坂根に着いている。志戸坂峠を越えて因幡国に入るのは翌日のことである。坂根までの道も、今では、姫路からでも自動車でわずか一時間余の行程である。

古代人も通った志戸坂峠

街道は出雲往来の佐用から北上する。その佐

用瀬の「流しびな」

用で、「いづことも知らぬ道にぞやみぬべき晴れ間もみせぬ佐用の朝霧」と詠んだのは北条時頼《ほうじょうときより》である。時頼は変装して諸国を巡回して、庶民の疾苦を視察し救ったという伝説がある。

「流しびな」とともに鳥取へ下る

佐用川をさかのぼると、平福の町にぶつかる。山あいのひなびた町で、街道の時代の面影そのままが残っている。街道沿いだけでなく、佐用川べりにも土蔵のある家並みがつづく。土蔵の色は、それぞれがくぐり抜けてきた歴史の違いを表現するように、どれひとつとして同じ色がない。微妙な色の違いが美しい。

次の宿場町大原の南、宮本は、宮本武蔵の墓と神社があることで知られている。東海道や山陽道に見られるような規模の大きい本陣ではないが、鳥取藩主が参勤交代の折に利用した本陣跡が、民家となって今でも残っている。

街道は山あいののどかな吉野川沿いの道を登って行く。やがて志戸坂峠を越えると、全山が杉でおおわれた山道を下る。小さな集落をいくつか通りすぎたところで、宿場町の智頭に入る。智頭から鳥取までは三〇キロほど。鳥取からならちょうど一日の行程である。山あいの宿場町であったが、この地の豊乗寺《ぶじょう》には、藤原時代の仏画の最高傑作とされる「絹本着色普賢菩薩像」が伝えられている。

さらに街道を下れば、駅馬一八頭を保有する大きな宿場町だった用瀬に至る。ここからは鳥取まで千代川を下る高瀬舟が出ていた。また旧暦の三月三日の節句には、わら舟に男女の雛を並べて川に流す「流しびな」の行事が行なわれる。室町時代から行なわれていた行事で、少女の災厄をはらい除いてくれると信じられている。河原《かわはら》まで下ったら対岸の標高三三四メートルの霊石山に登ってみれば、そこからは鳥取の町・砂丘・日本海が一望できる。

山陽山陰を結ぶ道❷

出雲往来（伯耆《ほうき》・美作《みまさか》・播磨《はりま》路）

いずもおうらい

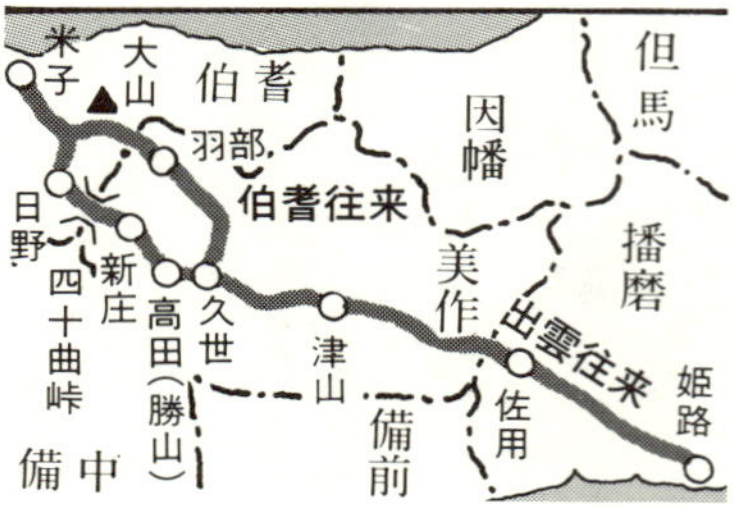

●米子を起点に日野《ひの》・四十《しじゅう》曲《まがり》峠・新庄《しんじょう》・高田《たかだ》（勝山）・津山・土居・佐用・三日月《みかづき》を経て姫路に至る道。

はるか江戸への道

大坂へ出るにも江戸に向かうにも、出雲の人たちは山陰道をあまり利用しなかった。中国山地を越え、ひとまずは山陽道へ出るという道筋を好んだ。米子を出発すると、まず日野川沿いに街道をさかのぼる。江戸時代、日野川は砂鉄採取が激しく多量の流砂が日本海に運ばれたという。道は日野で南東に向かう。

最初の難関は、つづら折りの四十曲峠。海抜七七〇メートルの峠は、雪の季節であるなら、行き倒れ覚悟で越えなければならなかった。

峠を下れば新庄。今でも宿場町の面影をよく残している。本陣から立場《たてば》茶屋まですべてそろい、郵便配達の役目も果たす七里《しちり》飛脚《びきゃく》もおかれていた。高田には、東城《とうじょう》を経由して福山から塩を運ぶ東城往来が合流した。高田の先の久世《くせ》も、倉吉からの伯耆往来、岡山からの備前往来が合流して、たいそうなにぎわいを見せた。交通の要所ということもあり、参勤交代の折の本陣を久世におく藩が多かった。

「土人形」のふるさと

久米《くめ》には、高さ二・四四メートルの六角形の花崗岩《かこうがん》の道標が立っている。また郷土玩具「土人形」のふるさとでもある。男の子が生まれると、天神さまにあやかるよう土天神を贈る風習が残っている。やがて松平氏十万石の城下町津山《つやま》である。吉井川の高瀬舟は、山陽道への物資輸送を一手に引き受けていた。街道は津山を出ると、万《まん》ノ峠を越えて佐用に向かい、そこで智頭街道と合流し姫路に下る。

山陽山陰を結ぶ道❸

伯耆往来

ほうきおうらい

●出雲往来の久世より分岐して、三坂峠・羽部《はぶ》・立石・藤森《ふじもり》・延助《のぶすけ》・下蚊屋《さがりがや》を経て溝口《みぞぐち》で出雲往来と再合流する道。
●下蚊屋から御机《みつくえ》を経て大山参詣をする道は、大山道ともよばれた。

明和五年の銘がある延助の東の道標

峠の茶屋の十石の米

出雲往来は参勤交代の大名が使ういわば公用道であった。もちろん、商人や、出雲大社や大山への参詣の旅人など一般の人びとの往来もあった。

しかし、公用でない旅人は道中の自由を好んだ。伯耆往来はそのような旅人のための道であり、まったくの庶民の道であった。

伯耆往来が分かれる久世は、江戸時代は名代官早川八郎左衛門正紀《まさとし》の威徳で知られる宿場町であった。早川氏は、困窮する農民の貢租の合理化をはかったり、庶民のための学校「典学館」の開設に力をそそいだ。そのため久世は活気があった。道は久世から三坂を経て、まず三坂峠を越えなければならない。雪のある冬は行き倒れの旅人が数多く出た。そこで代官早川氏は、峠の茶屋に十石の米を給して旅人を守った。それ以来三坂峠は十石峠とよばれるようになった。

旅人をなぐさめた踊り

伯耆往来は、今ではまったくの山道である。三坂峠を越え、釘《くぎ》貫小《ぬきお》川《がわ》・羽部を経て藤森に入る。急坂がつづく。これをきらう旅人は、今は湯原ダムの底に沈んでしまった湯本をまわった。ここには旅人の疲れを癒す山のいで湯があった。藤森から延助を経て大山へ行く道は、行く手に蒜山三座《ひるぜんさんざ》が大きく裾野を広げて並んでいる。麓の真庭市蒜山には八月の大宮踊りや銅貨を入れた竹筒を振りながら踊る銭太鼓などの民俗芸能が残っている。大山参詣の道すがらの踊りや祭りも、旅人の楽しみの一つだった。

山陽山陰を結ぶ道❹

東城往来

とうじょうおうらい

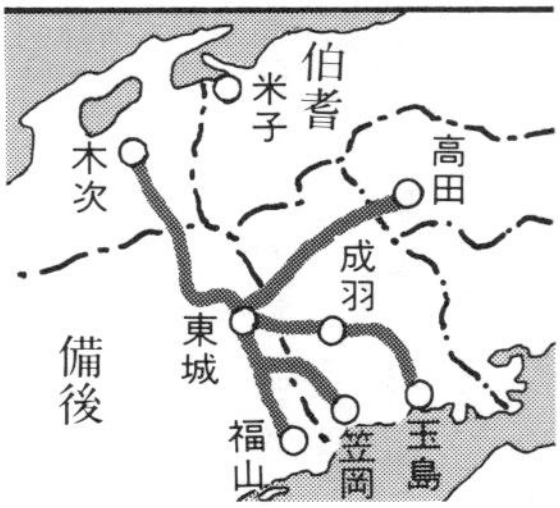

●東城《とうじょう》を中心に、山陽の福山や笠岡・玉島へ、東へは中国山地の高田（勝山）に至る。北西には木次《きすき》と結ぶ道もある。

生活物資が運ばれた道

東城は、中国山地東城川の上流一帯を占める小さな盆地の町である。清い水と良質米の産地であったので、酒造りが盛んであった。江戸時代までは北の道後《どうご》山をはじめ、周辺で砂鉄がたくさんとれ、しかも山は雑木が豊富で木炭も生産された。そのため、「たたら」による鉄生産も盛んだった。

これだけの条件がそろったうえ、山陽や山陰からの道がいくつも東城の地につながっていたから、当然、商業も発達し、この山中の小さな町は活気に満ちていた。

山陽の海岸の、福山や笠岡からは塩や海産物も牛馬で運ばれた。正月用のブリや祝儀用の生きのよい魚は、ザルを肩に商人たちが一昼夜かけて運んだ。

東城川を下る舟

山中の東城からは鉄や木炭が山陽の海岸地帯に運ばれた。輸送は駄馬や牛によった。ただし、牛は足が遅いので近距離にしか使われなかった。一日三〇キロもの道程をこなすのは馬だけである。もっとも、大量の輸送が必要なときは、東城から成羽《なりわ》に荷物を集め、そこから高瀬舟に積み東城川・高梁《たかはし》川を下って河口の玉島へ運んだ。

成羽からさらに北へ一五キロ登ると、中国山地最大の吹屋《ふきや》銅山があった。「大深千軒」とよばれるように谷沿いに鉱山長屋が連なっていた。ここへの生活物資も東城から運ばれた。

成羽のとなり松山（高梁）には、臥牛《がぎゅう》山上に天和《てんな》三年（一六八三）築造の備中松山《びっちゅうまつやま》城がそびえる。東城は、陰陽交通路の要衝であった。

山陽山陰を結ぶ道❺

石見街道

いわみかいどう

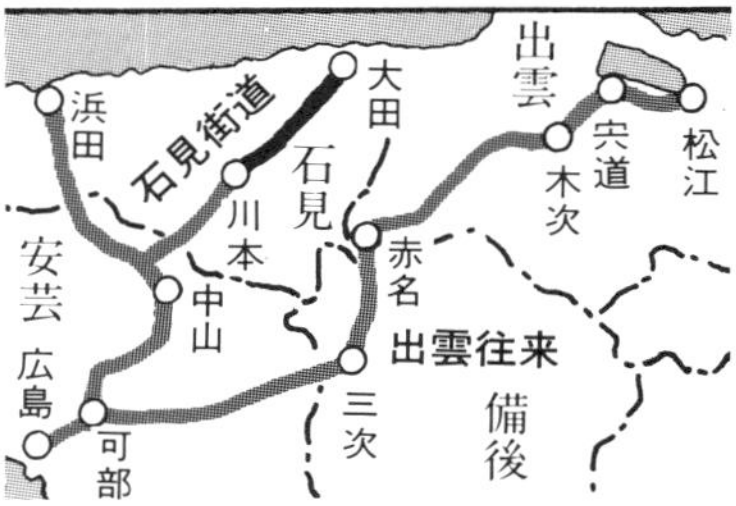

●山陰の浜田から今市・新庄・中山・可部《かべ》を経て山陽の広島とを結ぶ道。
●山陰の大田から大森・川本を経て新庄で合流、広島に至る道も石見街道とよばれた。鉄の運搬路として発達した。

人間の生活を豊かにした鉄

紀元前三〇〇年以前の縄文《じょうもん》時代、人びとは石器や木の道具しか知らなかった。やがて弥生《やよい》時代になり、朝鮮から鉄の道具が伝わってきた。当時、鉄は魔法の道具に思えたろう。鉄製ならば田畑はさらに広がり、用水路を作り、川から水を引くにも便利になったからである。

古墳時代になると、今度は鉄のつくり方が朝鮮半島から伝わってきた。中国山地では、鉄の原料になる砂鉄がとれた。やがて砂鉄と、山の雑木による木炭で鉄をつくる日本独特の「たたら」製鉄が生まれた。

鉄は、刀をはじめ武器製造にはなくてはならないものだったが、鍬《くわ》や鋤《すき》などの農耕道具や鍋《なべ》や釜《かま》などの生活用品製造にも必要不可欠なものであった。そのため、江戸時代になるとその生産量はうなぎ上りになった。

鉄でにぎわう街道

はじめ山中で細ぼそとつくっていた鉄も、需要が多くなるにつれ大規模なたたらができ、大量の砂鉄と木炭が必要になった。中国山地をまたぐ石見街道も、鉄の原料と鉄製品の輸送で大いににぎわうようになり、広島藩では鉄荷輸送は公用荷物に準じて扱った。浜田藩にとっては石見街道は重用な参勤交代路でもあった。中山宿には本陣がおかれた。そして可部宿は広島をそばにひかえ、鉄問屋だけでなく、鉄仲買・鍛冶《かじ》屋・鋳掛《いかけ》屋などが軒を並べるようになった。出雲や石見の鉄荷はこうした町々を経て広島に運ばれたのである。

山陽山陰を結ぶ道❻

出雲往来（石見《いわみ》・安芸《あき》路）

いずもおうらい

●山陰の松江から宍道・木次・赤名《あかな》を経て三次《みよし》に達する。そこからさらに、可部《かべ》で石見街道と合流して広島に至る。

三次の古い家並みと道標

山中に残るたたら跡

出雲の山奥に横田という町がある。町の東にそびえる船通《せんつう》山は、昔は鳥上《とりがみ》とよばれ、素戔嗚尊が八俣の大蛇を退治したという伝説の山である。伝説の山であるとともに、古代からの砂鉄による「たたら」製鉄発祥の地であるともいわれ、山腹の西比田《にしひだ》には鉄の神を祀る金屋子《かなやこ》神社がある。出雲は鉄の国である。

宍道湖をあとに街道は木次を抜けて山中に入る。吉田川に沿った雲南市吉田町の菅谷《すがや》は古くからたたらによる製鉄が行なわれていた。村をおおう山林は、木炭になった。砂鉄は吉田川で採取した。「菅谷高殿《すがやのたかどの》」とよばれるたたらが今も残っている。元和《げんな》元年（一六一五）以来、鉄をつくりつづけ大正《たいしょう》七年に閉山したものである。

江戸時代には出雲や伯耆の山中では、このようなたたらが無数に稼動していた。そしてつくられた鉄は、あるものは、木次や宍道を経て、米子や浜田から海上で大坂へ運ばれた。またあるものは山を越え、三次を経由して、尾道や広島から船で大坂や江戸に運ばれた。

霧の海を越えて

とくに三次は、馬洗《ばせん》川・可《え》愛《の》川・西城《さいじょう》川が一本になり江《ごう》川となって山陰に流れる地形の要所であったので、出雲往来をはじめいくつもの街道が集まった。しかしこの地は、秋になると夜半から毎朝十時半ごろまで「霧の海」が発生し、山道の通行は危険だった。広島藩では、鉄の道をより安全に通行できるようにと、道幅を東海道にならって七尺と決め、一里塚も設けた。

山陽山陰を結ぶ道⑦

北浦街道

きたうらかいどう

●山陰道の益田から分岐、日本海に沿って、須佐《すさ》・萩《はぎ》・深川《ふかわ》を経て下関に至る道。

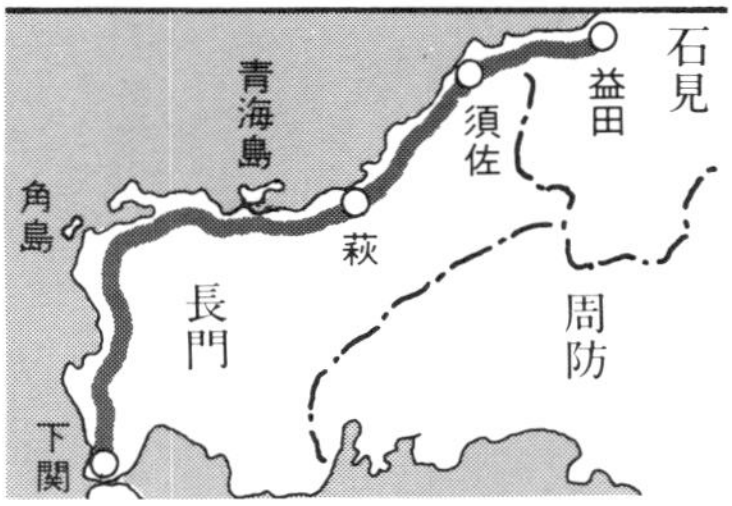

鰤と捕鯨の海の国

長門《ながと》国は、青海島《おうみしま》の海に代表されるように変化に富んだ海岸線をもち、漁業が大いに発達した。かつては近海の捕鯨で栄え、豪快なブリ漁でも知られる。青海島の向岸寺には捕らえた鯨の種類や大きさが記された過去帳が残されている。それぞれの鯨には法名までつけられていて、鯨がこの地の生活と密着していたことがうかがわれる。「北浦」とは、この青海島から角島《つのしま》を中心とする海岸地域をさしていう。

益田からの道は須佐を経て萩へ入る。萩は毛利氏三十六万九千石の城下町であり、この地方の文化の中心であった。幕末には、思想家吉田《よしだ》松陰《しょういん》をはじめ、伊藤博文・木戸《きど》孝允《たかよし》・高杉晋《たかすぎしん》作《さく》・山県有朋《やまがたありとも》・久坂玄瑞《くさかげんずい》といった明治維新の志士をも輩出した。

土塀の町と萩焼

一楽二萩三唐津《いちらくにはぎさんからつ》といわれるように、平安時代に始まるという陶芸の世界でも優れた作品が生まれた。萩焼は茶器に優れ、淡紅色の釉薬《うわぐすり》による枯淡な感じは、萩の町の土蔵造りの家や武家屋敷の土塀の町を彷彿とさせる。

萩からさらに海沿いに進む道筋には漁港が多い。このあたりには若者たちに漁を教えた若者宿の風習が今も残っているところがあるという。ブリの大敷網も鯨の捕り方も、さらにはおとなになるためのさまざまな知識も、みなそこで教わった。

青海島を右に見て、深川から矢玉《やたま》へ、さらに小串《こぐし》を経て南下すると下関である。

須《す》磨《ま》関（山陽道）

兵庫県神戸市須磨区関守町一丁目

摂津《せっつ》と播磨《はりま》の国境に置かれた須磨関は、六四五年の大化の改新の際、須磨関を守るため、現在の神戸市兵庫区周辺に兵器を納めた倉庫がつくられ、これが「兵庫」の地名の由来になったといわれている。律令制国家の軍事・交通面で重要視された須磨関は、天下の三関に次ぐ関所として知られたが、延暦《えんりゃく》八年（七八九）の三関廃止と同時にその使命を終えた。平安時代に小倉百人一首で有名な源兼昌《かねまさ》は、往時の賑わいを偲んで歌を詠んでいる。

淡路島かよふ千鳥の鳴く声に
幾夜寝覚めぬ　須磨の関守

現在、須磨関のあった正確な場所はわかっていないが、須磨関の守護神として祀られている関守稲荷神社の境内に、関所跡の碑と源兼昌の歌碑が立っている。歌碑は昭和十年に建立されたものだが、平成七年の阪神淡路大震災では神社が被害を受けた。平成十年、改修工事の完成を祝って、西須磨協議会が藤原俊成と藤原定家の歌碑二基を境内に建てている。

一方、同須磨区内の須磨寺町一丁目にある現光寺も、『源氏物語』の光源氏の住居があったとの伝説もあり、「川東左右関屋跡」の石柱が発見されたことから、須磨関跡ともいわれている。境内には江戸時代の俳人・松尾芭蕉の句碑がある。

他にも須磨一帯には、源平合戦で名高い須磨寺や、須磨海浜公園、須磨浦山上遊園など見どころが多い。

防《ぼう》地《じ》峠《とうげ》番所（山陽道）

広島県尾道市防地

山陽道の防地峠は広島（芸州）藩と福山藩の藩境があったところで、両藩の番所が置かれていた。峠の頂上には、それぞれの国境を示す石柱が道路の東西に建っており、正面に「従是《これより》西　芸州領」「従是東　福山領」と記されている。外様大名の浅野家（広島藩）と譜代大名の水野家（福山藩）が互いに警戒している様子がうかがえる。幕末期には倒幕派の先鋒長州藩と幕府の親藩である福山藩の武士たちが武器を構えてにらみ合い、一触即発の状態が続いた。現在、広島藩の番所は跡形もないが、福山藩の番所は峠を見下ろす高台に当時の建物が残っている。

美《み》保《ほ》関（境水道）

島根県松江市美保関町

島根半島先端にあたる松江市美保関町は、『古事記《こじき》』に「御大之御前」と記され、聖なる岬を意味する神話のふるさとである。古くから漁港として栄え、航海の目印とされてきた関の五本松は、民謡にも唄われるほど有名。大名行列の邪魔になると一本が切られてしまい、松を残したい舟人たちが歌に詠んだものが伝えられる。残った四本の松も今では三代目が誕生し、五本松公園として整備されている。

江戸時代には北前船西廻り航路の各国物産の集散地として海の関所が置かれていた。松江藩の為替蔵や五十軒近い回船問屋が軒を連ねて賑わいをみせ、物資の積み降ろしの効率を図った青石畳通りが往時の繁栄を物語っている。この石畳の工事は、船頭・船主、回船商人の寄進をもとに、天保《てんぽう》年間（一八三〇〜四四）から大正期にかけて断続的に行われた。

現在の美保関港近くには、明治期の旅籠「浜延舎《はまのや》」があり、「海の関所資料館」として開設されている。当館は老舗旅館「福間館」の直営で、当時の宿帳や船長の名刺、生活用具などを展示する。

昔の雰囲気のまま公開している海の関所資料館（写真／旧美保関町）

上関《かみのせき》（瀬戸内海）

山口県熊毛郡上関町長島

上関は中関（防府《ほうふ》）、下関とともに周《す》防灘《おうなだ》に置かれた三つの海の関所である。瀬戸内海は海の道で知られ、古くから海上交通の要衝として栄えた。寛永《かんえい》九年（一六三二）に長州藩の出先機関として番所が設置され、港の警備や積荷の検査、税金の徴収などを行っていた。最初は四代地区に置かれていたが、正徳《しょうとく》元年（一七一一）に上関に移り、北前船の寄港地として参勤交代の大名船や朝鮮通信使、オランダ船の拠点としても賑わった。かつては港の中にあったが、平成八年に現在の場所に移築・復元され、町の観光資源になっている。

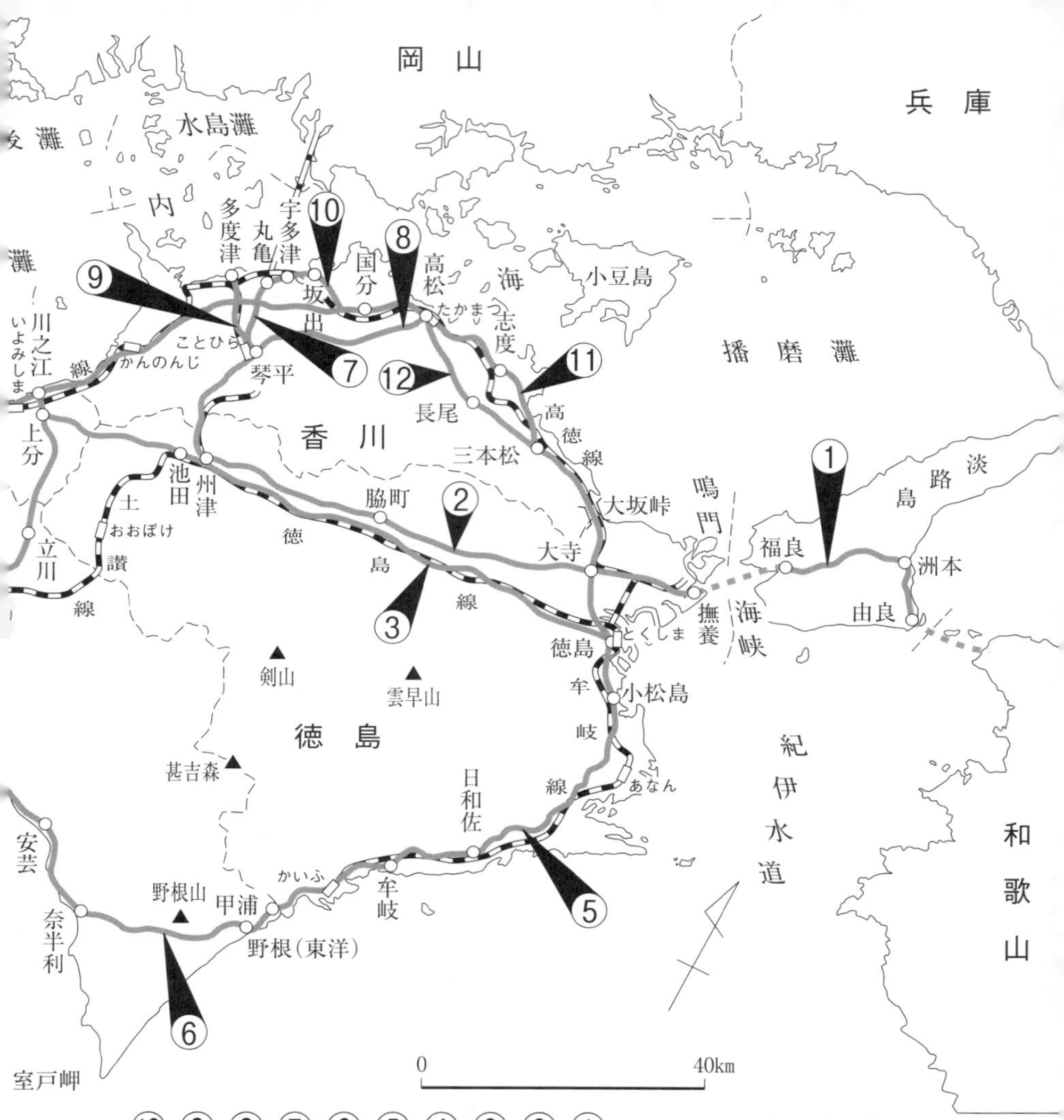
岡山
兵庫
水島灘
内
海
多度津
丸亀
宇多津
坂出
国分
高松
たかまつ
小豆島
志度
播磨灘
川之江
いよみしま
ことひら
かんのんじ
琴平
長尾
香川
高徳線
三本松
上分
池田
州津
脇町
土讃線
おおぼけ
大坂峠
鳴門
淡路島
福良
洲本
由良
立川
徳島線
大寺
撫養
海峡
徳島
とくしま
剣山
雲早山
小松島
牟岐線
徳島
甚吉森
あなん
紀伊水道
和歌山
日和佐
安芸
野根山
かいふ
甲浦
牟岐
奈半利
野根(東洋)
室戸岬
0
40km

四国路

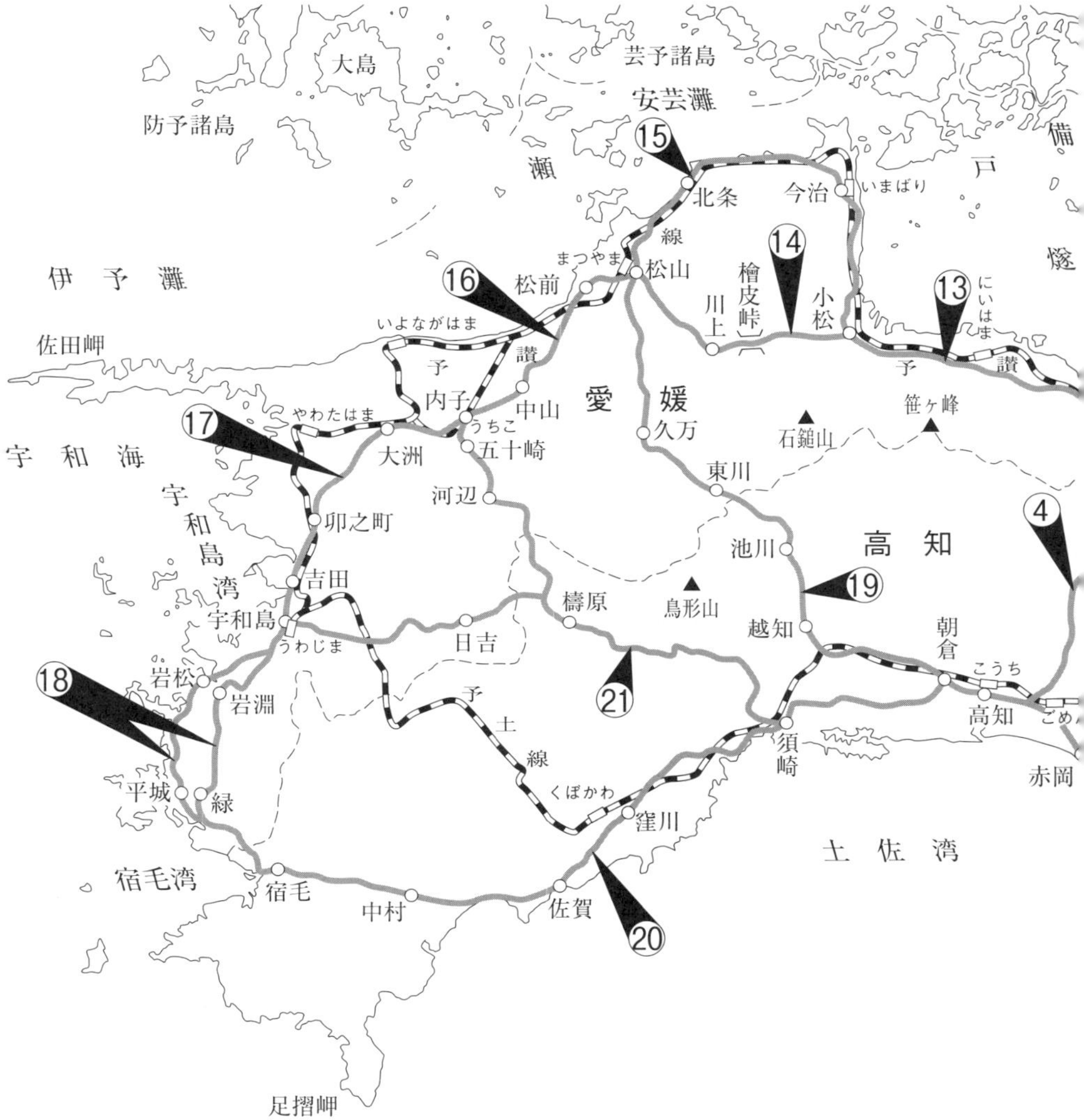

芸予諸島
大島
安芸灘
防予諸島
瀬
戸
備
燧
伊予灘
佐田岬
宇和海
宇和島湾
宿毛湾
足摺岬
土佐湾
愛媛
高知
⑮
⑭
⑬
⑯
⑰
⑱
⑲
⑳
㉑
④
北条
今治
いまばり
線
まつやま
松山
松前
檜皮峠
川上
小松
にいはま
讃
予
いよながはま
内子
うちこ
中山
五十崎
やわたはま
大洲
笹ヶ峰
石鎚山
久万
東川
河辺
卯之町
池川
吉田
宇和島
うわじま
檮原
鳥形山
越知
日吉
朝倉
こうち
高知
ごめん
赤岡
岩松
岩淵
土
須崎
平城
緑
くぼかわ
窪川
宿毛
中村
佐賀

撫養・川北街道

むや・かわきたかいどう

四国の門戸

撫養は現在の鳴門市。古くから四国の門戸で、平安時代には撫《む》養庄《やのしょう》、牟夜戸《むやのと》と記され、紀貫之《きのつらゆき》の『土佐日記』には牟野《むや》とある。蜂須賀《はちすか》氏が阿波《あわ》に入国後は岡崎城を築き城下町として発展した。慶長《けいちょう》年間（一五九六〜一六一五）に、播磨《はりま》から塩業を移入、塩の町として栄えた。

●撫養街道は、徳島から撫養を経て淡路《あわじ》の福良《ふくら》に渡り、洲本《すもと》・由良《ゆら》から紀伊《きい》に至る道で淡路街道ともよばれた。

●川北街道は撫養街道と結ばれ、大寺から鍛冶屋原《かじやばら》を通り、吉野川の北岸に沿って、市場《いちば》・脇町《わきちょう》・郡里《こうざと》・芝生《しばう》・昼間《ひるま》をすぎ、州津《しゅうづ》の渡しで池田へ渡り、伊予《いよ》街道へ合流した。

●なお、この両街道は区分が明確ではなく、池田と大寺・撫養を結ぶ道も重複して撫養街道と呼称することもある。

格子窓が歴史を感じさせる撫養の町並み

人形浄瑠璃を伝えた道

「時雨《しぐれ》けり晴れけり淡路かくれけり」と芭蕉が詠《よ》んだ淡路へは、撫養の瀬戸《せと》から鳴門《なると》海峡を渡って、現在の南あわじ市、福良に着いた。

淡路は、古くは南海道《なんかいどう》六国（紀伊・淡路・阿波・讃岐《さぬき》・伊予・土佐）の一つで、畿内《きない》から阿波へ渡る道の意味で「阿波路《あわじ》」とよばれたという。淡路は元和《げんな》元年（一六一五）、大坂夏の陣ののち、蜂須賀至鎮《よししげ》に与えられ、徳島藩政下に入った。

淡路では福良から、城代稲田《いなだ》氏六万石の洲本へ街道が通じ、この街道は市村街道とよばれた。古代、国府・国分寺のおかれた三原《みはら》平野の市村で起こった淡路人形浄瑠璃は阿波へもたらされ、阿波人形浄瑠璃として、江戸時代は藩の

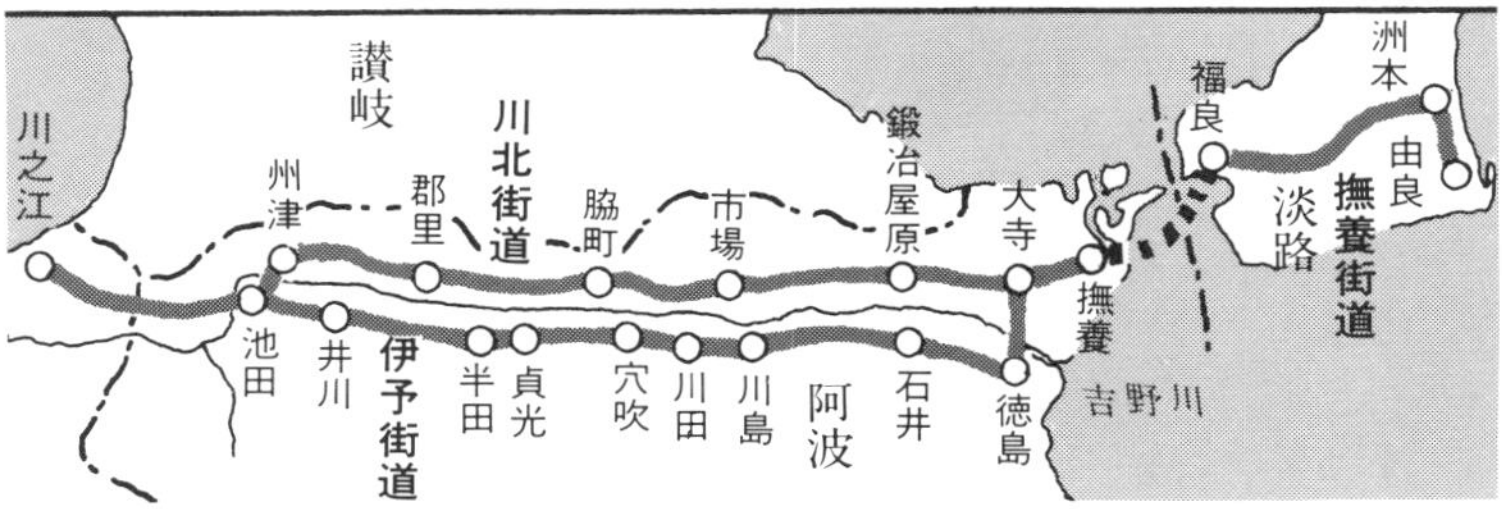

手厚い保護をうけ、大正の中ごろまで民衆芸能として流行した。

「阿波三盆」で栄えた町

川北街道は現在板野《いたの》町の大寺をすぎて西に向かい、吉野川の北岸に沿って上流に向かう。現在上板《かみいた》町の鍛冶屋原は、「阿波三盆《あわさんぼん》」とよばれる良質な砂糖の集散地であった。「三盆」とは精製脱色された砂糖のことで、江戸時代には庶民の口にほど遠い高級な砂糖で、徳島藩の財源の一つであった。市場《いちば》は慶長年間から、藩主蜂須賀家政《いえまさ》が、毎月三日に市を開かせたといわれ、ここからは日開谷《ひかいだに》を通り、讃岐に向かう道が分かれていた。美馬市脇町は藍《あい》の集散地として栄えた町である。白壁の小路には、今も昔をしのばせる富商の家並みが残っている。

峠を越えた借耕牛

現在美馬《みま》市の郡里からは相栗《あいくり》峠、三好《みよし》市の芝生《しばう》からは真鈴《ますず》峠、東みよし町の昼間からは東山越《ひがしやまごえ》、また州津からは、途中「金毘羅さんの奥ノ院」といわれた箸蔵《はしくら》寺を経て猪鼻《いのはな》峠を越えて、それぞれ讃岐に通じていた。

このあたりは、水田の少ない阿波の山村の人手を讃岐の田植えや麦まきに貸し、農繁期が終わると、賃金代わりに米などを背に帰ってくる借耕牛《かりこうし》が盛んで、これは江戸時代の初期から昭和初期までつづけられていた。

川北街道と伊予街道をつなぐ州津の渡し

徳島からの道❷

伊予街道

いよかいどう

●徳島から吉野川の南岸を石井・川島・貞光《さだみつ》・半田・井川とすぎ、池田から白地《はくち》の渡しを渡り、伊予の上分《かみぶん》を経て、川之江《かわのえ》に至る道。

吉野川の南岸に沿った伊予街道は、阿波の特産品、藍とたばこの生産地と城下を結ぶ道であった。

藍とたばこの道

街道は、たばこの栽培が盛んであった石井を経て川島へ入る。川島は、寛永《かんえい》十二年（一六三五）一国一城令《いっこくいちじょうのれい》により破却されるまで徳島城防衛の基地として城が築かれ、また藍の出荷地でもあった。川島から、やがて吉野川市山川町、川田に入る。川田は南北朝時代に細川氏が館《やかた》を設けてから栄え、江戸時代には藍の栽培が盛んで、江戸時代中期から毎年秋には、川田《かわだ》市《いち》または高越《こうつ》市《いち》とよばれる市がたった。

吉野川水運の拠点
池田の町並み

信仰の山々

川田の南西にある高越山は阿波富士とよばれ、山伏の修験《しゅげん》道場として知られ、穴吹《あなぶき》・貞光は四国第二の高峰剣《つるぎ》山《さん》の登山口で山岳信仰の人びとでにぎわった。

半田は元禄年間（一六八八〜一七〇四）に始まった「半田塗」の産地で、最盛期には江戸まで出荷されたという。井川は池田とともに「阿波きざみたばこ」の主産地であった。

川北街道と合流する池田は、讃岐・伊予・土佐に通じる街道の要衝で、北は猪鼻峠を越えて讃岐へ、西は白地経由で伊予へ、南は祖谷《いや》の小《こ》歩危《ぼけ》・大歩危《おおぼけ》を経て、土佐へ通じていた。

土佐への道❶

土佐（北）街道

とさ（きた）かいどう

●土佐街道の北街道は川之江から南の山地へ入り、上分・新宮《しんぐう》・堂成《どうなり》から笹ケ峰を越え、土佐の立川《たじかわ》から本《もと》山《やま》・吉延《よしのぶ》・穴内《あなない》・領石・国《こく》分《ぶ》・石淵を経て、中島から高知に入る道。

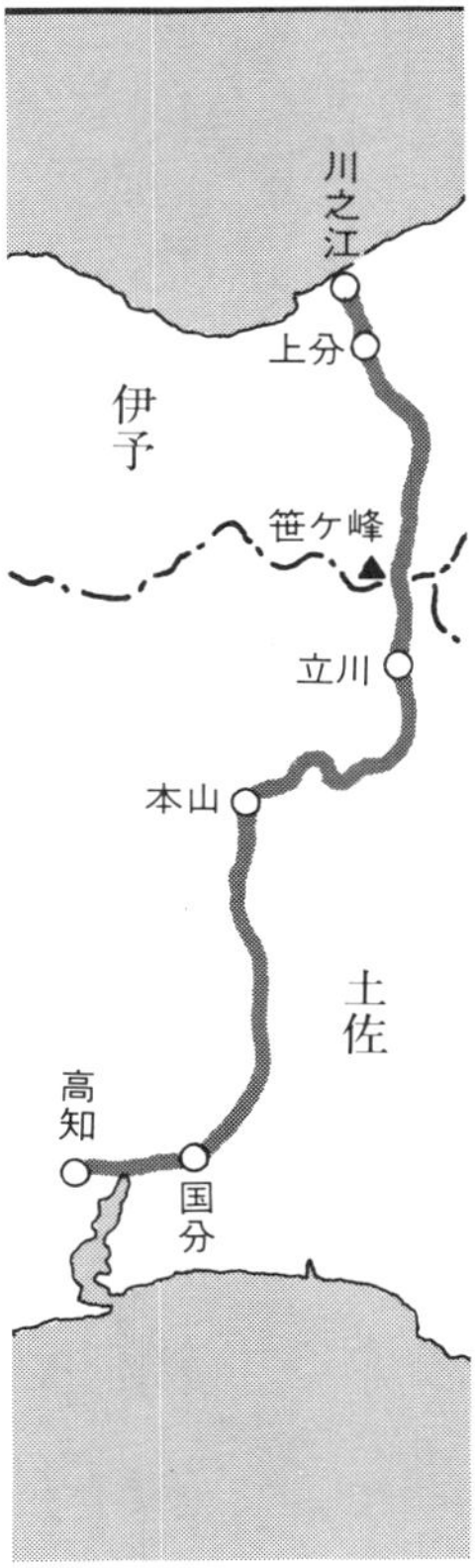

古代からの太政官道

讃岐街道の川之江から南の山地に入り、笹ケ峰を越えて土佐に入る土佐（北）街道は、平安時代以来、土佐の国府に通じる太政官道《だいじょうかん》であったが、享保《きょうほう》三年（一七一八）以降、土佐藩主の参勤交代の道となった。笹ケ峰に近い現在大豊《おおとよ》町の立川下名《しもみょう》は太政官道の宿駅のあったところで、土佐藩主参勤交代のときの最後の宿舎、立川番所書院が設けられ、建物が現在も残っている。

現在の南国《なんこく》市である国分には、天平《てんぴょう》十三年（七四一）、聖武《しょうむ》天皇の勅《みことのり》により建てられた国分寺跡があり、近くの比江《ひえ》には、紀貫之が国守としてとどまった国衙《こくが》跡がある。

現在の国分寺は四国霊場第二十九番札所で、江戸時代には土佐藩主山内氏の帰依《きえ》が厚く、たびたび修築・造営された。

土佐第一の穀倉地帯

この付近の香長《かちょう》平野は高燥地であったが、承応《じょうおう》元年（一六五二）藩の執政野中兼山《のなかけんざん》が、上井《うわい》・中井・舟入《ふないれ》の三水路を開いて灌漑してから、水稲二期作の土佐第一の穀倉地帯となった。

南国市の中心地後免《ごめん》は、兼山が平野開発のためにつくった市場町で、来住者の諸税を免除したので御免《ごめん》町とよばれていたところである。

土佐への道❷

土佐（東）街道・野根山越え

とさ（ひがし）かいどう・のねやまごえ

●土佐（東）街道は、徳島から高知に至る道で、徳島から南へ、小松島をすぎ、岩脇で那賀《なか》川を渡り、日和《ひわ》佐《さ》・牟岐《むぎ》・宍喰《ししくい》を経て、土佐の甲浦《かんのうら》に入った。

●土佐の甲浦に出た土佐（東）街道は、野根山を越えて、奈半利《なはり》・安芸《あき》・和食《わじき》・赤岡・物部《ものべ》・布師田《ぬのしだ》・中島を経て高知に入った。

●この街道の野根から奈半利に至る山道を、とくに野根山越えとよんだ。

小松島は古くから徳島の外港として栄えたところである。元暦《げんりゃく》二年（一一八五）の二月、屋島の戦いに、源義経は摂津渡辺津《わたなべのつ》からここに上陸し、平氏を奇襲したという。

一万石の城下町

岩脇の南東、現在阿南《あなん》市の富岡は要衝の地で、江戸時代は蜂須賀家の家老賀島《かしま》氏が一万石で領し、城下町として栄えた。近くの橘浦は「阿波の松島」とよばれ、『万葉集』に「橘の浦の夕なぎ汐ささば伊島の沖ぞ遠くなりゆく」と詠《よ》まれるほど、風光明眉な良港であった。

景勝地、下灘地方

日和佐は厄除《やくよ》け祈願で知られる四国霊場第二十三番札所薬王《やくおう》寺の門前町としてにぎわった。近くにある「千羽《せんば》海崖《かいがい》」は、南西約二キロにわたり、海に向かって高さ二〇〇メートル以上の断崖がそそり立つ絶景である。沖合いに島々の浮かぶ牟岐、現在の海陽町にある大里《おおさと》の松原、大小の島々や奇岩が点在する

ひなびた宍喰の港町

土佐(東)街道・野根山越え

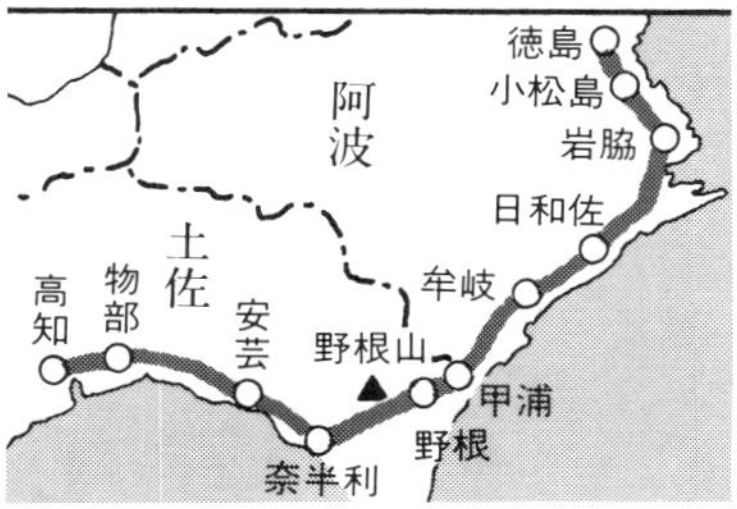

宍喰など、下灘地方は景勝の地が多かった。

また、大里からは海部《かいふ》川に沿って北上し、霧《きり》越《ごえ》峠へ向かう道が分かれていた。大里には、土佐藩に備えて多くの武士たちが住んでいた槙《まき》囲いの家々が、現在も残っている。

古代に開かれた野根山越えの道

現在の東洋町、土佐の甲浦は、享保《きょうほう》三年（一七一八）、六代藩主山内豊隆が土佐（北）街道を使用するまで、野根山越えをしてきた藩主の参勤交代の休泊地であった。

野根から奈半利に至る野根山越えは、古代から開かれていたといい、紀貫之の『土佐日記』には「奈半ノ泊」と記され、承久《じょうきゅう》の乱（一二二一）で、土佐へ配流された土御門《つちみかど》上皇もこの道を通り、「うき世にはかかれとてこそ生まれけめことはりしつぬわが涙かな」と詠んだといわれる。また、幕末には土佐勤王党の道岡清之助ら二三名が党主武市《たけち》半平太《はんぺいた》の釈放を要請して野根山に結集、奈半利で処刑されている。

野根山の南に位置する室戸岬灯台

『和名類聚鈔《わみょうるいじゅしょう》』に玉造《たまつくり》・黒鳥《くろどり》など古い地名の残る

武家屋敷の残る町

安芸《あき》は、戦国時代は豪族安芸国虎の領地であった。安芸氏は長宗我部《ちょうそかべ》元親《もとちか》に滅ぼされ、江戸時代は土佐藩家老五藤《ごとう》氏が支配した。安芸城跡の石垣と、五藤氏によって整備された武家屋敷跡「土居廓中《どいかくちゅう》」が今も残っている。

安芸からは、和食《わじき》、市《いち》でにぎわった赤岡を通り、現在南国市の物部、高知市の布師田・中島を経て高知城下に入った。

金毘羅への道❶

丸亀街道

まるがめかいどう

●丸亀からの金毘羅《こんぴら》街道は丸亀から郡家《ぐんげ》・与北《よぎた》・櫛梨《くしなし》・高篠《たかしの》・苗田《のうだ》・榎井《えない》を経て琴《こと》平《ひら》に至る道で、丸亀街道とよばれた。

讃岐の金毘羅さん

象頭山《ぞうずさん》に鎮座する金刀比《ことひ》羅宮《らぐう》は、江戸時代は金毘羅大権現とよばれた。大宝《たいほう》元年（七〇一）に大《おお》国主命《くにぬしのみこと》を祀る旗ノ宮という祠を建てたのが起源で、その後、崇徳《すとく》上皇を合祀《ごうし》した。室町時代から瀬戸内海の海上生活者の間に、霊験《れいげん》あらたかな話が広まり、江戸時代には全国的に金毘羅参りが盛んになった。

旧丸亀港に残る「太助灯籠」

江戸をはじめ、奥羽や中山道、京都・大坂からの参詣者のほとんどは、俗謡「金毘羅船々」に歌われるように、大坂から三十石船に乗り、讃岐丸亀に着いた。

丸亀の太助灯籠

丸亀では参詣者が増加するにつれ、文化《ぶんか》三年（一八〇六）、天保《てんぽう》四年（一八三三）に港を増築した。また、夜間の船の道しるべに常夜灯を設置、その第一基が今に残る太助灯籠で、天保九年に江戸の塩原太助が寄進したものである。

丸亀からの金毘羅街道は、城下の南条町から「天下泰平　海陸安穏」と刻まれた石の大鳥居をくぐり南に向かった。丸亀市の郡家、善通寺市の与北には、金毘羅参りの人たちが休んだ茶堂の跡が今も残っている。

金毘羅への道❷

高松街道

たかまつかいどう

●高松街道は、高松からの金毘羅街道で、高松から円《えん》座《ざ》・滝宮《たきのみや》・岡田・榎井を経て「金毘羅さん」に参詣する街道だった。

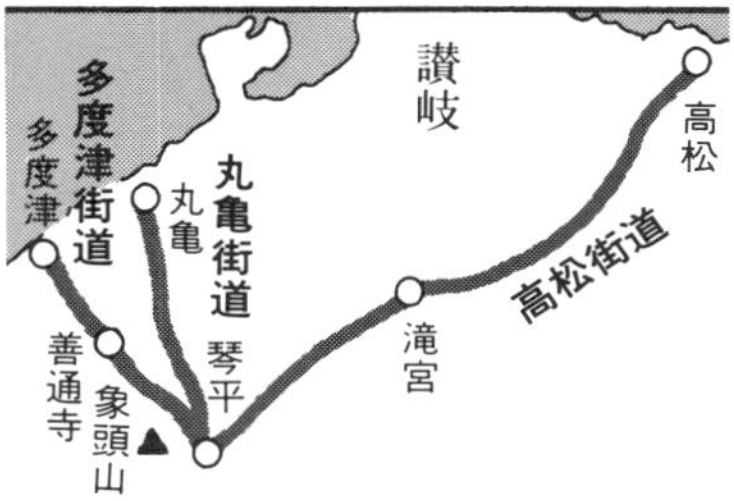

門前町として栄えた、滝宮

現在の綾川《あやがわ》町である滝宮《たきのみや》は、仁和《にんな》二年（八八六）、讃岐国司に任じられた菅原道真《すがわらのみちざね》が政務をとっていた官舎のあったところといわれる。延喜《えんぎ》三年（九〇三）道真が不遇のうちに没したのち、天暦《てんりゃく》二年（九四八）に、空澄《くうちょう》が滝宮天満宮を建立、室町時代の細川氏、江戸時代の生駒氏・松平氏と、讃岐を領した守護・大名たちに尊崇され、滝宮は門前町として早くから栄えた。また、金毘羅参りの宿泊地としてもにぎわった。

高松街道は阿波、東讃岐から金毘羅参りをする人たちに利用され、高松藩主松平頼重もこの道を通って参詣したという。この街道筋には現在も、かつての宿場の面影を残す町家が見うけられる。

日本一の灌漑用貯水池，満濃池

空海ゆかりの満濃池

この地方は古代から開発され、散居《さんきょ》集落が発達し、多数の溜池《ためいけ》による灌漑が行なわれた。

なかでも、琴平の南に位置する満濃池《まんのういけ》は、大《たい》宝《ほう》年間（七〇一〜〇四）、讃岐の国守道守朝臣《みちもりあそん》が、旱魃《かんばつ》から人びとを救うために築いたもので、弘仁《こうにん》十二年（八二一）から数回にわたり、空海《くうかい》が修築の指導にあたって完成させた日本一の貯水量を誇る灌漑用溜池である。

金毘羅への道❸

多度津街道

たどつかいどう

●多度津《たどつ》からの金毘羅街道は、四箇《しか》・筆岡《ふでおか》をすぎて、善通寺をよぎり、大麻《おおあさ》を経て琴平に出る道で、多度津街道とよばれた。

お城なしの多度津さん

多度津は、元禄七年（一六九四）丸亀藩より京極高通《きょうごくたかみち》が一万石を分与されて陣屋を構え、「お城なしの多度津さん」とよばれた陣屋町である。

多度津からの金毘羅参りは、主に中国・九州方面からの参詣客が利用した。

多度津街道のよぎる善通寺は、五岳山誕生院《ごがくさんたんじょういん》といい、空海の誕生地といわれる。唐から帰朝した空海が、弘仁《こうにん》四年（八一三）、生家である佐《さ》伯《えき》氏の氏寺として六年の歳月をかけて建立。父の佐伯直田公善通《あたえたきみよしみち》の名をとって善通寺と名づけた真言宗の総本山であり、四国霊場第七十五番札所としてにぎわいをみせた。

金刀比羅宮の名物785段の石段

讃岐の道は金毘羅に

「金毘羅さん」の門前町、琴平は三百三十石の朱印地であり、治外法権地域として大いに栄えた。

象頭山の中腹にある金毘羅大権現に参詣するには、琴平の参道入り口から七八五段の石段を上り、本宮の境内に出る。境内からは、讃岐富士（飯ノ山）や、散在する讃岐平野の溜池などが一望でき、旅人の心を慰めた。

また、「讃岐の道は金毘羅に通じる」といわれたように、伊予・阿波・土佐から、金毘羅参りのできる道が通じていた。

讃岐の道❶

高松（丸亀）街道

たかまつ（まるがめ）かいどう

●高松から西へ、郷東《ごうとう》・鬼無《きなし》・国分《こくぶ》・坂出《さかいで》・宇多津《うたつ》を経て丸亀へ出る街道。
●丸亀では高松街道とよび、高松では丸亀街道とよんだ。

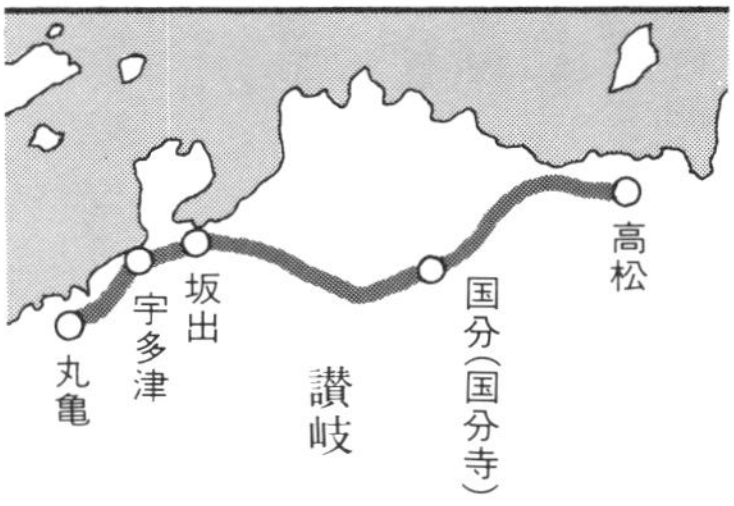

崇徳上皇の眠る国分台

高松市国分寺《こくぶんじ》町の国分は天平《てんぴょう》十三年（七四一）聖武《しょうむ》天皇の詔《みことのり》により国分寺・国分尼寺がおかれたところで、金堂《こんどう》と塔の礎石が残り、鎌倉時代に建てられた講堂は四国霊場第八十番札所国分寺の本堂である。

国分の北、白峰《しらみね》・黒峰《くろみね》・紅ノ峰《こうのみね》・青峰《あおみね》・黄ノ《きいの》峰《みね》からなる国分台《こくぶだい》（五色台《ごしきだい》）は備讃《びさん》瀬戸を望む景勝の地で、第八十一番札所白峰《しろみね》寺の北には保《ほう》元《げん》の乱（一一五六）の悲劇の、崇徳《すとく》上皇の陵墓があり、青峰には八十二番札所根香《ねごろ》寺がある。

金毘羅参りの上陸地

綾川《あやがわ》河口に開けた坂出《さかいで》は、慶長七年（一六〇二）、播磨《はりま》・赤穂《あこう》から製塩の技術を導入し、讃岐三白《さんぱく》（塩・綿・砂糖）の一つ、塩の町として知られ、備讃瀬戸の主要な港として栄えた。宇多津は大束《だいそく》川の河口にある古い港町で、幕藩時代には高松藩の藩倉がおかれ、金毘羅参りの上陸地の一つであった。ここには南北朝時代の武将細川頼之《よりゆき》の帰依の厚かった第七十八番札所郷照《ごうしょう》寺がある。丸亀は慶長二年、生駒親正《ちかまさ》が丸亀城を築城、やがて山崎氏を経て、万治《まんじ》元年（一六五八）に京極高《きょうごくたか》和《かず》が六万石で入封、城下町として栄えた。江戸時代は大坂から金毘羅参りの上陸地として、毎月、定期船が通うほどにぎわった。

悲劇の上皇を弔う十三重塔

志度・長尾街道

しど・ながおかいどう

●志度街道は、徳島・大寺から大坂峠を越えて讃岐に入り、引田《ひけた》・白鳥《しろとり》・三本松《さんぼんまつ》・津田・志度・牟礼《むれ》を経て高松に至る。

●長尾街道は、三本松で志度街道と分岐し、田面《たのも》・長尾・池辺《いけのべ》を経て高松に至る。

阿讃の要衝を越えて

阿波の徳島は、蜂須賀家政《いえまさ》を藩祖とする徳島藩二十五万七千石の城下町。町は城のある徳島をはじめ、寺島・出来《でき》島・福島・住吉島・常三《じょうさん》島・ひょうたん島の阿波七島とよばれた島と州《す》でできた水の都であった。

志度街道は徳島の蔵本《くらもと》から徳命の渡しで吉野川を渡り、現在板野町の大寺に出て、大坂峠を越えて、讃岐に入った。

大坂峠は古くから阿讃国境の要衝である。源義経が屋島を攻めたときも、この峠を「夜もすがら」越えて、讃岐の引田・白鳥を通り、田面峠を越え、牟礼から屋島に攻めよせた。また、天正《てんしょう》十三年（一五八五）豊臣秀吉の四国征伐のときも、黒田《くろだ》孝高《よしたか》は、この大坂峠を越えて、讃岐に攻め入った。

大坂峠から見た播磨灘

伝説の町、白鳥

白鳥は伊勢能褒野《のぼの》で崩御した日本武尊《やまとたけるのみこと》の霊が白鳥と化して、この地に飛来して祀られたといわれる白鳥神社の門前町である。寛文《かんぶん》四年（一六六四）、初代高松藩主松平頼重《よりしげ》が廟《びょう》を再建して以来、歴代藩主の尊崇が厚く、二十数基の石灯籠

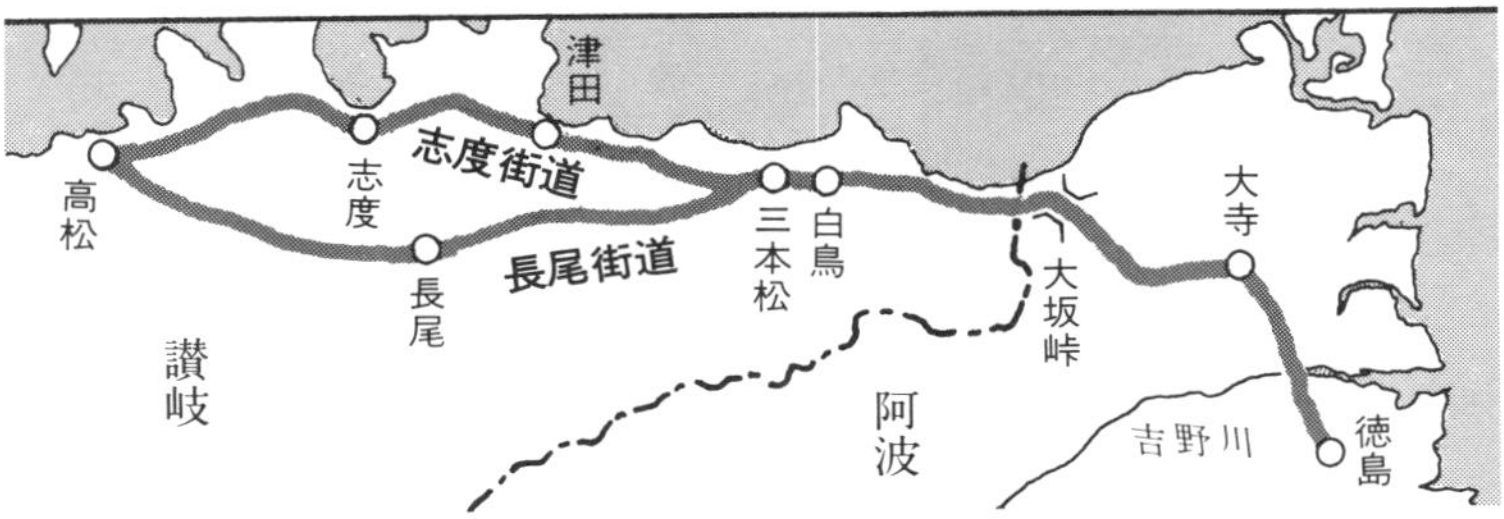

が寄進された。

東かがわ市の三本松《さんぼんまつ》は、かつてここにあった三本の松の大木が、播磨灘《はりまなだ》を航行する船の目印になっていたことから生まれた地名で、ここから山に向かう長尾街道が分かれていた。また、讃岐三白《さんぱく》の一つ、砂糖の積出《つみだし》港として明治時代の中期まで栄えた。

数千本の老松が群生する「津田の松原」は、慶長《けいちょう》年間（一五九六〜一六一五）当時の領主生《い》駒《こま》氏が砂防のため植えたもので、寛永《かんえい》十年（一六三三）の古地図にも記載されているほど古い名勝である。道は志度を経て高松へと至る。

四国巡礼最後の札所，大窪寺

門前町、長尾のにぎわい

三本松で分かれた長尾街道はさぬき市長尾の町へ入る。ここは奈良時代から長尾寺を中心に発展したこの地方の中心地で、江戸時代は四国霊場第八十七番札所の門前町としてにぎわいをみせた。

また、この長尾から南東、讃岐山脈の山あいには四国巡礼の結願《けちがん》所、第八十八番札所大窪《おおくぼ》寺があり、巡拝を終えた「お遍路さん」の金剛杖や菅笠《すげがさ》が数えきれないほど奉納されている。

高松は天正十五年、生駒親正《ちかまさ》が讃岐十七万三千石に封じられて、内堀・外堀に海水を取り入れた高松城を築城、寛永十九年には松平頼重が十二万石で入封、徳川親藩として十一代にわたって繁栄した城下町である。

松山への道❶

讃岐街道

さぬきかいどう

●讃岐街道は丸亀《まるがめ》から、現在善通寺《ぜんつうじ》市の金蔵寺《こんぞうじ》を経て高瀬・観音寺《かんおんじ》・豊浜・川之江《かわのえ》・豊岡・新居浜《にいはま》・西条《さいじょう》を通り、小松に出た。
●この街道は讃岐では伊予《いよ》街道とよんだ。

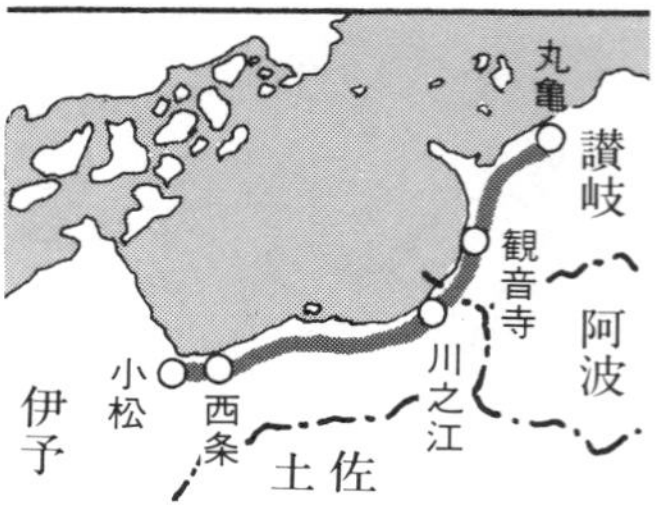

燧灘の浜辺道

燧灘《ひうちなだ》に面した観音寺は、大宝《たいほう》二年（七〇二）に創建したという琴弾《ことひき》八幡宮と、四国霊場第六十八番札所神《じん》恵《ね》院《いん》・第六十九番観音寺の二霊場がある門前町としてにぎわった。琴弾山のふもとには、寛永《かんえい》十年（一六三三）領主生駒高俊《いこまたかとし》が巡視したとき、これを歓迎して一夜で築いたという、砂でつくられた「寛永通宝」の珍しい銭形がある。

豊浜からは琴平への道が分かれ、伊予からの金毘羅参りの人たちが利用した。

四国中央市川之江町は、豊岡町とともに手漉《す》き和紙の生産が盛んで、水引《みずひき》の名産地として知られた。また、ここからは土佐（北）街道が分かれていた。

修験の山，石鎚山

「伊予の高嶺」いしづっつぁん

西条は寛文《かんぶん》十年（一六七〇）徳川頼宣《よりのぶ》の次男、松平頼純《まつだいらよりずみ》が三万石で入封した陣屋町で、『万葉集』に「伊予の高嶺《たかね》」と詠《よ》まれ、人びとから「いしづっつぁん」と親しまれた四国の最高峰石鎚《いしづち》山の登山口として栄えた。登山口には第六十四番札所で石鉄蔵《いしてつざ》王《おう》権現を祀る前神《まえがみ》寺と、石鎚神社本社がある。石鎚神社は、この本社と山の中腹にある成就《じょうじゅ》社、頂上にある頂上社からなり、江戸時代の初期から信仰登山でにぎわった。

松山への道❷

小松街道

こまつかいどう

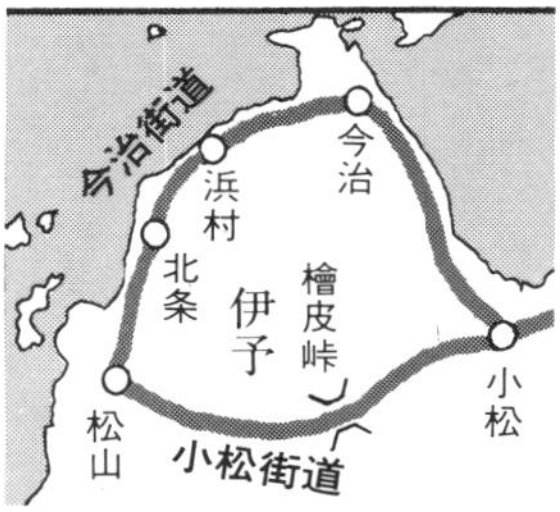

●小松街道は伊予の小松から大頭《おおと》・来見《くるみ》をすぎ、檜皮《ひわだ》峠を越え、川上・平井・久米を経て、道後《どうご》から松山に入る街道で、桜三里《さくらさんり》街道・周桑《しゅうそう》街道ともよばれた。

桜花の咲き乱れる峠道

伊予小松は寛永《かんえい》十三年（一六三六）西条藩より分封された一《ひとつ》柳《やなぎ》氏一万石の陣屋町で、四国霊場八十八カ所のうち、もっとも難所である第六十番札所横峰《よこみね》寺の入り口であった。ほかに、安産・子育ての「子安大師」第六十一番香園《こうおん》寺、第六十二番宝寿《ほうじゅ》寺がある。

檜皮峠は道前《どうぜん》と道後の平野を結ぶ峠で、貞《じょう》享《きょう》四年（一六八七）周布《しゅうふ》郡の代官矢野源太が、峠を中心に三里にわたって桜を植え、旅人の労をいやした。今も、春には美しい花を咲かせる桜並木がつづいている。桜三里街道の名はここから生まれた。

古文書に登場する道後の湯

松山は関ケ原の戦いに功のあった加藤嘉明《よしあき》が慶長《けいちょう》八年（一六〇三）に築城、その後蒲生《がもう》氏を経て、寛永十二年、松平定行《さだゆき》が十五万石で入封した徳川親藩で、十四代にわたりつづき、俳人正岡子規《まさおかしき》が、「名月や伊予の松山一万戸」と詠《よ》んだ城下町である。

松山の道後温泉は、『古事記』『日本書紀』『万葉集』などに「伊予ノ湯」として登場するわが国でもっとも歴史の古い温泉で、景行《けいこう》天皇・聖徳太子も入湯したと伝えられている。

道後温泉本館のシンボル，振鷺閣

松山への道❸

今治街道

いまばりかいどう

●今治街道は、伊予小松から三芳《みよし》・桜井を経て今治に出て、浜村・北条《ほうじょう》・堀江《ほりえ》と、海沿いに松山へ入る街道だった。

「四国の大坂」商都今治

今治は高縄《たかなわ》半島の来島《くるしま》海峡に面した蒼社《そうじゃ》川の河口にあり、『平家物語』や『太平記』には「今張の浦峰」と記された。

慶長《けいちょう》五年（一六〇〇）関ケ原の戦いののち、藤堂高虎《とうどうたかとら》が今治に二十二万石で入封した。築城の名手であった高虎は、堀に海水を引き入れた今治城を慶長九年に完成、城下町を整備したが、慶長十三年、伊勢安濃津《いせあのつ》に移封、寛永《かんえい》十二年（一六三五）松山藩主松平定行の弟定房《さだのぶ》が三万石で入封、それ以後一〇代にわたり、松平氏が今治を支配した。

今治は「四国の大坂」といわれるほど商業が盛んなところで、江戸時代、「伊予木綿《もめん》」の名は全国に知られた。

瀬戸内航路最大の難所，来島海峡

皇居に使われた菊間瓦

高縄半島の斎灘《いつきなだ》に面した、現在今治市菊間町浜は弘安《こうあん》年間（一二七八〜八八）に始まったと伝えられる瓦《かわら》（菊間瓦）の産地で、その品質のよさから昔は御所や幕府の工事に使われ、明治十七年、皇居が造営されたときも宮中に納められた。

北条は風早《かざはや》地方の中心地で、伊予の名族河野氏の根拠地であったが、豊臣秀吉の四国征伐で滅亡、江戸時代には昔日の面影はなかった。

松山から南へ❶

大洲街道

おおずかいどう

●大洲街道は、松山から松《ま》前《さき》・郡中《ぐんちゅう》・上灘《かみなだ》をすぎて南に向かい、犬寄《いぬよせ》峠を越えて、中山・内子《うちこ》から新谷《にいや》を経て、大洲に至る街道だった。

恵みと氾濫の重信川

松山と松前の間を流れる重信《しげのぶ》川は、高縄山地の東三方ケ森《ひがしさんぼうがもり》に源を発し、松山平野を潤したが、たびたびの氾濫《はんらん》で人びとを悩ませた。慶長年間（一五九六〜一六一五）当時の領主加藤嘉明《よしあき》の家臣足《あ》立《だち》重信が改修工事に着手し、さまざまな困難を克服して成功し、名づけられた川である。

街道は上灘から南に向かい、犬寄峠を越えて、藩政時代、「中山栗」の名産地として知られた中山から内子に入った。

内子は大洲半紙の集散地で、宝暦《ほうれき》年間（一七五一〜六四）から昭和初期まで、木蠟《もくろう》・晒蠟《さらしろう》の全国的な産地であった。

内子からは、大洲支藩の陣屋町新谷を経て、大洲に入った。

川霧たちこめる伊予の小京都

大洲は元弘《げんこう》元年（一三三一）宇《う》都宮豊房《つのみやとよふさ》が大津城を築城、元和《げんな》三年（一六一七）加藤貞泰《さだやす》が六万石で入封、十三代にわたりつづいた城下町である。

大津の名が大洲に改められたのは、万治《まんじ》元年（一六五八）のころからである。川霧のたちこめる清流肱《ひじ》川のほとりにあり、対岸の富士《とみす》山の麗姿とあわせ、「伊予の小京都」とよばれるのにふさわしい城下町であった。

松山から南へ❷

宇和島街道

うわじまかいどう

●宇和島街道は、大洲から南へ東多田・卯之町《うのまち》に入り、法華津《ほけづ》峠を越え、吉田を経て宇和島に至る道。

水鳥にちなむ卯之町

山田檜《やまだひのき》に代表される美しい山なみに囲まれた盆地、西予市宇和《うわ》町の卯之町は、鎌倉時代から西園寺《さいおんじ》氏の松葉城の城下町で、南予の中心地だったが、豊臣秀吉の四国征伐に敗れてから衰退した。

卯之町は初めは松葉町といったが、たびたびの火災に被害をうけ、慶安《けいあん》四年（一六五一）水鳥にちなむ鵜《う》ノ町と改称、のちに卯之町と書かれるようになった。

二代藩主伊達宗利が築いた宇和島城天守閣

法華津峠は宇和海《うわかい》の法花津《ほけづ》湾を望む景勝の地で、この峠を越えて吉田に入った。

吉田は宇和島支藩三万石の陣屋町で、ここから第四十一番札所竜光寺《りゅうこう》・第四十二番札所仏木《ぶつもく》寺のある三間《みま》への道が分かれていた。

維新に貢献した宇和島

宇和島には西園寺氏の板島丸串《いたしままるくし》城があったが、藤堂高虎が慶長《けいちょう》元年（一五九六）から六年の歳月をかけて本城を構築した。元和《げんな》元年（一六一五）仙台藩主伊《だ》達《て》政宗《まさむね》の子、秀宗《ひでむね》が十万石で入封、名を宇和島と改め、鬮持制《くじもちせい》という独特な農地制度や蠟《ろう》・紙・楮《こうぞ》の専売制など、すぐれた藩政改革により、城下町として発展した。

八代藩主宗城《むねなり》は「幕末の四賢侯」の一人で、明治維新に貢献した。

松山から南へ❸

宿毛街道

すくもかいどう

●宿毛街道は、宇和島から野井坂を登り、岩淵《いわぶち》・僧都《そうず》・緑《みどり》・上大道《うわおおどう》を経て松尾峠を越えて宿毛に至る道。

●宇和島から南へ、現在津《つ》島《しま》町の岩松、平城《ひらじょう》を経て一本松から松尾峠を越えて宿毛に至る道や、宿毛と中村を結ぶ道も宿毛街道という。

青蓮院の荘園だった御荘町

現在の愛南町御荘《みしょう》の平城は、第四十番札所観自《かんじ》在《ざい》寺の門前町として栄え、境内の一隅には、平城《へいぜい》天皇の遺髪を埋めたといわれる御陵がある。この付近は比《ひ》叡《えい》山延暦《えんりゃく》寺の末寺、青蓮《しょうれん》院の荘園のあったところで、御荘の名はここから生まれたという。

江戸時代は宇和島藩に属し、御荘組とよばれる代官所があった。

一本松は平安時代初期以来、修験の霊場だった篠山《ささやま》権現の登山口として栄えた。

古代の塩の産地だった宿毛

宿毛《すくも》は土佐で早くから開けた土地で、古くは塩の産地として知られ、宿毛の地名は塩を焼く藻屑、「すくも」から生まれた。

文明《ぶんめい》年間（一四六九〜八七）には、幡《は》多《た》地方を治めていた一条房家《いちじょうふさいえ》が宿毛湾に埠《ふ》頭《とう》を築き、盛んに対明《ミン》貿易を行なった。

江戸時代は土佐藩の家老伊賀《いが》氏六千八百石の城下町となった。伊賀氏の初代可氏《よしうじ》は藩主山内《やまのうち》一豊《かずとよ》の姉の子である。

宿毛はまた、藩政時代初期に功績をあげた執政野中兼山《のなかけんざん》が失脚、死去すると、その遺族が移され、きびしい幽囚《ゆうしゅう》生活を送ったところで、東福院にその墓所があり、悲劇を物語っている。

松山街道

まつやまかいどう

●松山街道は、高知から朝倉・伊野《いの》・佐川・越知《おち》・池川を経て用居《もちい》から国境を越え、七鳥《ななとり》・東川をすぎて久万に入り、三坂《みさか》峠を越えて久谷《くや》・井門《いど》から松山に至る道で、松山では土佐街道とよんだ。

南海の城と町と

土佐は、関ケ原の戦いののち、長宗我部《ちょうそかべ》盛親《もりちか》が国を除かれ、慶長《けいちょう》六年（一六〇一）山内一豊が二十万余石で入封（のちに二十四万石）、それまで城のあった浦戸《うらど》の土地が狭かったため、背後に高知平野をひかえる大高坂山に城を築き、城下町をつくった。

高知市の中央，大高坂山にそびえる高知城

町は廓中《かくちゅう》・上町《かみまち》・下町《しもまち》に分かれ、民謡「よさこい節」の純信・お馬の恋物語で知られるはりまや橋は、商人や職人の住んだ下町にある。

山内氏は土佐藩主として十五代つづいたが、「幕末の四賢侯」の一人、山内豊信《とよしげ》（容堂）はよく知られている。

土佐和紙の発祥地

伊野は土佐和紙の発祥地成山《なるやま》に近く、江戸時代は藩の御用紙の製造地として保護をうけ、今でも白壁土蔵造りの紙問屋が建ち並び、手漉《す》き和紙がつくられている。

佐川は高知の西の要衝として、家老深尾氏の陣屋がおかれたところ。越知は養蚕で生糸を、池川は楮《こうぞ》・三椏《みつまた》など紙の原料を産して土佐の経済に大切な役目を果たし、この街道は物資流通

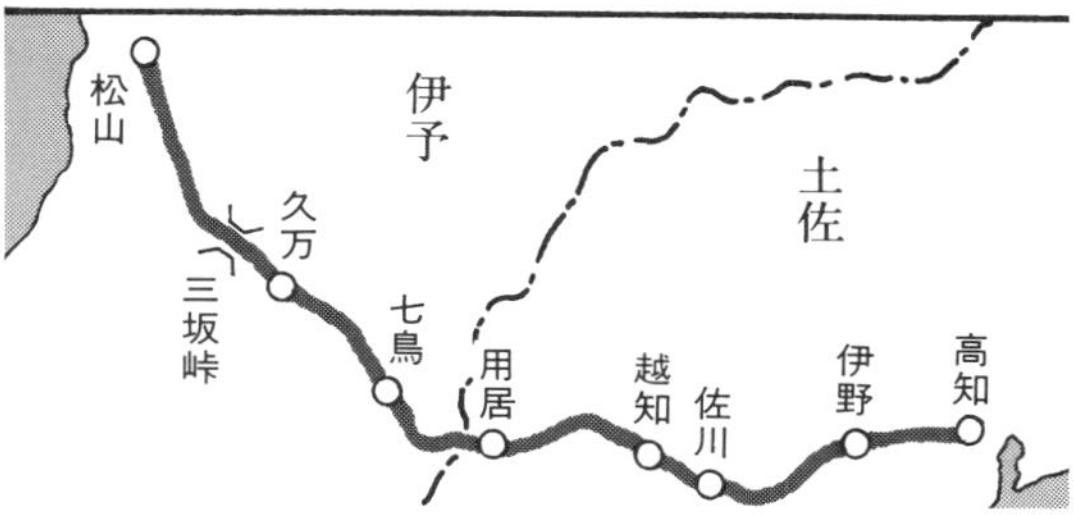

伊土国境に近い七鳥に立つ一里塚

のうえでも重要であった。用居には番所がおかれ、他国との往来を厳重に取り締まった。

七種の鳥の幽邃境

伊予・土佐の国境を越えて、東川から七鳥に出ると、北方に第四十五番札所岩屋寺《いわや》がある。岩屋寺は、弘仁《こうにん》六年（八一五）この地を訪れた空海《くうかい》が「山高き谷の朝霧海に似て松吹く風を波にたとえむ」と詠《よ》んで開基したと伝えられる。二〇〇メートルあまりの大岩壁を背に、本堂・大師堂などがその真下に建つ幽邃境《ゆうすいきょう》である。地名の七鳥は、この山中に慈悲心鳥・三宝鳥（仏法僧）など七種の霊鳥が住んでいたのでつけられたという。

松山・大洲両藩の久万

久万地方は、江戸時代は松山藩領と大洲藩領に分かれていて、久万は松山藩の代官所・奉行所がおかれた街道の重要な宿駅であった。この地方は檜《ひのき》・杉など良質の森林資源が豊富で、平坦地では水田耕作が行なわれる。

久万から北上すると、「三坂通いすりゃ雪ふりかかる帰りゃ妻子が泣きかかる」と馬子唄に歌われた三坂峠にかかる。三坂峠は標高七二〇メートル、道後平野・忽那《くつな》諸島を一望のもとにできる峠である。

峠を越え、やがて街道は、現在松山市の久谷・井門をすぎて、松山城下に入る。

土佐から西へ❷

中村街道

なかむらかいどう

●中村街道は、高知から朝倉・高岡・戸波《へわ》・須崎・久《く》礼《れ》・窪川《くぼかわ》・佐賀・上川口を経て、中村に至る。

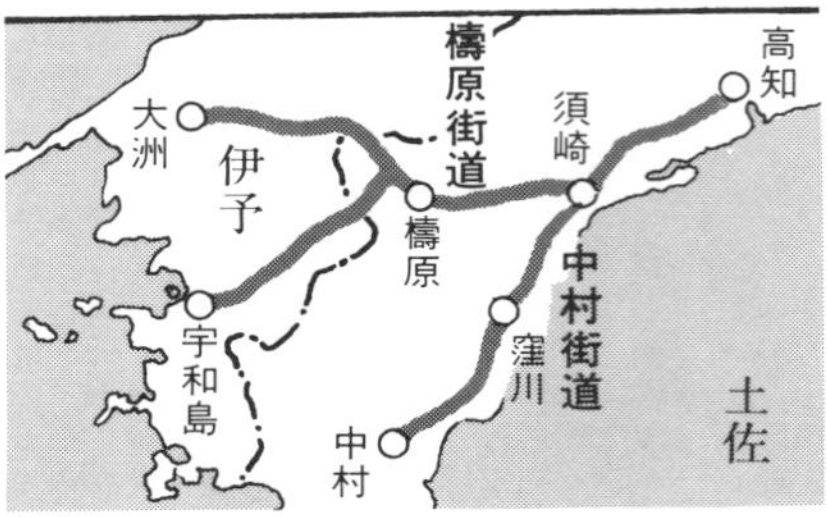

かつお節の発祥と海の男の信仰

現在土佐市の高岡は高岡平野の中心地で、古くから土佐和紙の製造で知られた。高岡の南方の土佐湾に面した宇佐《うさ》は、須崎とともにかつおの一本釣りが盛んだったところで、天正《てんしょう》年間（一五七三〜九二）から盛んに製造されはじめた「かつお節」は品質のよさで有名だ。江戸時代には、土佐藩の幕府への重要な献上品だった。

宇佐から須崎にまたがる景勝の地「横浪三里《よこなみさんり》」には、空海伝説による航海安全で信仰を集めた〝波切不動明王〟の第三十六番札所 青竜《しょうりゅう》寺があり、巡礼でにぎわった。

須崎からは檮原《ゆすはら》街道が分かれ、窪川からは江《え》川崎《かわさき》を通って伊予の近永《ちかなが》に出る道が分かれていた。

土佐の小京都といわれる中村市の眺望

中村は土佐の小京都

幡多《はた》地方の中心中村は、応仁《おうにん》二年（一四六八）前関白一条教房《さきのかんぱくいちじょうのりふさ》が戦乱を避けてこの地に下り、天正二年、長宗我部元親に豊後《ぶんご》に追われるまで、土佐一条氏が五代、約百年間を治めた町である。

教房は、中村御所を中心に京都風の町づくりを行ない、東山・鴨川《かもがわ》・一条通などの地名をつけたが、たびたびの洪水《こうずい》に襲われ、今はその町並みと大文字焼きに面影を見せるのみである。

土佐から西へ❸

檮原街道

ゆすはらかいどう

●檮原街道は、中村街道の須崎から姫野々《ひめのの》・船戸を経て檮原に入る。檮原の先で道は二つに分かれ、西北に四万川《しまがわ》・河辺・五十崎《いかざき》を経て大洲《おおず》に至る道を大洲街道といい、西南に日吉・近永《ちかなが》を経て宇和島に至る道を宇和島街道とよんだ。

男たちの乱舞

新荘川《しんじょう》に沿って道は西へ向かい、姫野々へ出る。延喜《えんぎ》十三年（九一三）に藤原経高《つねたか》が伊予から入って津野氏を名乗り、檮原・津野山を領知したといわれ、ここにはその城跡が残る。

檮原は、古くは椅原《いすはら》とよばれた。このあたりには千年以上もの伝統をもつ津野山神楽《かぐら》が伝わっており、岩戸《いわと》神楽の一種で、男たちだけの迫力ある舞である。毎年十月から十一月に、三島神社や津野山郷の各神社で演じられる。

九十九曲峠の「勤王志士脱藩遺蹟」の碑

坂本龍馬脱藩の道

檮原から西は、幕末の志士たちが脱藩し走った道である。ルートについては諸説あるが、土佐(東)街道の野根山《のねやま》越えとともに、維新の礎《いしずえ》になった道で、九十九曲峠には「勤王志士脱藩遺蹟」の碑が立っている。

龍馬は、一説には大門《だいもん》峠を越えて坂石から肱《ひじ》川を舟で下り、大洲から長浜に出て、長州下関に向かったという。この道は檮原の楮《こうぞ》・三椏《みつまた》を五十崎に運び、大洲から塩・味噌・醤油などを檮原に運ぶ道だったので、龍馬も利用したのだろう。

宮野々《みやのの》番所（檮原《ゆすはら》街道）

高知県高岡郡檮原町宮野々

伊予と土佐の国境の村、津野山《つのさん》郷には番所がいくつも設けられていた。国境の韮ヶ峠麓にある宮野々番所は、寛永《かんえい》六年（一六二九）に設置され、宝暦《ほうれき》年間（一七五一〜六四）より明治初期まで地元の片岡氏が役人を世襲した。現在、番所跡には案内板と石碑が立つ。石碑の後方には低い石垣が組まれ、今も役人の子孫が住む家屋がある。往時の規模を再現して建てられ、面影をよく残している。

ここは作家司馬遼太郎の『竜馬がゆく』でも知られた、檮原街道の「坂本龍馬脱藩の道」でもある。文久《ぶんきゅう》二年（一八六二）三月、龍馬は同志沢村惣之丞《そうのじょう》とともに、那須《なす》俊平《しゅんぺい》・信吾《しんご》親子の案内で、この番所を抜けて土佐領を出て、長州へと向かった。

石碑の裏には龍馬や吉村虎太郎ら脱藩志士12人の名前が記されている（写真／檮原町）

山内氏が支配した土佐藩は「郷士」という過酷な身分制度があったため、幕末期には多くの脱藩志士を出した。彼らは関所を抜けて伊予領内に入ると、

「これからは俺・お前で行こう」

と、互いに語り合ったといわれる。藩内では同じ郷士でも身分差があり、互いの呼び方まで違っていた。この言葉には自由と平等への憧れの気持ちがあふれている。

大坂口《おおさかぐち》御番所（志度街道）

徳島県板野《いたの》郡板野町大坂

藩政時代に讃岐《さぬき》と阿波《あわ》の国境にある大坂峠に置かれた番所。正保《しょうほう》元年（一六四四）から明治五年（一八七二）まで高松藩との国境警備のため、徳島藩の村瀬家が代々役人をつとめていた。志度街道は当時から人の往来が多かったため、他の番所に比べて取り締まりが厳しかったと伝えられている。番所の建物自体は現存していないが、役人が居住していた旧村瀬館は、文化《ぶんか》十二年（一八一五）に建てられた貴重な町の文化財。屋敷前の石畳に当時の番所の面影を見ることができ、街道の歴史を紹介する資料館として通常は日曜日だけ開館している。

古目《こめ》番所（土佐（東）街道）

徳島県海部《かいふ》郡海陽町宍喰《ししくい》

阿波《あわ》と土佐の国境警備のため、藩政時代に置かれた番所。藩内でも重要な関所の一つに数えられ、阿波九城の一つ海部城からも交代で武士が番所に詰めていたという。番所前にはところどころに飛び石が置いてあり、旅人はそれを飛んで通行しなければならなかった。これは衣服の乱れや身体の動作で怪しいものを見分けるしくみになっていたといわれている。現在は番所の面影を残すものはなく、古い五輪塔とともに木の標柱が立つのみである。ここから山道に入り、峠を越えた高知県側の甲浦《かんのうら》港の北詰には東股《ひがしまた》番所があった。

関谷《せきや》・平地《ひらち》番所（大洲《おおず》街道）

愛媛県大洲市

大洲藩と宇和島藩は、野田《のだ》川が藩境で川をはさんで両藩の番所があった。関谷番所は大洲藩の番所で、現在、大洲市西大洲甲一ノ一にある関谷氏の邸宅が番所跡である。番所で使用された古材を使って今の屋敷を建てたという。一方、大洲街道の野田川に架かる関谷橋を渡った大洲市平野町平地一ノ一にあるのが、宇和島藩の平地番所である。こちらは現在、関氏と上市氏の二軒の屋敷に使われており、外観は往時の面影をとどめる。両番所跡とも現在は個人宅であるが、当時の雰囲気がよく残されており、大洲市の史跡に指定されている。

松尾坂《まつおざか》番所（宿毛《すくも》街道）

高知県宿毛市大深浦

土佐と伊予の国境にあたる松尾峠に設けられたのが、松尾坂番所である。当番所は戦国時代、長宗我部《ちょうそかべ》氏によって置かれており、『秦氏政事記』によると、松尾坂口となっている。土佐藩の山内氏入国後もそのまま引き継がれ、のちの松尾坂番所になったと思われる。当番所は大深浦の入口にあって、関守は代々長田《おさだ》氏がつとめた。現在もその番所跡に長田氏の子孫が住んでいる。土佐国でも主要街道の西端の番所として重視されたが、四国遍路はこの番所と甲浦《かんのうら》番所以外は出入りができなかったため、一日に二〇〇〜三〇〇人ほどの往来があったという。

下関
若松
わかまつ
もじこう
小倉
黒崎
木屋瀬
ゆくはし
飯塚
周防灘
日豊本線
英彦山
中津
宇佐
国東半島
日出
おおいた
別府
府内
豊後森
日田
秋月
福岡
田主丸
久大本線
小国
大分
鶴崎
九住山
野津原
臼杵
内牧
坂梨
久住
大津
豊肥本線
ぶんごたけだ
阿蘇山
佐伯
そうたろう
熊本
国見岳
延岡
のべおか
宮崎
細島
横谷
多良木
西都
高鍋
佐土原
日向灘
高岡
宮崎
みやざき
吉都線
高城
都城
飫肥
にちなん
日南線
しぶし
6
7
8
4

九州路

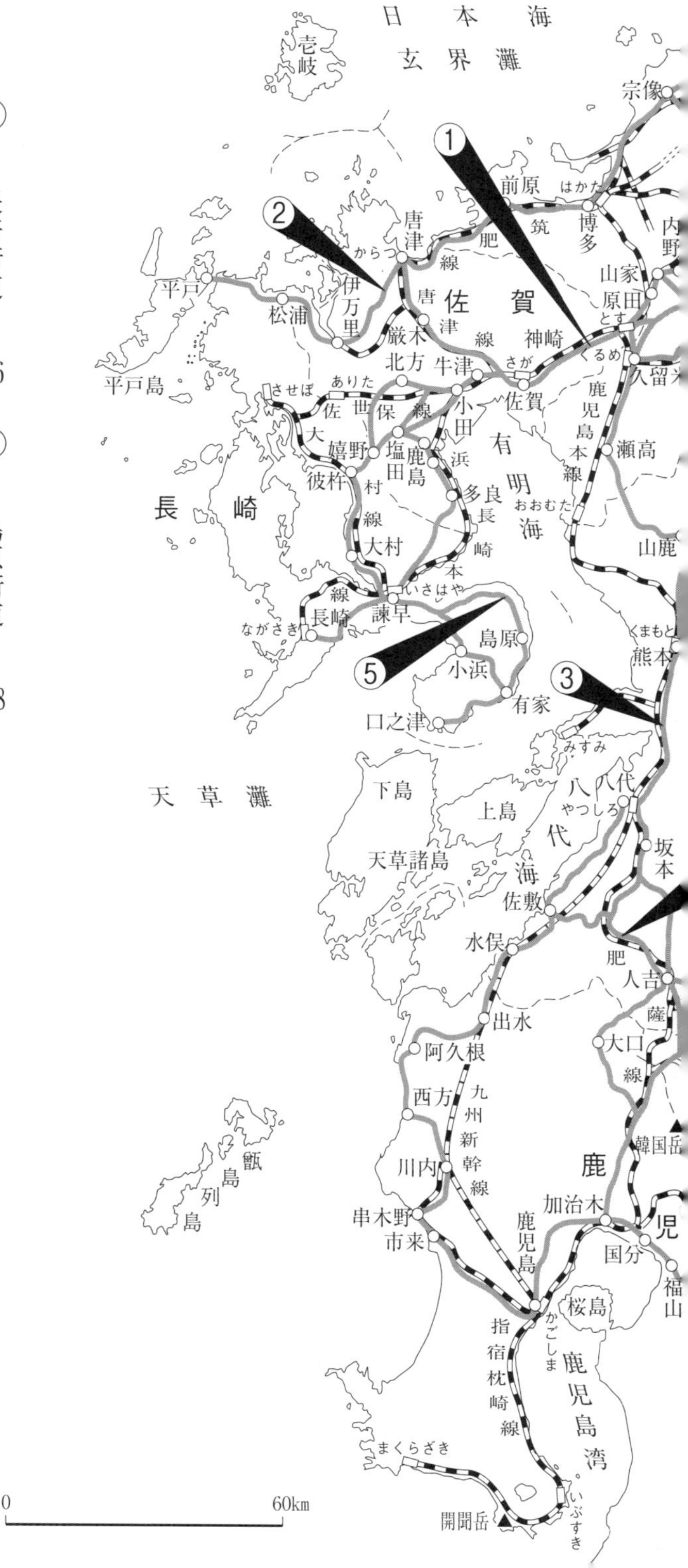

日本海
玄界灘
壱岐
宗像
前原
はかた
博多
唐津
からつ
筑肥線
伊万里
平戸
松浦
唐津線
佐賀
厳木
神崎
山家
原田
とす
北方
牛津
さが
佐賀
るめ
久留米
平戸島
させぼ
ありた
佐世保線
小田
鹿児島本線
嬉野
塩田
鹿島
浜
有明海
瀬高
彼杵
大村線
多良
長崎本線
おおむた
長崎
大村
山鹿
いさはや
諫早
ながさき
島原
くまもと
熊本
小浜
有家
口之津
みすみ
天草灘
下島
上島
天草諸島
八代
やつしろ
八代海
坂本
佐敷
水俣
肥薩線
人吉
出水
阿久根
大口
西方
九州新幹線
韓国岳
川内
鹿児島
甑島列島
加治木
串木野
市来
国分
桜島
かごしま
指宿枕崎線
鹿児島湾
福山
まくらざき
開聞岳
いぶすき
0
60km

長崎街道

●豊前大里《ぶぜんだいり》、または小倉から、筑前六宿《ちくぜんむしゅく》といわれた黒崎・木屋瀬《こやのせ》・飯塚・内野・山家《やまえ》・原田《はるた》を通り、田代《たしろ》・轟木《とどろき》・中原・神崎《かんざき》・境原を経て佐賀に入り、牛津《うしづ》・小田・塩田・嬉野《うれしの》・彼杵《そのぎ》・松原・大村・矢上《やがみ》・日見《ひみ》を経て長崎に達する道。

三つの道筋があった長崎街道

長崎は寛永《かんえい》十六年（一六三九）の鎖国から、安政《あんせい》六年（一八五九）横浜・箱館《はこだて》が開港されるまでの約二二〇年間、わが国唯一の海外に門戸を開いた東西文物交流の港であった。

慶安《けいあん》二年（一六四九）ごろまでの長崎街道の宿駅は、小田から、高《たか》・塩田・浜・多良《たら》を経て諫早《いさはや》に出て、長崎に向かった。

また、享保《きょうほう》三年（一七一八）以降は、小田から、北方《きたがた》・高橋・武雄《たけお》を経て、嬉野に出る道が利用された。

天明《てんめい》七年（一七八七）の時点では、佐賀藩を通過する長崎街道は、彼杵通り・塩田通り・多《た》良《ら》通りと、いずれも「本通《ほんどおり》宿駅」のある三つの道筋をもつ特殊な街道だった。

モダンなビルと好対照の
再建された小倉城天守閣

しかし、いずれにしても、現在諫早市の栄昌《えいしょう》に集まり、日見峠を越えて長崎に入った。

このほかに、長崎から諫早までは陸路、諫早から船で有明《ありあけ》海を渡り、筑後川の住吉船渡しで

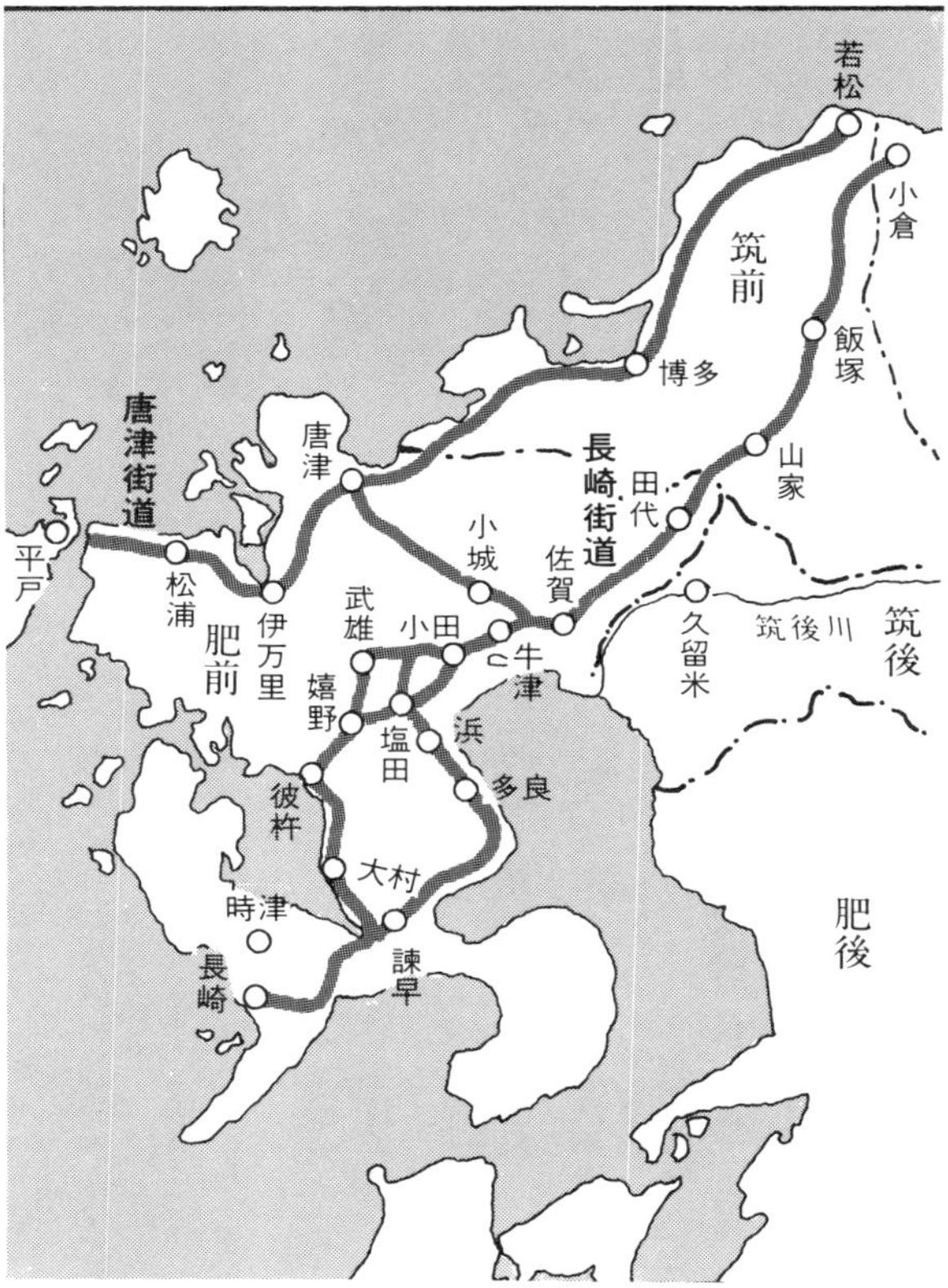

上陸、久留米《くるめ》・松崎を経て、筑前山家で長崎街道に合流する東目《ひがしめ》通り、長崎から時津《とぎつ》へ出て渡海、彼杵で合流する西目《にしめ》通りと、南蛮《なんばん》貿易による物資輸送を主にした経路もあった。

九州の玄関、小倉

江戸時代、小倉は西海道《さいかいどう》の玄関にあたる要衝であった。寛永九年、徳川家の譜代大名小笠原忠真が十五万石で入封したのも、西国各藩の外様《とざま》大名を監視するためだったという。

人と物資の集まる小倉は、商売の盛んな城下町であった。

この小倉からは、筑前六宿をさけ、福岡藩の支藩で五万石の城下町、現在朝倉市の秋月《あきづき》を通り、久留米方向に向かう秋月街道も分かれていた。

長崎街道は、筑前六宿を経て、現在は鳥栖《とす》市の田代に至る。田代の追分からは、南に薩摩街道が分かれていた。

佐賀の猫化け騒動

佐賀の歴史は古い。鎌倉時代の初め、この地の地《じ》頭《とう》となった龍造寺《りゅうぞうじ》氏が村中《むらなか》城（のちの佐賀城）を築き、戦国時代には隆信《たかのぶ》が大いに威を振るっ

白壁の二階家が今も点在する佐賀城下の町並み

た。しかし、彼の死後、家運は傾き、豊臣秀吉の天下統一ののち、実権は重臣の鍋島直茂《なべしまなおしげ》に移った。

江戸時代は十三代にわたり、鍋島三十五万七千石の城下町として栄えた。巷間伝わる「鍋島の猫化け騒動」は、この両家の宗主権の争いを化け猫に托したものだが、今は鍋島家の菩提《ぼだい》寺高伝《こうでん》寺に、両家の墓が静かに眠っている。

ケンペルの『江戸参府紀行』

佐賀を出た街道はやがて牛津へと至る。元禄《げんろく》三年（一六九〇）八月、オランダ商館医員として来日したドイツ人医師ケンペルが『江戸参府紀行』に、「江戸に上らせて皇帝の用に供するはこの米なり」と記した佐賀平野の良米は、牛津の港から積み出されたものである。

この紀行の中で、ケンペルは佐賀城下の街道を、沿道はすべて清潔で、新しい砂を敷いた理想的な道であるとも記している。

武雄は『肥前国風土記《ひぜんのくにふどき》』に条里・温泉について記載されているほど早くから開けていた。享保年間（一七一六〜三六）には、温泉地であるとともに商業の中心地になり、御船山《みふねやま》山麓には鍋島氏の別邸があった。

嬉野も『肥前国風土記』に記述の見える古い温泉である。泉量が豊富で、ケンペルも、文政《ぶんせい》六年（一八二三）に来日したシーボルトも、この温泉のことを書き残している。

また、永享《えいきょう》十二年（一四四〇）明《ミン》人によってもたらされたという「嬉野茶」の発祥地で、樹齢三百年を経た大茶樹がある。

現在東彼杵町の彼杵の港は、かつて時津との海上交通の発着地として大いににぎわったが、今は昔をしのぶよすがもない。

キリシタン大名大村氏の城下町

彼杵からの道は大村湾沿いに大村へとつづく。大村は最初のキリシタン大名大村純忠《おおむらすみただ》が、天正《てんしょう》十五年

（一五八七）豊臣秀吉の島津氏征討に従い、鎌倉時代からの旧領を安堵《あんど》され、関ケ原の戦いののちも、徳川氏によって安堵された二万七千九百石の城下町である。

長崎の異人屋敷（上）と『唐蘭館絵巻』に描かれた異人食事の図（下）

大村氏の居城、玖島《くしま》城は、慶長《けいちょう》三年（一五九八）純忠の子、喜前《よしあき》が築き、幕末までつづいたが、明治二年、版籍奉還により、天守閣は取りこわされた。

　諫早は長崎・島原・西彼杵各半島の分岐する基部にある交通の要衝で、江戸時代は佐賀藩の支領となり、諫早家（龍造寺氏）が支配した。

坂の長崎、石畳

　長崎は元亀《げんき》二年（一五七一）大村純忠の女婿長崎甚左衛門が、純忠の命を受けて開港、ポルトガル船と交易を開始した。天正十五年、豊臣秀吉はキリシタン禁教令を布告、町年寄制を実施した。

　江戸幕府もこれにならい、寛永十三年、出島《でじま》を完成、鎖国後はオランダと中国以外の貿易を禁止した。出島にオランダ人を、唐人《とうじん》屋敷に中国人を収容し、一般人との接触を禁じたが、幕末の開港によりこれが破れ、異人館の建ち並ぶ異国情緒豊かな石畳の坂の町となった。

玄界灘の海岸道

唐津街道

からつかいどう

●唐津街道は、長崎街道の佐賀から牛津へ向かう途中で分かれ、小城《おぎ》・厳木《きゅうらぎ》を経て唐津に至る。さらに唐津からは伊万里《いまり》・松浦を経て平戸口《ひらどぐち》から船で平戸に至る。唐津から平戸に至る道は、唐津では平戸街道とよばれた。

●このほかに若松から玄界《げんかい》灘沿いに博多を経て、唐津に至る道も唐津街道とよばれた。

悲恋の佐用姫伝説

長崎街道からの唐津街道は、慶長《けいちょう》十九年（一六一四）鍋島直茂《なべしまなおしげ》の孫元茂《もとしげ》が佐賀藩支藩として七万三千二百石で封じられた陣屋《じんや》町小城から、厳木を経て、唐津に入る。

唐津は古代から大陸との交易が盛んだったところで、任那《みまな》に赴く大伴狭手《おおとものさて》彦《ひこ》と別れを惜しんだ松浦《まつら》佐《さ》用《よ》姫《ひめ》の悲恋は「遠つ人松浦佐用比売《さよひめ》夫《つま》恋《ごい》に領巾《ひれ》振りしより負へる山の名」と『万葉集』に詠《よ》まれている。

唐津城は慶長十三年、寺沢広高《てらさわひろたか》が名護屋《なごや》城の資材を使って築城した。さらに松浦川の改修や新田開発、現在虹ノ松原《にじのまつばら》として残る防風林の植樹など、十二万石の城下町を建設したが、慶安《けいあん》二年（一六四九）以降は、六～八万石の譜代大名の支配となった。

伊万里の伝統を受けつぐ佐賀の陶芸

「色鍋島」を積み出す港

唐津から平戸への道は、まず南西方向の伊万里に向かう。伊万里湾が深く切れこんだ伊万里川河口にある伊万里は天然の良港で、江戸時代は伊万里焼の積出《つみだし》港として栄えた。

佐賀藩は御用窯《ごようがま》を延宝《えんぽう》三年（一六七五）有田《ありた》南川原《みなみかわばる》山から大川内《おおかわうち》山に移し、「色鍋島」はじめ格調高い磁器を焼き、有田焼はじめ肥前《ひぜん》地方の陶磁器とともに、ここから積み出した。

有田より御用窯が移された幽境大川内山(上)。オランダ船船首飾りの木像(下)

松浦水軍の根拠地

伊万里の西、松浦は「君を待つ松浦《まつら》の浦の娘子《おとめ》らは常世《とこよ》の国の天処女《あまおとめ》かも」など、『万葉集』に数多くの歌がのせられた古代の肥前国の旧都で大陸との交通の拠点であった。

また鎌倉・室町時代は「松浦水軍」の根拠地で、松浦党の始祖の築いた梶谷《かじや》城があったが、戦国時代の争乱で没落し、平戸松浦氏のみが江戸時代の大名となった。

西の端、平戸は古くから大陸への航路にあたり、遣唐使《けんとうし》をはじめ多くの船が寄港したが、鎌倉時代以降は松浦党の一族が館《やかた》を構えていた。

豊臣秀吉の九州征伐、文禄《ぶんろく》・慶長の役に、父隆信《たかのぶ》とともに従軍した松浦鎮信《しげのぶ》は、慶長四年、平戸城を築き、町を整備した。

関ケ原の戦いに東軍についた鎮信は、所領を安堵《あんど》され、江戸時代は松浦氏六万三千石の城下町だった。その間、天文《てんぶん》十九年（一五五〇）から寛永《かんえい》十八年（一六四一）まで、ポルトガル、イスパニア、オランダ、イギリス各国の船が入港し、南蛮《なんばん》貿易港として栄えたが、鎖国《さこく》により大きな被害を受け、追放された人びとが故国に寄せた「ジャガタラ文《ぶみ》」に見られるような数多くの悲劇が生まれた。

薩摩街道

さつまかいどう

●薩摩街道は田代の追分で長崎街道と分かれ、久留《くる》米《め》・瀬高《せたか》・南関《なんかん》・山鹿《やまが》・熊《くま》本《もと》・川尻《かわじり》・八代《やつしろ》・日奈久《ひなぐ》・田浦・佐敷《さしき》・水俣《みなまた》を経て薩摩に入り、出水《いずみ》・阿久根《あくね》・川内《せんだい》・串木野《くしきの》・市来《いちき》を通って、鹿児島に至った。

壇ノ浦の霊を祀った久留米の水天宮

筑後《ちくご》久留米は古くは国《こく》府《ふ》・国分寺《こくぶんじ》のおかれた筑後の中心地で、元和《げんな》六年（一六二〇）有馬豊氏が入封し、江戸時代は有馬氏二十一万石の城下町であった。

城下の水天宮は、平家が壇《だん》ノ浦《うら》に敗れたのち、按察使局伊勢《あぜちのつぼねいせ》が安徳《あんとく》天皇・建礼門院《けんれいもんいん》・二位局《にいのつぼね》を祀ったのが始まりで、水難・安産の守り神として全国水天宮の総本社として崇敬を集めた。

久留米からは立花氏十万九千六百石の城下町、「水郷《すいごう》」柳河《やながわ》に至る街道が分かれていた。

道は肥後に入って山鹿に至る。山鹿は平安時代に開湯した古い温泉で、江戸時代は宿場町・温泉町として栄え、余り湯を洗濯に利用して「山鹿千軒たらいなし」といわれたところ。

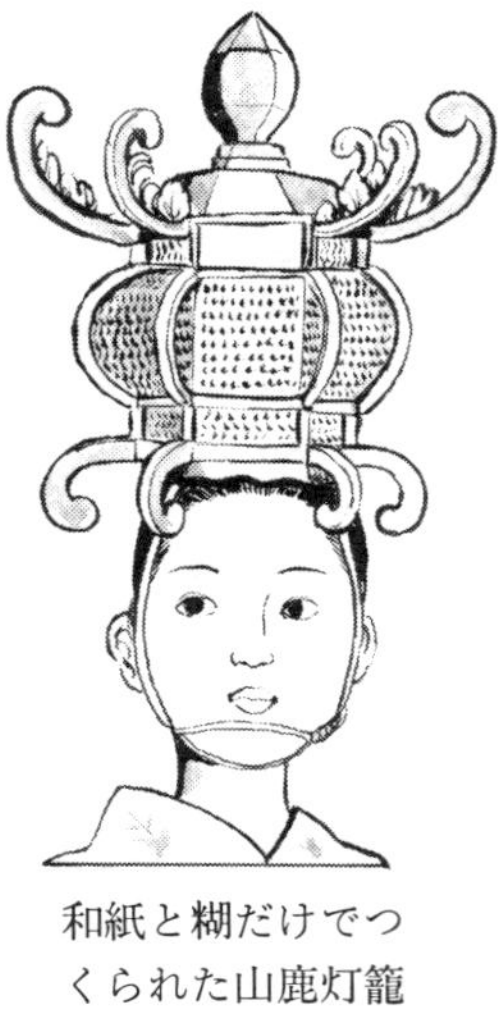

和紙と糊だけでつくられた山鹿灯籠

豊後街道が分岐した熊本

熊本は天正《てんしょう》十六年（一五八八）加藤清正《きよまさ》が入封し、慶長《けいちょう》六年（一六〇一）から七年の歳月をかけて熊本城を築城。城下町の経営、河川の改修、用水路の建設、干拓、街道の整備など、治水・土木などに大きな業績を残した町である。

江戸時代は寛永《かんえい》九年（一六三二）細川忠利《ただとし》が入封し、五十四万石の城下町として栄えた。

また、熊本からは久住《くじゅう》を経て、現在の大分市

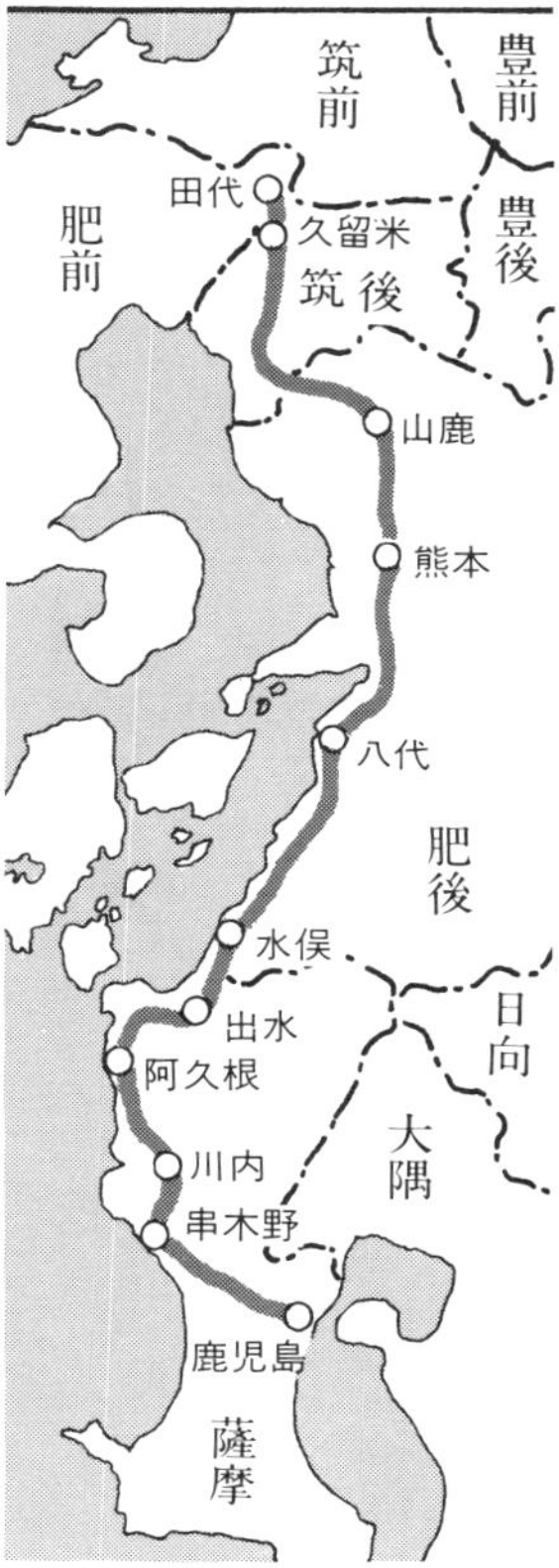

壮大堅固な石垣で名高い熊本城

である府内に至る豊後《ぶんご》街道があった。

「不知火」の八代

海上に不思議な火が現われる「有明《ありあけ》の不知火《しらぬい》」で有名な八代は、元和六年、清正の子、加藤忠広《ただひろ》が築城し、細川氏の代になってからは、宮本武蔵の後援者として知られる家老松井興長《おきなが》が三万石に封じられて入城した。一国一城令ののちも薩摩に備えて城を許された城下町である。

八代からは球磨《くま》川に沿って上り、人吉《ひとよし》・多良《たら》木《ぎ》を経て、日向《ひゅうが》の高鍋《たかなべ》・佐土原《さどわら》に出る道が分かれていた。

維新の原動力となった薩摩藩

八代の南、日奈久からは、この街道の最大の難所、赤松・佐敷・津奈木《つなき》の三つの太郎峠を越え、水俣から薩摩に入った。

鶴の渡来地として有名な出水は、薩摩藩北辺の要衝として郡奉行が派遣され、町の北、野間の関所は厳重をきわめた。道は阿久根をすぎて川内に至る。川内の西、川内川河口部の京泊《きょうどまり》は、江戸時代初期の参勤交代の乗船地で、ここから、海路、大坂に向かった。

川内から串木野・市来を経て鹿児島に入る。関ケ原で西軍として戦った島津氏は、慶長七年、本領を安堵《あんど》され、義弘は子の家久にこれを譲って隠居した。家久が鶴丸城を築き、整備した城下町が鹿児島である。

幕末の島津斉彬《なりあきら》は開明な藩主で、蘭語を学び、西洋文明を研究し、西郷隆盛・大久保利通を起用して、維新の原動力となった。

日向街道

ひゅうがかいどう

●日向街道は小倉《こくら》から、大橋・中津・四日市・宇佐《うさ》・立石・日出《ひじ》・別府・府内《ふない》・臼杵《うすき》・延岡《のべおか》・細島《ほそじま》・美々津《みみつ》・高鍋《たかなべ》を経て佐土原《さどわら》へ至り、日向から大隅《おおすみ》・薩摩へ入る道は、高岡・高城《たかじょう》・都城《みやこのじょう》・国分《こくぶ》・加治木《かじき》を経て、鹿児島に至る道、宮崎・飫肥《おび》・国分・加治木経由で鹿児島に至る道などがあった。

●小倉から中津までを中津街道・豊前《ぶぜん》街道ともよんだ。

中津街道から分かれる道

小倉の南で現在行橋《ゆくはし》市の大橋は、小倉と中津のほぼ中間にあり、ここからは、香春《かわら》・篠栗《ささぐり》を経て、博多《はかた》に出る篠栗街道が分岐した。

中津は山国《やまくに》川の河口にあって、天正《てんしょう》十六年（一五八八）黒田孝高《よしたか》が城を築き、城下町をつくった。その後、細川・小笠原と城主が変わり、享保《きょうほう》二年（一七一七）奥平昌成が入封した十万石の城下町である。

中津からは、山国川に沿って耶馬渓《やばけい》を通り、天領日田《ひた》に出る日田往還が分かれていた。

国東の道

現在宇佐市の四日市には、東・西本願寺九州別院「九州御坊」・芝《しば》原《はら》善光寺があり、宇佐には古くから伊勢につぐ第二の宗廟《そうびょう》として崇拝された全国八幡宮の総本社宇佐神宮がありにぎわった。

宇佐からの道は、現在の杵築市、木下氏分家の五千石の陣屋《じんや》町立石《たていし》を通って、木下氏二万五千石の城下町日出に出るが、迂回《うかい》して豊後高田から、国東《くにさき》半島の根もと、六郷満山《ろくごうまんざん》の真木《まき》大堂《おおどう》

日本有数の石造美術，臼杵の石仏

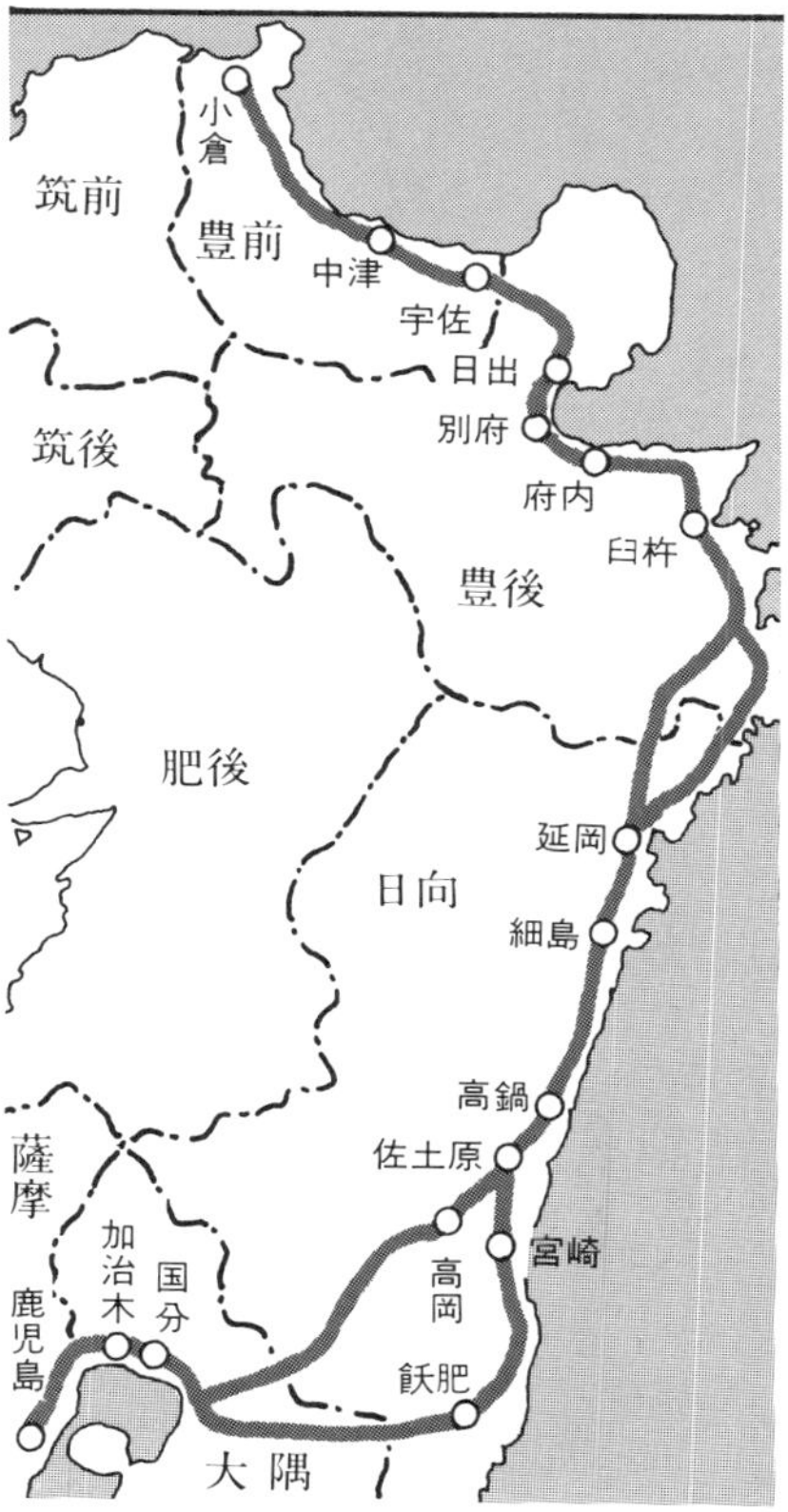

大友宗麟像

のある田染《たしぶ》、松平（能見）氏三万二千石の城下町杵築《きつき》から日出に出る道もあった。

湯の町別府は、古く聖武《しょうむ》天皇（在位七二四〜四九）のころから開かれたといい、江戸時代は天領で、文化《ぶんか》年間（一八〇四〜一八）には、温泉宿の許可二一軒を数えたという。

南蛮貿易の大友氏

湯の町の東は現在の大分市、府内である。古代、豊後の国府がおかれ、鎌倉時代から大友《おおとも》氏が二十二代、約四〇〇年にわたり支配した。なかでも戦国時代末期の大友宗麟《そうりん》は、盛時には北九州の大半を制圧、京都や西洋の文化を取り入れ、明《ミン》やポルトガルと貿易を行ない、キリスト教の保護につとめた。

大友氏滅亡後、豊後は小藩分立となり、府内は福原・早川・竹中・日根野《ひねの》氏が交替したが、万治《まんじ》元年（一六五八）松平（大給《おぎゅう》）氏が二万二千余石で入封し、明治に至った。

現在、隅櫓《すみやぐら》の残る府内城は、慶長《けいちょう》二年（一五九七）に福原直高《なおたか》が築城したものである。府内のすぐ東には、要港鶴崎がある。

臼杵から延岡へ二つの道

臼杵は永禄《えいろく》六年（一五六三）大友宗麟が丹生島《にゅうじま》に臼杵城を築き、対外貿易の地として栄えたが、大友氏滅亡後、慶長五年に、稲葉《いなば》貞通《さだみち》が五万石で入封した。

陽光がまぶしい日南の海

日向街道は、ここ臼杵から二つに分かれ、野《の》津《つ》・三重《みえ》から三国峠を越え、佐伯市宇目《うめ》の小野《おの》市《いち》から延岡に入る道と、臼杵から佐伯を迂回して宗太郎《そうたろう》越えで延岡に入る道があった。

佐伯《さえき》は慶長六年、毛利《もうり》高政が二万石で入封、築城した城下町であった。

参勤交代でにぎわった細島の港

延岡は古くから県《あがた》とよばれ、宇佐八幡の荘園の中心地であったが、豊臣秀吉の九州征伐にしたがった高橋正種《まさたね》が、この地に五万石で入封し、慶長八年に築城。江戸時代は有馬・三浦・牧野各氏を経て、延享《えんきょう》四年（一七四七）内藤氏が七万石で入封した。

地名の延岡は、明暦《めいれき》二年（一六五六）県城を延岡城と改称したのにともない変更された。

延岡からは、神話と渓谷で名高い高千穂《たかちほ》地方を経て、山また山を越えて熊本に出る道もあった。

延岡から南下して細島《ほそじま》に入る。現在日向《ひゅうが》市の細島は天然の良港で、江戸時代は海路、本州へ向かう参勤交代の港としてにぎわい、天領日田代官所の手代所（陣屋《じんや》）がおかれた。その南、美々津は神武天皇が東征に船出した伝説の地で、物資の集散地であった。

道は古くは財部《たからべ》といった高鍋に至る。豊臣秀吉の九州統一後、秋月《あきづき》氏三万石の城下町となり、延宝《えんぽう》四年（一六七六）城の大改修を機に、地名を高鍋に改めた。

神々の地，高千穂の夜神楽

鹿児島湾に浮かぶ桜島

慶長八年、島津以久《ゆきひさ》が分家独立し、三万石で入封した城下町佐土原をすぎて、街道は高岡に向かう。

花は霧島、たばこは国分

高岡の厳重をきわめた去川《さるかわ》の関所を通って薩摩領に入り、高城を経て都城に出た。

都城は薩摩藩島津氏発祥の地で、藩政時代には三万石の支藩がおかれた城下町だった。

道は鹿児島湾岸に至って国分に出る。国分は古代、大隅《おおすみ》の国府・国分寺のおかれたところで、「花は霧島《きりしま》、たばこは国分」と民謡「鹿児島おはら節」にうたわれた江戸時代の高級刻《きざ》みたばこ「国分」の原産地である。このたばこは、慶長年間（一五九六〜一六一五）島津家の家臣服部宗重が栽培したのがはじまりといわれ、薩摩藩の重要な財源の一つであった。

国分から湾岸に沿って加治木、さらに現在姶《あい》良《ら》町の帖佐《ちょうさ》・重富《しげとみ》を経れば鹿児島である。

佐土原からは、宮崎・清武《きよたけ》・山仮屋《やまかりや》を経て、現在日南市の飫肥《おび》に出る道もあった。飫肥は戦国時代、島津氏と数十年にわたる死闘を繰り広げた伊東氏五万七千石の城下町で、初代伊東祐《すけ》兵《たけ》は飫肥杉を育成し、世にその名声を高からしめた。

飫肥からは、松山・福山をすぎ、国分を経て、鹿児島に入った。

キリシタンの道

島原街道

しまばらかいどう

●長崎への要衝諫早《いさはや》から愛《あい》野《の》を経て、有明海沿いに島原に至る道。

●島原半島には、島原から深江《ふかえ》・布津《ふつ》・有家《ありえ》・有馬《ありま》を通って口之津《くちのつ》に至る道、愛野から小浜《おばま》を経て雲仙《うんぜん》越えで有家に至る道もあった。

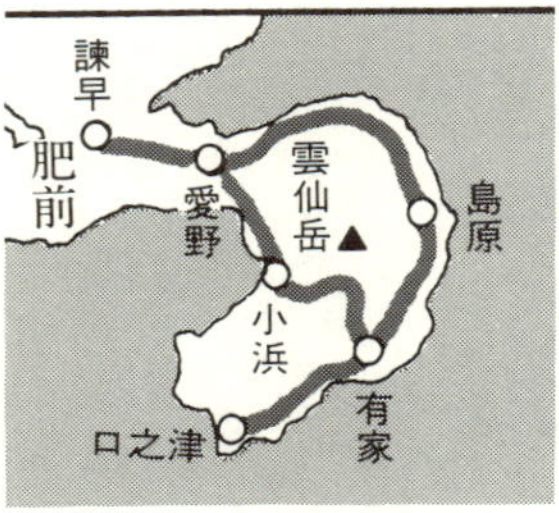

九十九島の誕生

島原は元和《げんな》二年(一六一六)松倉重政《まつくらしげまさ》が四万石で入封し、七年有余の歳月をかけて築城した。また重政・勝家二代にわたり、農民に重税をかけて厳しく取り立て、キリシタンを残虐に弾圧した。寛永《かんえい》十四年(一六三七)、ついに島原の乱が起こり、勝家は除封された。

その後は、高力《こうりき》・戸田《とだ》氏を経て、安永《あんえい》三年(一七七四)松平氏が七万石で入封、明治に至った。

原城跡に立つ天草四郎像

島原は眉山《まゆやま》を背に、有明海に臨む城下町だが、寛政《かんせい》四年(一七九二)、眉山の大爆発で多くの死者を出した。有明海に浮かぶ美しい九十九《つくも》島はこの大爆発で誕生したものである。

キリシタン殉教

島原を出た道は、島原湾に沿うように深江・布津・有家を経て、原城跡の残る有馬へ至る。島原の乱のとき、一揆勢が立てこもった激戦の跡には、今、天草四郎像が立っている。

小浜からの道は雲仙を経て有家へと達する。雲仙の主峰普賢《ふげん》岳と絹笠《きぬがさ》山の山間盆地にある雲仙温泉は奈良時代に発見されたといわれる。キリシタン弾圧の際には、涌出《ゆうしゅつ》する熱湯を浴びせて棄教《ききょう》を迫ったという哀史を残している。

山あいの道❶

日田往還

ひたおうかん

●長崎街道の山家から甘木を経て日田へ至る道をはじめ、薩摩街道の久留米から田主丸《たぬしまる》を通る道、熊本から小国《おぐに》経由の道、日向街道の中津から耶馬渓《やばけい》を通る道、別府から豊後森《ぶんごもり》を経て至る道など、日田へ集まるこれらの道は、いずれも日田往還とよばれた。

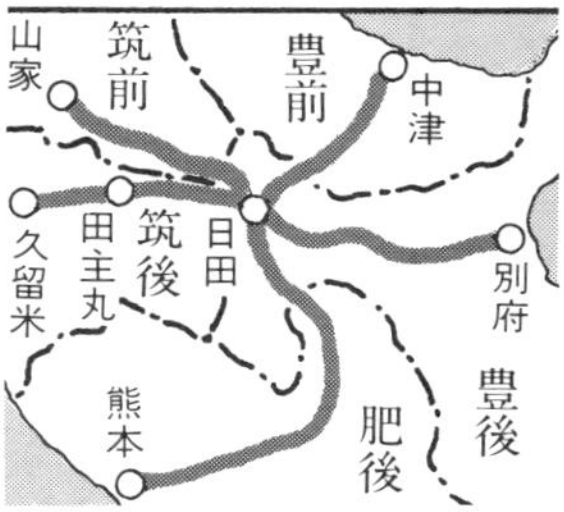

西国郡代役所と「日田金」

豊後の日田は、貞享《じょうきょう》三年（一六八六）、それまでの藩主松平氏が出羽山形へ移封になると、天領（幕府直轄領）となり、日田代官所（永山布政所）がおかれ、豊前《ぶぜん》・豊後《ぶんご》・日向《ひゅうが》・肥前《ひぜん》・肥後《ひご》・筑前《ちくぜん》六カ国の天領を支配し、宝暦《ほうれき》九年（一七五九）には西国郡代役所に昇格した。

日田盆地の隈《くま》・豆田《まめた》の町人は、享保《きょうほう》年間（一七一六〜三六）以後、日田代官所を背景に「日《ひ》田金《たがね》」とよばれる大名貸《だいみょうがし》・村貸など高利の金融業を営み、ここには豪商が続出した。

日田の繁栄とともに、各地からの日田往還はにぎわい、文人墨客の往来も盛んだった。

耶馬の渓山天下になし

中津からの日田往還は、文政《ぶんせい》元年（一八一八）、ここを通った頼《らい》山陽《さんよう》が、それまで山国谷とか城井《きい》谷とよばれていた渓谷に、「耶馬の渓山、天下になし」と絶賛して名付けた「耶馬渓」を通り、日田に至る道であった。

執念ののみ跡が残る青の洞門

その耶馬渓にある「青ノ洞門」は菊池寛の小説『恩讐《おんしゅう》の彼方に』でよく知られている。僧禅《ぜん》海《かい》が中津藩はじめ九州諸藩から援助を受け、享保二十年から一六年の歳月をかけて貫通、宝暦十三年に完成したものである。今も国道トンネルの付近にその跡をとどめている。

山あいの道❷

豊後街道

ぶんごかいどう

●熊本から、大津、内牧《うちのまき》・坂梨・久住《くじゅう》・堤《つつみ》・今市・野《の》津原《つはる》を経て、府内・鶴崎へ至る道。

●久住の先の追分からは竹田に向かう道が分かれていた。

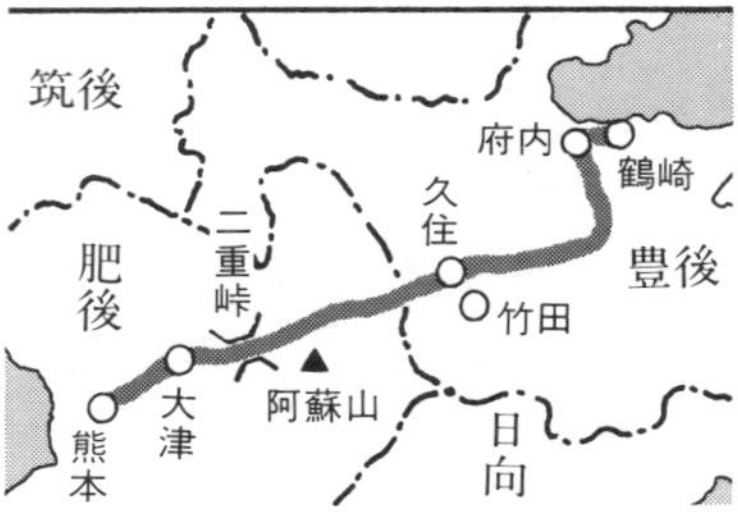

豊後街道は、主に熊本藩主加藤・細川両氏の参勤交代路であった。街道を開いたのは加藤清正である。関ケ原の戦いののち、肥後一国を手中にした清正は、キリシタンの多い天草《あまくさ》を返上し、かわりに江戸・大坂への通路を豊後に求めて許された。

老杉道を挟んで他樹なし

清正は熊本から大津を経て二重《ふたえ》峠近くまで、左右の土手に杉を植えて街道をつくった。文政《ぶんせい》元年（一八一八）、この道を通った頼山陽は、「熊城《ゆうじょう》東に去ればすべて青蕪《せいぶ》、老杉《ろうさん》道を挟んで他樹なし」と記している。

二重峠坂下のお茶屋跡

街道は阿蘇谷を通って久住に出る。久住は街道のほぼ中央にあたり、東南には竹田へ、北西には小国《おぐに》への道が分かれていた。

「荒城の月」と城下町、竹田

竹田は竹田盆地の中心地で、鎌倉時代の文治《ぶんじ》元年（一一八五）緒方惟栄《おがたこれひで》が岡城を築城、室町時代は大友氏の支配下にあったが、文禄《ぶんろく》二年（一五九三）中《なか》川秀成《がわひでなり》が入封、明治時代に至るまで十三代にわたり、七万石の城下町としてつづいた。

美しい町並みは「豊後の小京都」といわれ、滝廉太郎の名曲「荒城の月」は、久住・阿蘇・祖母《そぼ》の山なみが開ける岡城跡をイメージに生まれたといわれる。

久住からは堤《つつみ》を経て、七瀬川に沿って野津原を通り、現在大分市の府内・鶴崎に至った。

山あいの道❸

人吉街道

ひとよしかいどう

●八代《やつしろ》から球磨《くま》川沿いに坂本を経て人吉に至る道。佐《さ》敷《しき》から入る道もあった。
●また、坂本から鮎帰《あゆかえり》・肥後峠を越えて人吉に至る庵《あぜ》室《ち》通りもあった。
●人吉から大口《おおくち》・加治木《かじき》を経て鹿児島に至る道も人吉街道といい、薩摩では大口筋とよんだ。

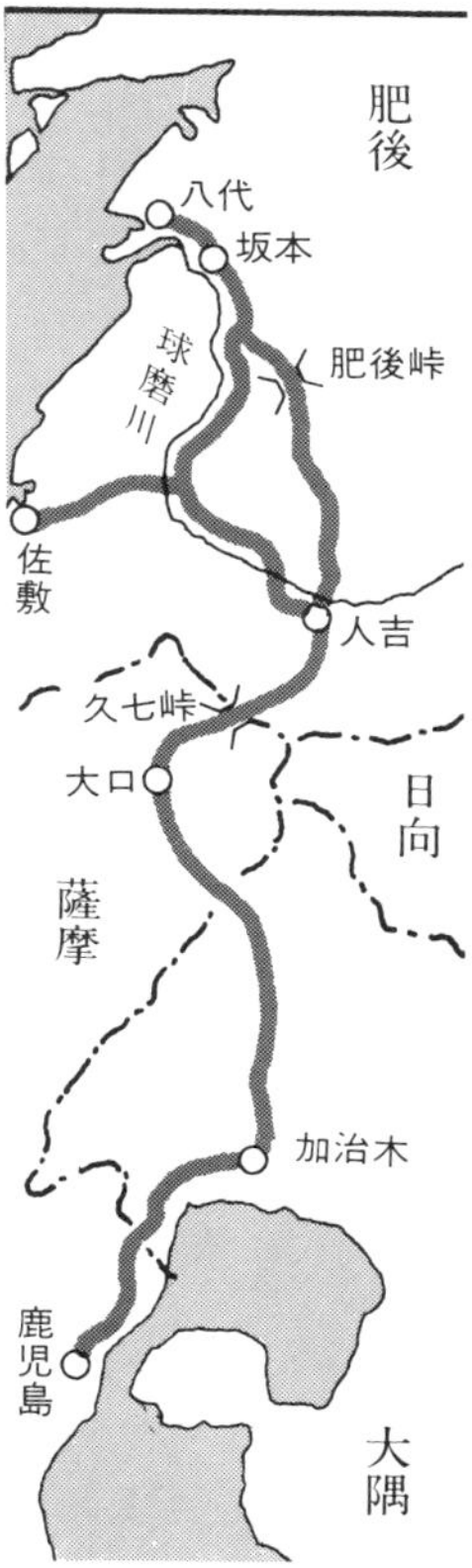

山紫水明の地

薩摩街道の八代から日本三大急流の一つ、球磨川をさかのぼると人吉盆地に出る。

人吉は鎌倉時代、相良頼景《さがらよりかげ》・長頼《ながより》父子がそれぞれ多良木荘《たらきのしょう》・人吉荘の地頭職に任じられて、肥後に下向して定着し、この地方に勢力を振るったところである。

天正《てんしょう》十五年（一五八七）豊臣秀吉の九州征伐には、相良長毎《ながつね》（頼房）が秀吉に属して所領を安堵され、関ケ原の戦いののちも二万二千石を領した。寛永《かんえい》十六年（一六三九）、相良長寛《ながひろ》（頼寛《よりひろ》）はそれまであった人吉城を改修、完成し、城下町を整備した。

人吉は清流球磨川に臨んだ山紫《さんし》水明《すいめい》の地で、小京都とよばれ、球磨地方の中心だった。

横谷越えで日向へ

人吉からは、錦《にしき》・多良木《たらき》湯前《ゆのまえ》・横谷《よこたに》と山あいをぬって、現在西都《さいと》市の妻町を経て、日向街道に合流する「横谷越え」とよぶ道もあった。

また、人吉から久七《きゅうしち》峠を越えて、薩摩藩北の要衝大口から加治木を経て鹿児島に至る道、加《か》久《く》藤《とう》越えして、小林を通り、高岡の去川《さるかわ》の関所に至る道、加久藤から栗野で大口からの道と合流し多良木に至る道もあった。

俵坂関《たわらざか》（長崎街道）

佐賀県嬉野《うれしの》市嬉野町不動山俵坂

佐賀と長崎の県境にあたる俵坂は、西肥交通の要衝で、戦国時代にはすでに関所が設けられていた。江戸時代に入ると、佐賀・大村両藩の藩境となり、藩の管轄による口留《くちどめ》番所となった。長崎街道を往来する人々や物流を監視し、とくにキリシタンの取り締まりには厳しかったという。現在、番所の跡地には当時の門柱を使用した記念碑が建てられており、横に当時の長崎街道が走る。近くには佐賀藩の藩境石があり、街道の名物となっていた。

佐賀藩領の嬉野郷は、古くから温泉郷として知られ、その記述は和銅《わどう》六年（七一三）にまでさかのぼる。江戸時代には藩営の浴場もあり、御前湯・侍湯・町人湯と区別され、温泉宿場町として大いに賑わった。

碑の周辺が関所跡地（写真／旧嬉野町）

平成二年には、市内嬉野町下野《しもの》に江戸時代の長崎街道を再現した歴史体験型テーマパーク「肥前夢街道」がオープン。入口には俵坂関所が復元され、関所をくぐるとちょんまげや着物姿の人々が歩いている。他にも代官所や忍者屋敷、芝居小屋などの施設が多数あり、江戸時代の雰囲気を満喫できる。

原田《はるだ》関《せき》番所（長崎街道）

福岡県筑紫野《つくしの》市原田

原田宿は筑前六宿街道（長崎街道）の南端にあり、筑前と肥前《ひぜん》の国境にあったので、関番所が置かれていた。関番所は三国坂を下って南構口《かまえぐち》に入った右側にあった。領内の通行手続きは厳格に行われ、関番から発行してもらった添手形は、入国の際に宿代官《しゅくだいかん》の裏書証明が必要となり、出国の際にはそれを返さなければならかった。関番所は二人勤務で、最後の関番をつとめた山崎央《なかば》が着用していた羽織が筑紫野市歴史博物館に展示されている。番所跡には最近まで裏の石垣とされる遺構が残っていたが、宅地開発で消え、現在は場所を示す案内しか残っていない。

坂梨番所《さかなし》（豊後街道《ぶんご》）

熊本県阿蘇市一の宮町坂梨

豊後街道の坂梨宿は、豊後と肥後《ひご》の国境で、難所といわれた滝室坂のふもとにある。参勤交代の行列が、坂梨の御茶屋で一服するなど、多くの旅人で賑わいをみせた。現在も当時の道幅で、白壁の旧商家や単一アーチ形石橋の天神橋、木喰《もくじき》上人の彫刻を安置する子安観音堂などの文化財が残されている。当宿にあった坂梨番所は、旅人に対しての取り締まりが厳重で、とくに女性には女改部屋があって厳しい詮議が行われたという。現在、坂梨宿は地元の人々によって、夜道を照らす木製の「常夜灯《じょうやとう》」や水車の復元など当時の町の再現が進められている。

去川関《さるがわ》（日向街道）

宮崎県宮崎市高岡町内山

去川関は天正《てんしょう》年間（一五七三〜九二）に島津氏によって開設された。のちに鹿児島県出水《いずみ》市の野間関、鹿児島県大口市の小川内関と並んで薩摩藩国防の「三関」と呼ばれるようになった。関所の管理は、島津氏家臣の二見《ふたみ》氏が明治四年（一八七一）に廃止されるまで代々つとめた。今の去川小学校の門前に渡船場があり、旅人は渡し船で関所にたどり着き、厳しい取り調べを受けた。対岸と大声で話をしただけで手討にされたというエピソードも残る。現在は門柱の礎石を一つ残すだけだが、急峻な山々と大淀川の流れが当時の旅の厳しさを物語っている。

野間関（薩摩街道）

鹿児島県出水《いずみ》市下鯖町

藩政時代、薩摩藩の三関のうち最も重要視されたのが野間の関である。慶長《けいちょう》五年（一六〇〇）の関ヶ原合戦前後に藩主島津義弘によって設けられ、各地から屈強の武士を駐屯させ、地頭にも家老級を配すなど警備も厳重であった。外敵とともに、キリシタン、一向宗の信徒の流入を防ぎ、同時に輸送される荷物もチェックされたという。寛政《かんせい》四年（一七九二）には、尊王家で知られる高山彦九郎《ひこくろう》が薩摩への入国を許されず、藩庁の許可があるまで二週間も足止めされている。現在は関門を復元した広場に石碑が立ち、東側の溝に当時の面影をしのばせる。

主要港津をめぐる

海上の道

かいじょうのみち

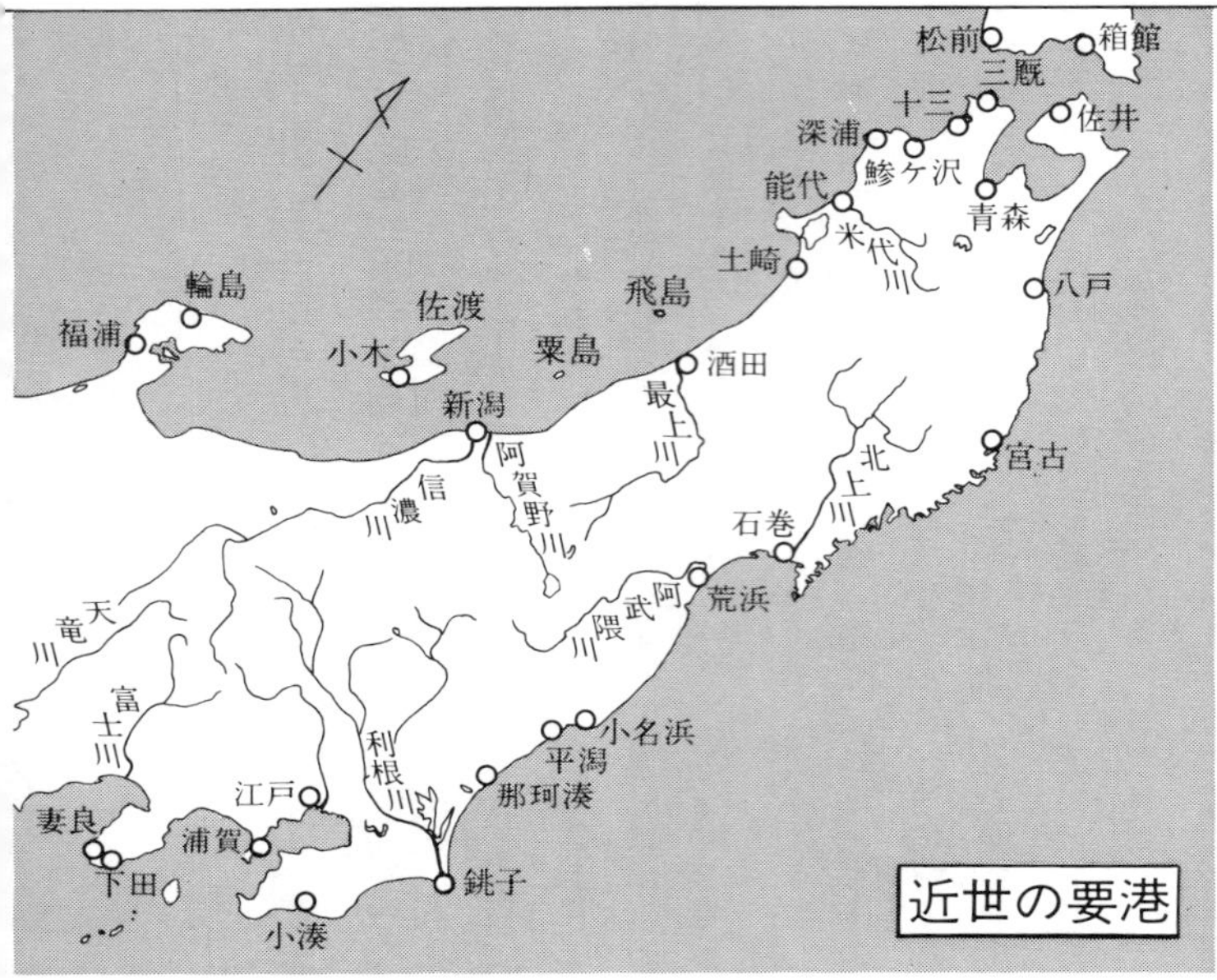

近世の要港

江戸—大坂間の航路

江戸幕府が確立し江戸が繁栄するにつれて、物資を大量に輸送するのに廻船《かいせん》が必要になる。

江戸—大坂間の廻航は、元和《げんな》五年（一六一九）堺《さかい》の船問屋が紀州富田浦《とんだうら》の船を借りうけ、大坂から木綿《もめん》・綿・油・酢・醤油などを積んで江戸へ送ったのが初めだといわれる。

寛永《かんえい》元年（一六二四）大坂の泉屋平右衛門の江戸《えど》積船荷《づみふなに》問屋をはじめ、あいついで廻船業者が開店、大坂が中心になった。

この廻船は、舷側《げんそく》に菱形《ひしがた》編《あ》みの垣で荷物を保護したので、菱《ひ》垣《がき》廻船とよばれた。

寛文《かんぶん》元年（一六六一）には大坂西の伝法《でんぽう》の廻船問屋が、酒・酢・醤油などの樽荷《たるに》と、紙・塗《ぬり》物《もの》・金物《かなもの》などの荒荷《あらに》をのせて、「小早《こはや》」とよばれる足の早い船で江戸に廻航し、これを樽廻船とよんだ。

菱垣廻船と樽廻船はたえず競ったが、安永《あんえい》元年（一七七二）積み荷協定ができるころには、樽廻船のほうが優勢であった。

大坂　元和五年以降、幕府直轄

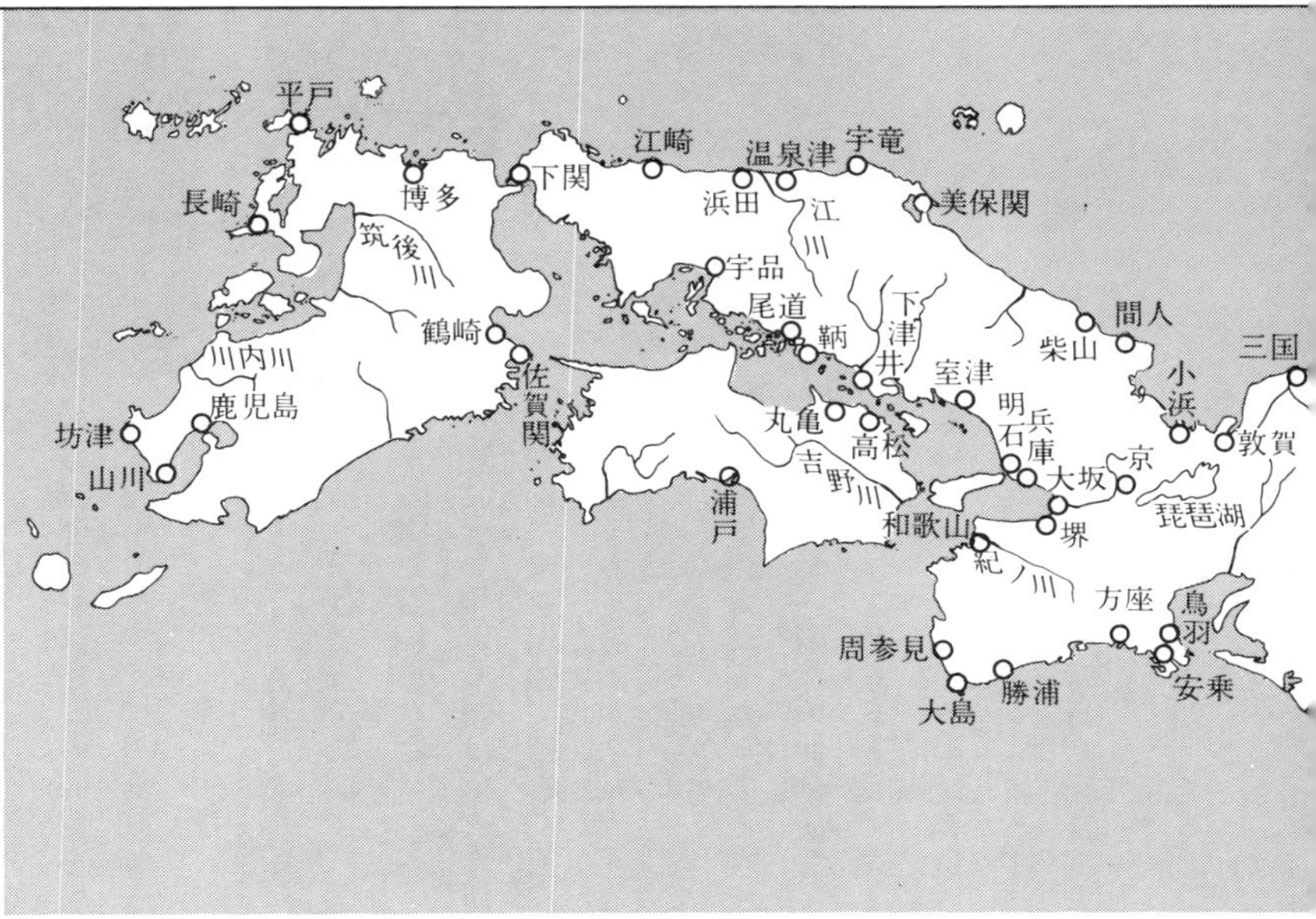

領となり、諸藩の蔵屋敷がおかれ、全国の米や特産物の集散が行なわれ、「天下の台所」といわれた。

和歌山　紀伊《きい》徳川家五十五万五千石の城下町で、御船蔵があり、諸国物産の集散が行なわれた。今も湊《みなと》の地名が残る。

大島　紀伊半島の南端、「ここは串本《くしもと》、向かいは大島」と民謡で有名な串本港は、勝浦《かつうら》とともに荒天時の好避泊地。

鳥羽《とば》　下田《しもだ》とならぶ江戸—大坂間の重要な中継港で、近くの菅島《すがしま》では毎夜烽火《のろし》をあげて暗礁を知らせた。

下田　元和二年、奉行所・船改《ふなあらため》番所を設け、海上交通を取り締まるとともに、江戸廻船の風待ち港であった。

浦賀　下田・三崎《みさき》とともに、江戸防衛の拠点で、享保《きょうほう》五年（一七二〇）船改番所を下田より移し、奉行所を設けた。

東廻り航路

寛文八年二月に起きた「寛文の大火」のため、江戸は大名・旗本《はたもと》をはじめ町人にいたるまで生活に困窮した。

幕府は救済策をとるとともに倹約令を出す。一方、収入を確実にするために寛文十年の冬、陸奥《むつ》の天領の米を迅速《じんそく》正確に江戸に送ることを計画、河村瑞賢《かわむらずいけん》に立案させた。瑞賢は、すぐさ

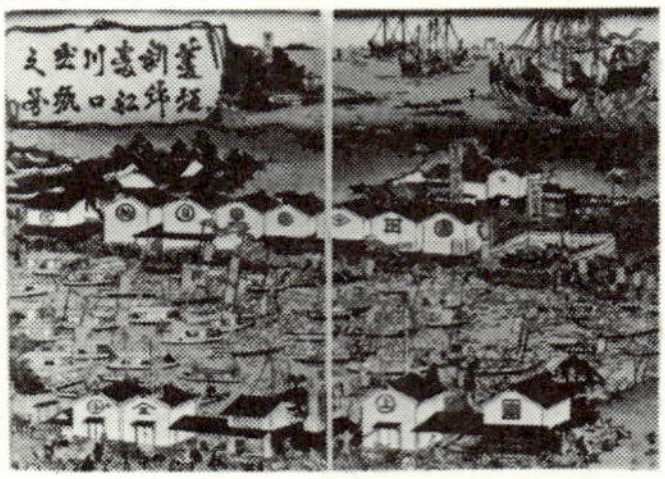

蔵が建ち並び、にぎわう大坂港

ま手代を派遣して現地調査をし、㈠運送船は民間の商船を雇い、御用船とする、㈡風もなく雲も少ない夏期（四〜六月）に就航させる、㈢途中、数カ所に船番所を設けて安全を期す、などを建議し採用された。

寛文十一年、瑞賢は信夫《しのぶ》・伊達《だて》両郡の米を川船に積み、阿武隈《あぶくま》川を下り、荒浜《あらはま》から海路、江戸へ入った。この航路は、すでに慶長《けいちょう》年間（一五九六〜一六一五）末期から南部《なんぶ》・仙台藩などで利用したこともあるが、危険が多かったため、一般的には銚子《ちょうし》から利根《とね》川をさかのぼって送っていたので、時日も経費も大幅に削減できた。

この太平洋を通って江戸に至る航路を東廻りとよび、江戸時代中期からは、出羽《でわ》の貢租米も、日本海から津軽《つがる》海峡を通って利用するようになった。

酒田《さかた》　室町時代のはじめから最上《もがみ》川河口の港として栄え、東西の航路が開けてからは、日本海海運の要港となった。井原《いはら》西鶴《さいかく》の『日本永代蔵《にっぽんえいたいぐら》』に、その廻船問屋の繁盛ぶりが生き生きと描かれている。

土崎《つちざき》　秋田藩の玄関といえる港で、能代《のしろ》とともに松前《まつまえ》・大坂方面の寄港地として繁栄し、能代には奉行所をおいた。

鰺ケ沢《あじがさわ》　深浦《ふかうら》・十三《じゅうさん》とともに、津軽藩の重要な交易港で、江戸・大坂へ二万石を廻米、松前藩へ四万俵を移出した。

松前　石高なしの松前藩の城下町で、ニシン漁で知られた江差《えさし》とともに早くから開け、松前物《まつまえもの》といわれた蝦夷の諸物資を出荷し、繁栄した。

箱館《はこだて》　蝦夷開拓の拠点で、寛政《かんせい》年間（一七八九〜一八〇一）に淡路《あわじ》の豪商高田屋嘉兵衛が来港、漁場を千島《ちしま》まで開拓、享和《きょうわ》二年（一八〇二）箱館奉行所が設置された。

青森　津軽藩は寛永二年、外ケ浜《そとがはま》の善知鳥《うとう》村に港を築き青森と改称、江戸廻米《かいまい》の積出《つみだし》港として、三年後には鰺ケ沢をしのいだ。

絵馬に描かれた菱垣廻船

石巻《いしのまき》　北上川《きたかみ》河口の港で、寛永四年、仙台藩士川村重吉《しげよし》が北上川流路を改修、明治時代に至るまで仙台・南部両藩の米の積出港であった。

荒浜　石巻とならぶ仙台藩の二大港で、江戸貢米を積み出し、阿武隈川舟運の拠点。

平潟《ひらがた》　奥羽各藩の江戸廻船の中継地で、小名浜《おなはま》とともに、荒天時の避難港であった。

那珂湊《なかみなと》　水戸藩が商港として開いた蝦夷・奥羽の物資の中継地であった。特産のたばこを売却。

銚子　利根川舟運の積替《つみかえ》港で、イワシ漁業と醤油醸造とがあいまって栄えた。

西廻り航路

江戸時代初期には、奥羽・北陸諸国の物資は敦賀《つるが》、または小《お》浜《ばま》に送られ、琵琶湖を渡って大津に出て京・大坂に送られた。

このため、時日もかかり、積み荷もめんどうで荷傷みもはげしかったので、寛永十六年には、加賀《かが》藩が、翌十七年には鳥取藩が、日本海から下関《しものせき》を経て大坂に廻米した。

しかし、日本海は太平洋にくらべて波が荒く、良港も少なく安全な航路とはいえなかった。

寛文十二年、幕命をうけた河村瑞賢は、この航路が東廻りよりさらに困難なことを知って、人を各地に派遣し、航路の利害、島嶼《とうしょ》の危険、港湾の施設などをこまかく調べて立案建議し、採用された。

瑞賢は酒田から日本海を経て下関から瀬戸内海を渡り、大坂から江戸に出て、西廻り航路を確立した。

また、蝦夷地の開発がすすむにつれて、松前船《まつまえぶね》の活躍が目ざましくなった。松前船は弁財船《べざいぶね》ともよばれ、自己運送の営業形態で、大坂で下り荷として酒・紙・たばこ・砂糖・木綿・古着を仕入れて蝦夷に向かい、途中の寄港地で売買しながら蝦夷地に到着、積み荷を販売した。帰途は上り荷で、昆布《こんぶ》・身欠《みがき》

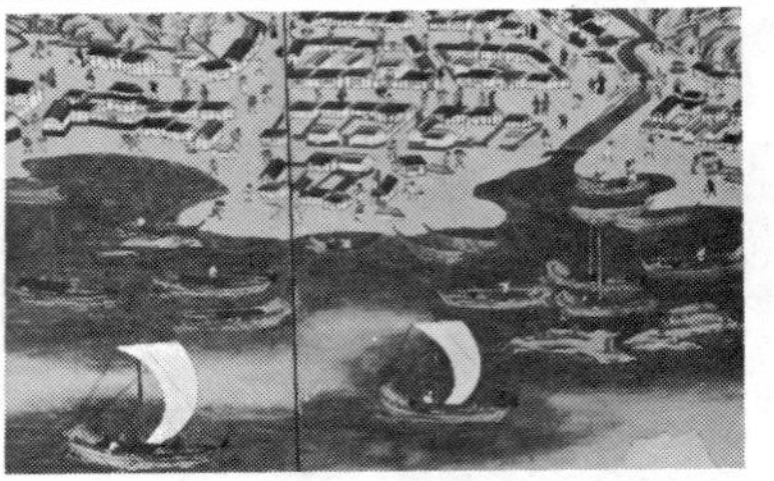

蝦夷地の物資を積み出した松前港

鰊《にしん》・白子《しらこ》・干鰯《ほしか》などを仕入れて再び寄港地で売買しながら、兵庫・大坂で販売した。

江戸時代末期の加賀の豪商銭《ぜに》屋五兵衛《やごへえ》は、全国三四カ所に支店をもち、千石積み以上一〇艘を含む四十数艘の船を動かしたという。

新潟 古くから「蒲原津《かんばらのつ》」とよばれた日本海最大の港町で、天保《てんぽう》十四年（一八四三）には天領となった。

小木《おぎ》 佐渡島最南端の良港で、慶長十八年、番所が設けられ、西廻り航路の風待ち港として栄えた。また、佐渡金山の輸送港でもあった。

敦賀 古代の大陸との交通の要衝で、江戸時代は蝦夷をはじめ、日本海側諸地方の産物を畿内に送る中継地であった。

小浜 若狭《わかさ》国府の外港として利用されたといわれるほど歴史が古く、寛永十一年以降は、酒井氏の城下町であり、良港であった。

美保関《みほのせき》 『古事記』に御大之御《みおのみ》前《さき》と記された古くからの貿易港であった。西廻り航路では風待ち港、また、隠岐《おき》への出入港であった。

温泉津《ゆのつ》 温泉のある天然の良港で、慶長から寛永年間にかけて岩見《いわみ》銀山《ぎんざん》の銀鉱積出港。天領として奉行所がおかれた。

浜田 松平氏ほか譜代大名による六万石の城下町の港で、日本海有数の商・漁港であった。

下関 赤間関《あかまがせき》ともよばれた西の門戸で、干満時の潮流の急なことと暗礁《あんしょう》が多いことから、番所に小舟がおかれ、廻船の水先案内をつとめた。

宇品《うじな》 浅野氏四十二万六千石の城下町広島の外港で四国・九州との交易が盛んであった。

尾道《おのみち》 瀬戸内海水運の中継地。商圏は芸予諸島から四国におよび、今も廻船問屋が残る。

鞆《とも》 瀬戸内海の要港で、「鞆鍛《ともか》冶《じ》」で知られ、船釘《ふなくぎ》などを生産、問屋・船宿で栄えた。

下津井《しもつい》 寛永十九年には備前《びぜん》・備中《びっちゅう》・讃岐《さぬき》三カ国の天領を支

廻船が行き交う兵庫港

配する代官所がおかれ、以後は米と綿の集散地となった。

室津《むろつ》　播磨《はりま》灘の西端、西国諸大名の参勤交代の乗降船地。

明石《あかし》　山陽道と淡路・四国への分岐点。松平氏ほか譜代大名による八万石の城下町で、海陸の要衝であった。

兵庫　明和《めいわ》六年（一七六九）天領となり、西廻り航路の寄港地と、兵庫―大坂間の定期航路でにぎわった。

四国・九州の航路

古代から開けた瀬戸内海航路は、江戸時代には四国・九州の米をはじめ諸物産を運搬する海路となり、西廻り航路が確立されてからは日本海側諸藩が加わり、かつてない盛況を見せた。また、この航路は、西国大名の参勤交代路の役目を果たした。

丸亀《まるがめ》　京極《きょうごく》氏六万石の城下町。江戸時代後期は金毘羅《こんぴら》参りの上陸地としてにぎわった。

高松　松平氏十二万石の城下町で、四国と本州を結ぶ港。

浦戸《うらど》　土佐山内氏二十四万石の城下町高知の外港で、月の名所の桂浜《かつらはま》で知られる。

佐賀関《さがのせき》　瀬戸内海に入る豊予海峡の古来からの要衝。

鶴崎　江戸時代初期の西国諸大名参勤交代の乗降船地。

博多　古代から「那《な》の津」とよばれ大陸との交通の要衝で、戦国時代末期には博多商人が活躍し、江戸時代は商業港であった。

平戸《ひらど》　松浦氏六万三千石の城下町。天文《てんぶん》十九年（一五五〇）から寛永十八年（一六四一）まで南蛮《なんばん》貿易で栄えた。

長崎　鎖国時代の唯一の貿易港である。寛永十八年から安政《あんせい》五年（一八五八）の二百数十年間、中国や西欧文明の窓口だった。

山川《やまがわ》　薩摩《さつま》半島の南東端。慶長十四年の島津氏の琉球出兵の基地で異国船番所があった。

鹿児島　南西諸島との連絡を保ち、長崎・大坂廻航の基地だった。

おもな歴史資料展示施設

〔東海道、中山道、以下本文で取りあげた街道の順序。〕

東海道

品川歴史館（品川宿） 東京都品川区大井六-一一-一 電話〇三（三七七七）四〇六〇 JR東海道本線大森駅から徒歩一〇分 月曜・祝日休 九～一七時 有料 東海道と品川宿をテーマにした歴史資料を展示。

小田原城歴史見聞館（小田原宿） 神奈川県小田原市城内三-七一 電話〇四六五（二三）一三七三（観光課城址公園担当） 東海道新幹線小田原駅から徒歩一〇分 九～一七時 無休 有料 小田原城址公園内にあり、宿場町の様子を再現。

箱根旧街道休憩所（箱根宿） 神奈川県足柄下郡箱根町畑宿三九五 電話〇四六〇（八五）七四一〇 小田急箱根湯本駅からバスで約四〇分、甘酒茶屋下車徒歩すぐ 無休 九～一七時（一二～二月は～一六時三〇分） 無料 茅葺き屋根の建物で、江戸時代の旅道具や民俗資料などを展示。

箱根関所資料館（箱根関） 神奈川県足柄下郡箱根町箱根一 電話〇四六〇（八三）六六三五 小田急箱根湯本駅からバスで約四〇分、関所跡入口下車徒歩二分 無休 九～一七時（一二～二月は～一六時三〇分） 有料 建物を復元し当時の様子を再現。

三島市郷土資料館（三島宿） 静岡県三島市一番町一九-三 楽寿園内 電話〇五五（九七二）八二二八 東海道新幹線三島駅下車すぐ 月曜（祝日の場合は翌日）休 九～一七時（一一～三月は～一六時三〇分） 有料 三島宿の民家を復元。

東海道広重美術館（由比宿） 静岡県庵原《いはら》郡由比町由比二九七-一 電話〇五四（三七五）四四五四 JR東海道本線由比駅から徒歩二五分 月曜（祝日の場合は翌日）休 九～一七時 有料 由比本陣公園内にあり、浮世絵師広重の作品を収集。

東海道由比宿おもしろ宿場館（由比宿） 静岡県庵原郡由比町由比五三 電話〇五四（三七七）〇〇二三 JR東海道本線由比駅から徒歩一五分 無休 九時三〇分～一七時 有料 由比宿の町並みを再現。

島田市博物館（島田宿） 静岡県島田市河原町一-五-五〇 電話〇五四七（三七）一〇〇〇 JR東海道本線島田駅からバスで約五分、向島西下車徒歩一〇分 月曜（祝日の場合は翌日）休 九～一七時 有料 手前に大井川が流れ、川越しの様子を紹介。

舞坂宿脇本陣（舞坂宿） 静岡県浜松市舞阪町舞阪二〇九一 電話〇五三（五九六）三七一五 JR東海道本線弁天島駅から徒歩一二分 九～一六時 月曜（祝日の場合は翌日）休 無料 東海道唯一の脇本陣を復元。

新居関所・関所史料館（新居関） 静岡県浜名郡新居町新居一二二七-五 電話〇五三（五九四）三六一五 JR東海道本線新

居町駅から徒歩一〇分　月曜休（祝日の場合は開館、夏休みを除く）九時～一六時三〇分　有料　唯一現存する関所建物は国の特別史跡。史料館では関所資料を展示。

豊橋市二川宿本陣資料館（二川宿） 愛知県豊橋市二川町字中町六五　電話〇五三二（四一）八五八〇　JR東海道本線二川駅から徒歩一五分　月曜（祝日の場合は翌日）休　九時三〇分～一七時　有料　本陣の遺構が残り、二川宿に関する資料を展示。

御油《ごゆ》の松並木資料館（御油宿） 愛知県豊川市御油町美世賜《みよし》一八三　電話〇五三三（八八）五一二〇　名鉄名古屋本線御油駅から徒歩五分　月曜休　一〇時～一二時三〇分、一三時三〇分～一六時　無料　御油の松並木と御油宿に関する資料を展示。

藤川宿脇本陣跡・資料館（藤川宿） 愛知県岡崎市藤川町字中町北六-一　電話〇五六四（二三）六一七七（岡崎市教育委員会）名鉄名古屋本線藤川駅から徒歩五分　月曜休九～一七時　無料　藤川宿脇本陣跡にあり、宿場町の模型や高札、古文書などを展示。

庄野宿資料館（庄野宿） 三重県鈴鹿市庄野町二一-八　電話〇五九（三七〇）二五五五　JR関西本線加佐登《かさど》駅から徒歩一〇分　一〇～一六時　月曜・火曜・第三水曜（祝日の場合は翌日）休　無料　旧小林家を資料館として宿場資料を展示。

関まちなみ資料館（関宿） 三重県亀山市関町中町四八二　電話〇五九五（九六）二四〇四　JR関西本線関駅から徒歩五分　九時～一六時三〇分　月曜（祝日の場合は翌日）休　有料　宿場の暮らしを再現した町屋を公開。

関宿旅籠玉屋歴史資料館（関宿） 三重県亀山市関町中町四四四-一　電話〇五九五（九六）〇四六八　JR関西本線関駅から徒歩一五分　九時～一六時三〇分　月曜（祝日の場合は翌日）休　有料　関宿の旅籠玉屋を修復し公開。

草津宿本陣・草津宿街道交流館（草津宿） 滋賀県草津市草津一-二-八　電話〇七七（五六一）六六三六　JR東海道本線草津駅から徒歩一〇分　九～一七時　月曜（祝日の場合は翌日）休　有料　現存する本陣を一般公開。近接する草津宿街道交流館（草津三-一〇-四）では往時の様子を再現。両方見学できる共通券も発売。

大津市歴史博物館（大津宿） 滋賀県大津市御陵町二-二　電話〇七七（五二一）二一〇〇　JR湖西線西大津駅から徒歩一五分　九～一七時　月曜（祝日の場合は翌日）・祝日の翌日（土・日曜の場合は開館）休　有料　大津宿の町並み模型を復元。

中山道

蕨《わらび》市立歴史民俗資料館（蕨宿） 埼玉県蕨市中央五-二七-二二　電話〇四八（四三二）二四七七　JR東北本線蕨駅から徒歩一五分　九時～一六時三〇分　月曜（祝日の場合は翌日も）、祝日（四月二九日、一一月三日を除く）休　無料　江戸期の蕨宿の姿をさまざまな角度から再現。

本庄市立歴史民俗資料館（本庄宿）　埼玉県本庄市中央一-二-三　電話〇四九五（二二）三二四三　ＪＲ高崎線本庄駅から徒歩一五分　九時〜一六時三〇分　月曜（祝日の場合は翌日）休　無料　洋館の旧本庄警察署を資料館として宿場町の歴史資料を展示。

五料茶屋本陣お西お東（松井田宿）　群馬県安中市松井田町五料五六四-一　電話〇二七（三九三）四七九〇　ＪＲ信越本線西松井田駅から車で約五分　九〜一七時　月曜（祝日の場合は翌日）休　有料　参勤交代で大名たちが休息した屋敷を公開。

追分宿郷土館（追分宿）　長野県北佐久郡軽井沢町追分一一五五-八　電話〇二六七（四五）一四六六　しなの鉄道信濃追分駅から徒歩二〇分　九〜一七時　水曜（祝日の場合は翌日）休（七月一五日〜一〇月三一日は無休）有料　旅籠を模した資料館で、宿場関係の道具や資料を展示。

中山道69次資料館（追分宿）　長野県北佐久郡軽井沢町追分一二〇-二　電話〇二六七（四五）三三五三　しなの鉄道信濃追分駅から車で約七分　一〇〜一七時　火・水曜、冬季（一二〜三月）休　有料　日本橋から京都までの六十九次の行程を模した遊歩道が整備され、中山道の旅が楽しめる。

望月歴史民俗資料館（望月宿）　長野県佐久市望月二四七　電話〇二六七（五四）二一一二　長野新幹線佐久平駅からバスで約二五分、望月下車徒歩すぐ　九〜一七時　月曜（祝日の場合は翌日）・祝日の翌日休　有料　望月宿本陣跡地に立ち、民家の囲炉裏も再現。

和田宿本陣・歴史の道資料館かわちや（和田宿）　長野県小県郡長和町和田二八五四-一　電話〇二六八（四一）六一二三（長和町教育委員会和田分室）　長野新幹線上田駅からバスで約一時間、上和田下車徒歩すぐ　九〜一六時　月曜（祝日の場合は翌日）、冬季（一一〜三月）休　有料（共通）　復元された本陣と隣接する旅籠の資料館（和田二六二九-一）がセットで見学できる。

下諏訪宿本陣（下諏訪宿）　長野県諏訪郡下諏訪町横町三四九二　電話〇二六六（二八）七〇五五　ＪＲ中央本線下諏訪駅から徒歩一〇分　九〜一八時（一一〜三月は〜一七時）無休　有料　幕末に将軍家茂《いえもち》に嫁いだ皇女和宮が宿泊した上段の間が残る。

下諏訪歴史民俗資料館（下諏訪宿）　長野県諏訪郡下諏訪町立町三五三〇　電話〇二六六（二七）八八二七　ＪＲ中央本線下諏訪駅から徒歩一〇分　九〜一七時　月曜（祝日の場合は翌日）・祝日の翌日休　無料　宿場民家の建物を利用し街道・宿場関係の資料を展示。

贄川《にえかわ》関所・木曾考古館（贄川宿）　長野県塩尻市贄川一五六八　電話〇二六四（三四）三〇〇二　ＪＲ中央本線贄川駅から徒歩五分　九〜一七時（一一〜三月は〜一六時）月曜・祝日の翌日休　有料　復元された関所と階下に考古館がある。

楢川《ならかわ》歴史民俗資料館（奈良井宿）　長野県

塩尻市奈良井六八　電話〇二六四（三四）二六五四　ＪＲ中央本線奈良井駅から徒歩一五分　九〜一七時（一二〜三月は〜一六時）月曜・祝日の翌日休　有料重要伝統的建造物群保存地区の奈良井にあり、木曾谷の暮らしぶりを紹介。

上問屋史料館（奈良井宿）　長野県塩尻市奈良井三七九　電話〇二六四（三四）三一〇一　ＪＲ中央本線奈良井駅から徒歩一〇分　九〜一七時　不定休・一〜二月休　有料　問屋と庄屋を兼ねた手塚邸を公開。

中村邸（奈良井宿）　長野県塩尻市奈良井五四〇　電話〇二六四（三四）二六五五　ＪＲ中央本線奈良井駅から徒歩一二分　九〜一七時（一二〜三月は〜一六時）　一二〜三月の月曜（祝日の場合は翌日）休　有料　江戸時代の櫛問屋・中村邸を公開。

宮川家資料館（藪原《やぶはら》宿）　長野県木曾郡木祖村藪原一〇八〇-一　電話〇二六四（三六）二一三三　ＪＲ中央本線藪原駅から徒歩一〇分　八時三〇分〜一七時三〇分　冬季（一二〜二月）休　有料　宮川漆器店の土蔵を資料館として公開。旧家の所蔵品を展示。

福島関所資料館（福島宿）　長野県木曾郡木曾町福島五〇三一-一　電話〇二六四（二三）二五九五　ＪＲ中央本線木曾福島駅から徒歩一五分　八時〜一七時三〇分（一二〜三月は八時三〇分〜一六時三〇分）　一二〜三月の火曜（祝日の場合は翌日）休　有料　日本四大関所の一つ福島関を復元し公開。

山村代官屋敷（福島宿）　長野県木曾郡木曾町福島五八〇八-一　電話〇二六四（二二）三〇〇三　ＪＲ中央本線木曾福島駅から徒歩一五分　八時三〇分〜一六時三〇分　冬季のみ木曜休　有料　福島関守山村氏の屋敷の一部を復元。

南木曾町博物館（妻籠《つまご》宿）　長野県木曾郡南木曾町吾妻二一九〇　電話〇二六四（五七）三三二二　ＪＲ中央本線南木曾駅からバスで約七分、妻籠下車徒歩三分　九〜一七時　無休　有料　脇本陣奥谷・歴史資料館・妻籠宿本陣の三施設の総称で、妻籠宿の資料が充実。

藤村記念館（馬籠《まごめ》宿）　岐阜県中津川市馬籠四二五六-一　電話〇五七三（六九）二〇四七　ＪＲ中央本線中津川駅からバスで約三〇分、馬籠下車徒歩一〇分　九〜一七時（一二〜三月は〜一六時）　一二〜二月の水曜休　有料　島崎藤村の『夜明け前』の舞台となった生家の本陣を復元。

馬籠脇本陣史料館（馬籠宿）　岐阜県中津川市馬籠四二五三-一　電話〇五七三（六九）二五五八　ＪＲ中央本線中津川駅からバスで約三〇分、馬籠下車徒歩一五分　九〜一七時　不定休　有料　馬籠の脇本陣蜂谷家跡に建ち、蜂谷家伝来の遺品などを展示。

清水屋資料館（馬籠宿）　岐阜県中津川市馬籠四二八四　電話〇五七三（六九）二五五八　ＪＲ中央本線中津川駅からバスで約三〇分、馬籠下車徒歩三分　八〜一七時（一二〜三月は八時三〇分〜一六時三〇分）

不定休　有料　島崎藤村と親交のあった原家の旧家を公開。

中津川市中山道歴史資料館（中津川宿）　岐阜県中津川市本町二‐二‐二一　電話〇五七三（六六）六八八八　ＪＲ中央本線中津川駅から徒歩一〇分　九時三〇分～一七時　月曜（祝日の場合は翌日）休　有料　中津川宿の旧家に伝わる資料を展示。

中山道ひし屋資料館（大井宿）　岐阜県恵那市大井町六〇‐一　電話〇五七三（二〇）三二六六　ＪＲ中央本線恵那駅から徒歩一〇分　九～一七時　月曜・祝日の翌日休　有料　大井宿の商家「ひし屋」を改修・復元して公開。

中山道広重美術館（大井宿）　岐阜県恵那市大井町一七六‐一　電話〇五七三（二〇）〇五二二　ＪＲ中央本線恵那駅から徒歩三分　九時三〇分～一七時　月曜（祝日の場合は翌日）・祝日の翌日休　有料　歌川広重の浮世絵版画を収蔵・展示。

中山道みたけ館（御嵩《みたけ》宿）　岐阜県可児《かに》郡御嵩町御嵩一三八九‐一　電話〇五七四（六七）七五〇〇　名鉄広見線御嵩駅から徒歩三分　一〇～一八時（土・日曜、祝日は九～一七時）月曜・毎月第三火曜・毎月最終金曜休　無料　御嵩町の歴史と宿場町の紹介。

商家竹屋（御嵩宿）　岐阜県可児郡御嵩町御嵩一四〇六　電話〇五七四（六七）五七〇四　名鉄広見線御嵩駅から徒歩三分　一〇～一八時（土・日曜、祝日は九～一七時）月曜・毎月第三火曜・毎月最終金曜休　無料　御嵩宿の商家「竹屋」を公開。茶室や土蔵も見学できる。

醒井《さめがい》宿資料館（醒ヶ井宿）　滋賀県米原市醒ヶ井五九二　電話〇七四九（五四）二一六三　ＪＲ東海道本線醒ヶ井駅から徒歩五分　九～一七時　月曜（祝日の場合は翌日）休　有料　旧醒ヶ井郵便局舎と旧問屋場の川口邸からなる。

日光道中

春日部市郷土資料館（粕壁《かすかべ》宿）　埼玉県春日部市粕壁東三‐二‐一五　電話〇四八（七六三）二四五五　東武伊勢崎線春日部駅から徒歩一〇分　九時～一六時四五分　月曜（祝日の場合は翌日も）・祝日休　無料　教育センター内にあり、粕壁宿のミニチュアや関連資料を展示。

日光例幣使街道

塚田歴史伝説館（栃木宿）　栃木県栃木市倭町二‐一六　電話〇二八二（二四）〇〇〇四　ＪＲ両毛線栃木駅から徒歩一〇分　九時三〇分～一七時　月曜休（四～六月、一〇～一一月は無休）　有料　木材回漕問屋を営んでいた塚田家の土蔵を公開。

栃木市郷土参考館（栃木宿）　栃木県栃木市倭町四‐一八　電話〇二八二（二四）二一四五　ＪＲ両毛線栃木駅から徒歩一五分　一〇～一六時　月曜（祝日の場合は翌日）

休　無料　回漕問屋板倉家の土蔵と母屋を資料館として公開。

歴史民俗資料館（杉並木資料館）（今市宿） 栃木県日光市平ヶ崎二七‐一　電話〇二八八（二二）六二一七　JR日光線今市駅から徒歩五分　九～一八時　月曜・祝日休　無料　図書館に併設され、日光杉並木の関連資料を展示。

会津街道

旧滝沢本陣（会津若松宿） 福島県会津若松市一箕町滝沢一二二　電話〇二四二（二二）八五二五　JR磐越西線会津若松駅からバスで約五分、飯盛山下車徒歩三分　八～一八時（冬季は九～一七時）無休　有料　会津藩主が参勤交代で利用。戊辰戦争の舞台にもなる。

大内宿町並み展示館（大内宿） 福島県南会津郡下郷町大内字山元八　電話〇二四一（六八）二六五七　会津鉄道湯野上温泉駅から車で約一五分　九時～一六時三〇分　無休　有料　宿場町時代の本陣を復元し、当時の暮らしを紹介。

奥州街道

芭蕉の館（黒羽《くろばね》） 栃木県大田原市前田九八〇‐一　電話〇二八七（五四）四一五一　JR東北本線西那須野駅から黒羽バスターミナル下車、そこから車で約五分　九～一七時　月曜（祝日の場合は翌日）休　有料　『奥の細道』で黒羽滞在の芭蕉足跡を紹介。

須賀川《すかがわ》市芭蕉記念館（須賀川宿） 福島県須賀川市八幡町一三五　電話〇二四八（七二）一二一二　JR東北本線須賀川駅から徒歩三〇分　九～一七時　月曜（祝日の場合は翌日）休　無料　『奥の細道』の芭蕉にまつわる資料を展示。

陸前浜街道

いわき市勿来《なこそ》関文学歴史館（勿来関） 福島県いわき市勿来関田長沢六‐一　電話〇二四六（六五）六一六六　JR常磐線勿来駅から徒歩二五分　九～一七時　第三水曜（祝日の場合は翌日）休　有料　奥州三古関勿来関近くにあり、館内に江戸時代の宿場町が再現されている。

七ヶ宿街道

脇本陣滝沢屋（楢下《ならげ》宿） 山形県上山市楢下字乗馬場一七五九‐一　電話〇二三（六七四）三一二五　山形新幹線かみのやま温泉駅からバスで約二五分、楢下宿下車徒歩すぐ　九時～一六時四五分　月曜休　有料　往時の面影が残る宿場町の脇本陣を復元。

羽州街道

碇ヶ関《いかりがせき》関所資料館（碇ヶ関） 青森県平川市碇ヶ関　電話〇一七二（四九）五〇二〇（道の駅いかりがせき）　JR奥羽本線津軽湯の沢駅から徒歩五分　九～一七時　無休　無料　当時の番所や門を復元し、関係資料を展示。

羽州浜街道

本間家旧本邸と別館「お店《たな》」(酒田宿) 山形県酒田市二番町一二-一三 電話〇二三四(二二)三五六二 JR羽越本線酒田駅から徒歩二〇分 九時三〇分~一六時三〇分(一一~二月は~一六時) 不定休 有料 酒田の豪商本間家の本邸を公開し、別館では帳場を再現。

水戸街道

旧取手宿本陣染野家住宅(取手宿) 茨城県取手市取手二-一六-四一 電話〇二九七(七三)二〇一〇(取手市埋蔵文化財センター) JR常磐線取手駅から徒歩一〇分 一〇~一五時三〇分 月~木曜休 無料 取手宿本陣であった茅葺の建物を保存公開。

成田道

佐倉武家屋敷(佐倉宿) 千葉県佐倉市宮小路町五七 電話〇四三(四八六)二九四七 JR総武本線佐倉駅から徒歩一〇分 九~一七時 月曜(祝日の場合は翌日)休 有料 修復された旧河原家・旧但馬《たじま》家・旧武居《たけい》家の三棟を公開。

川越街道

川越市蔵造り資料館(川越宿) 埼玉県川越市幸町七-九 電話〇四九(二二二)五三九九(川越市立博物館) 西武新宿線本川越駅から徒歩二〇分 九~一七時 月曜(祝日の場合は翌日)、第四金曜(祝日の場合は開館)休 有料 蔵造りの町並みが続く一番街にあり、蔵内も見学できる。

大沢家住宅(川越宿) 埼玉県川越市元町一-一五-二 電話〇四九(二二二)七六四〇 西武新宿線本川越駅から徒歩一五分 一〇~一六時 月曜(祝日の場合は翌日)休 有料 一番街蔵造りの建物では最古で内部も公開。

青梅街道

旧稲葉家住宅(青梅宿) 東京都青梅市森下町四九九 電話〇四二八(二三)六八五九(青梅市郷土博物館) JR青梅線青梅駅から徒歩一〇分 九時~一六時三〇分 月曜(祝日の場合は翌日)休 無料 江戸後期の土蔵で内部を公開。

甲州道中

日野宿本陣(日野宿) 東京都日野市日野本町二-一五-九 電話〇四二(五八三)五一〇〇(新選組のふるさと歴史館) JR中央本線日野駅から徒歩一三分 九時三〇分~一七時 月曜(祝日の場合は翌日)休 有料 日野宿の名主で土方歳三《ひじかたとしぞう》の義兄佐藤彦五郎の屋敷。天然理心流《てんねんりしんりゅう》の道場にもなった。現在は「新選組のふるさと歴史館」の分館。

小原宿本陣(小原宿) 神奈川県相模原市相模湖町小原六九八-一 電話〇四二(六

八四）四七八〇　ＪＲ中央本線相模湖駅からバスで約五分、小原下車徒歩すぐ　九時三〇分〜一六時　月曜休　無料　本陣として使われた清水家を公開。

姫街道

気賀《きが》関所（気賀関）　静岡県浜松市細江町気賀四五七七　電話〇五三（五二三）二八五五　天竜浜名湖鉄道気賀駅から徒歩三分　九時〜一六時三〇分　無休　有料　本番所や牢屋のある向番所、遠見番所などを忠実に復元。

浜松市姫街道と銅鐸の歴史民俗資料館（気賀宿）　静岡県浜松市細江町気賀一〇一五-一　電話〇五三（五二三）一四五六　天竜浜名湖鉄道気賀駅から徒歩七分　九〜一七時　月曜（祝日の場合は翌日）・祝日の翌日（土・日曜の場合は開館）休　有料　姫街道や気賀関所に関する資料を展示。屋外に移築した「産屋《うぶや》」もある。

伊勢路

おかげ横丁（山田宿）　三重県伊勢市宇治中之切町五二　電話〇五九六（二三）八八三八（総合案内）　ＪＲ参宮線伊勢市駅からバスで約一五分、神宮会館前下車徒歩すぐ　九時三〇分〜一七時（四〜九月は〜一八時）　無休　無料（おかげ座は有料）「おかげ参り」の様子を町ごと復元し、風情ある土産物屋や食事処などが建ち並ぶ。

お伊勢参り資料館（山田宿）　三重県伊勢市宇治浦田一-一五-二〇　電話〇五九六（二四）五三五三（浜幸パール）　ＪＲ参宮線伊勢市駅からバスで約一五分、猿田彦神社前下車徒歩二分　九〜一七時　火曜（祝日の場合は開館）休　有料　江戸期に流行した「お伊勢参り」の情景を和紙人形で再現。

伊勢古市参宮街道資料館（古市）　三重県伊勢市中之町六九　電話〇五九六（二二）八四一〇　ＪＲ参宮線伊勢市駅からバスで約一五分、三条前下車徒歩二分　九時〜一六時三〇分　月曜、祝日の翌日休　無料　参宮帰りの精進落としで賑わった古市遊郭の様子を伝える。

三国街道

須川宿資料館（須川宿）　群馬県利根郡みなかみ町須川七五五-一　電話〇二七八（六四）一〇三二　上越新幹線上毛高原駅からバスで約二五分、たくみの里下車徒歩三分　九〜一七時　火曜休　有料　須川宿にまつわる史料が豊富。

猿ヶ京関所資料館（猿ヶ京関）　群馬県利根郡みなかみ町猿ヶ京一一四四　電話〇二七八（六六）一一五六　上越新幹線上毛高原駅からバスで約三五分、猿ヶ京関所前下車徒歩すぐ　九〜一六時　水曜・木曜休　有料　関守片野家の役宅を公開。

北国街道

関川の関所　道の歴史館（関川関）　新潟県妙高市関川二七二　電話〇二五五（八六）

三二八〇　ＪＲ信越本線妙高高原駅から車で約七分　九～一七時　一二月一日～四月中旬休館　有料　関所が復元され、役人の人形などもリアル。

海野《うんの》宿資料館（海野宿）　長野県東《と》御《み》市本海野一〇九八　電話〇二六八（六四）一〇〇〇　しなの鉄道大屋駅から徒歩二〇分　九～一七時（一〇～一二月は～一六時）　一二月二十一日～二月休館　有料　重要伝統的建造物群保存地区の海野宿を紹介。

北陸道

北国街道安藤家（長浜宿）　滋賀県長浜市元浜町八－二四　電話〇七四九（六二）〇七四二　ＪＲ北陸本線長浜駅から徒歩三分　一〇～一七時　無休　有料　長浜町十人衆の一家である安藤家を公開。

歓進帳ものがたり館（安宅関）　石川県小松市安宅町タ一四〇－四　電話〇七六一（二二）六七三四　ＪＲ北陸本線小松駅からバスで約一五分、関所前下車徒歩七分　九～一七時　水曜休　有料　歌舞伎「勧進帳」の舞台で知られ、当時の様子を再現。

千国街道

千国の庄史料館（千国番所）　長野県北安《きたあ》曇《づみ》郡小谷村千国乙三一二五－一　電話〇二六一（八二）二五三六　ＪＲ大糸線南小谷駅からバスで約一〇分、千国口下車徒歩五分　九～一六時三〇分　火曜休、一二～四月休館　有料　番所を復元して「塩の道」の資料を展示。

牛方宿（沓掛《くつかけ》宿）　長野県北安曇郡小谷村千国八四〇　電話〇二六一（七一）五六一〇　ＪＲ大糸線白馬駅からバスで約二五分、栂池《つがいけ》高原下車徒歩一五分　九時～一六時三〇分　火曜休、一二月～四月中旬休館　有料　牛方たちが利用した茅葺きの建物。

塩の道ちょうじや（大町宿）　長野県大町市大町二五七二　ＪＲ大糸線信濃大町駅から徒歩五分　電話〇二六一（二二）四〇一八　九時～一七時（一一～四月は～一六時三〇分）一一～四月の水曜、五～三月の第三水曜休　有料　塩問屋平林邸を公開。

飛騨《ひだ》街道

猪谷《いのたに》関所館（西猪谷関）　富山市猪谷九七八－四　電話〇七六（四八四）一〇〇七　ＪＲ高山本線猪谷駅から徒歩すぐ　九～一七時　月曜・祝日の翌日休　有料　西猪谷関所のあらましと、関守をつとめた橋本家の関所文書などを展示。

郡上街道

旧今井家住宅・美濃史料館（上有知《こうずち》宿）　岐阜県美濃市泉町一八八三　電話〇五七五（三三）〇〇二一　長良川鉄道美濃市駅から徒歩一五分　九～一六時（四～九月は～一六時三〇分）一二～二月の火曜・祝日の翌日休　有料　和紙問屋今井家を公開。

若狭《わかさ》路

鯖《さば》街道資料館（小浜宿）　福井県小浜市い

づみ町商店街　電話〇七七〇（五三）一一一一（若狭おばま観光協会）　ＪＲ小浜線小浜駅から徒歩五分　八時三〇分〜一六時三〇分頃　無休　無料　当時の様子をパネルや資料で紹介。

町並み保存資料館（小浜宿）　福井県小浜市小浜鹿島四〇　電話〇七七〇（六四）六〇三四（小浜市教育委員会）　ＪＲ小浜線小浜駅から徒歩一〇分　九〜一七時、冬季（一二〜三月）は一〇〜一六時　火曜（祝日の場合は翌日）休　無料　古い町並みの西部地区の商家を公開。

若狭鯖街道熊川宿資料館「宿場館」（熊川宿）　福井県三方上中郡若狭町熊川三〇-四-二　電話〇七七〇（六二）〇三三〇　ＪＲ小浜線上中駅からバスで約一〇分、下新町下車徒歩五分　九〜一七時（一二〜三月は〜一六時）　月曜（祝日の場合は翌日）休　有料　旧熊川村役場を利用した資料館で鯖街道と熊川宿の様子を紹介。

柳生《やぎゅう》街道

旧柳生藩家老屋敷（柳生宿）　奈良市柳生町一五五-一　電話〇七四二（九四）〇〇〇二（柳生観光協会）　ＪＲ関西本線奈良駅からバスで約五〇分、柳生下車徒歩五分　九〜一七時　無休　有料　柳生藩ゆかりの史料を展示。

竹内街道

竹内街道歴史資料館（太子宿）　大阪府南河内郡太子町山田一八五五　電話〇七二一（九八）三二六六　近鉄南大阪線上ノ太子駅からバスで約八分、六枚橋下車徒歩一五分　九時三〇分〜一七時　月・火曜（祝日の場合は翌日）休　有料　竹内街道の変遷と太子町の歴史を紹介。

大和街道

旧名手《なて》本陣妹背《もせ》家住宅（名手宿）　和歌山県紀の川市名手市場　電話〇七三六（六四）九一六三（紀の川市生涯学習課）　ＪＲ和歌山線名手駅から徒歩一〇分　一〇〜一六時　火曜休　無料　参勤交代にも使われた大庄屋妹背家の屋敷を公開。

山陽道

旧矢掛《やかげ》本陣石井家（矢掛宿）　岡山県小田郡矢掛町矢掛三〇七九　電話〇八六六（八二）二一一〇（矢掛町教育委員会）　井原鉄道矢掛駅から徒歩八分　九〜一七時（一一〜二月は〜一六時）　月曜（祝日の場合は翌日）休　有料　酒造業の豪商石井家の屋敷で参勤交代の大名が利用した。

旧矢掛脇本陣高草《たかくさ》家（矢掛宿）　岡山県小田郡矢掛町矢掛一九八一　電話〇八六六（八二）二一一〇（矢掛町教育委員会）　井原鉄道矢掛駅から徒歩一〇分　一〇〜一五時　土・日曜のみ開館　有料　両替商高草家の屋敷を公開。

岩国徴古館（関戸宿）　山口県岩国市横山二-七-一九　電話〇八二七（四一）〇四

五二　ＪＲ山陽本線岩国駅からバスで約二〇分、錦帯橋《きんたいきょう》下車徒歩一〇分　九〜一七時　月曜（祝日の場合は翌日）休　無料　吉香《きっこう》公園に隣接し、吉川家ゆかりの歴史資料・美術工芸品などを展示。園内には香川家長屋門、旧目加田《めかた》家住宅なども公開。

篠山《ささやま》街道

安間《あんま》家史料館（篠山宿）　兵庫県篠山市西新町九五　電話〇七九（五五二）六九三三　ＪＲ福知山線篠山口駅からバスで約二〇分、二階町下車徒歩一〇分　九時〜一六時三〇分　月曜休　有料　篠山の武家屋敷群にある安間家を公開し、古文書や篠山藩ゆかりの資料を展示。

山陰道

和鋼《わこう》博物館（安来《やすぎ》宿）　島根県安来市安来町一〇五八　電話〇八五四（二三）二五〇〇　ＪＲ山陰本線安来駅から徒歩一五分　九〜一七時　水曜（祝日の場合は翌日）休　有料　天秤ふいごなどたたら製鉄に関する資料を展示。

武家屋敷（松江宿）　島根県松江市北堀町塩見縄手三〇五　電話〇八五二（二二）二二四三　ＪＲ山陰本線松江駅からバスで約一五分、塩見縄手下車徒歩すぐ　八時三〇分〜一六時四〇分（四〜九月は〜一八時一〇分）無休　有料　黒塀に白壁が映える塩見縄手の武家屋敷を公開。

藩校養老館（津和野町民俗資料館）（津和野宿）　島根県鹿足《かのあし》郡津和野町後田口六六　電話〇八五六（七二）一〇〇〇　ＪＲ山口線津和野駅から徒歩一〇分　八時三〇分〜一七時　水曜、冬季（一二月〜二月）休　有料　藩校の武道場を資料館として民俗資料などを展示。

津和野町郷土館（津和野宿）　島根県鹿足郡津和野町森村口一二七　電話〇八五六（七二）〇三〇〇　ＪＲ山口線津和野駅からバスで約三分、郷土館前下車徒歩すぐ　八時三〇分〜一七時　火曜休　有料　藩政時代の津和野を知る資料が豊富。

出雲往来

作州城東屋敷（津山宿）　岡山県津山市中之町一九　電話〇八六八（二四）九〇六五　ＪＲ姫新《きしん》線津山駅からバスで約一〇分、中之町下車徒歩三分　九時〜一六時三〇分　水曜（祝日の場合は翌日）休　無料　江戸期の町屋を復元した休憩処。

城東むかし町家（津山宿）　岡山県津山市東新町四〇　電話〇八六八（二二）五七九一　ＪＲ姫新線津山駅からバスで約九分、天神橋下車徒歩三分　火曜（祝日の場合は翌日）休　無料　津山の代表的な商家梶村家を公開。

東城往来

高梁《たかはし》市武家屋敷館（松山宿）　岡山県高梁市石火矢町二七　電話〇八六六（二二）一三三〇　ＪＲ伯備線備中高梁駅から徒歩二〇分　九〜一七時　無休　有料　武家屋敷

の旧折井家と旧埴《はいばら》原家を公開。

石見《いわみ》街道

旧河島家住宅（大森宿）　島根県大田市大森町八一一八-一　電話〇八五四（八九）〇九三二　ＪＲ山陰本線仁万《にま》駅からバスで約一五分、新町下車徒歩すぐ　九時～一六時三〇分　無休　有料　大森銀山役人の河島家の屋敷を復元修理して公開。

石見銀山資料館（大森代官所跡）（大森宿）　島根県大田市大森町八五一-一　電話〇八五四（八九）〇八四六　ＪＲ山陰本線太田市駅からバスで約二五分、代官所前下車徒歩すぐ　九～一七時　無休　有料　代官所跡に長屋門が残る。大森銀山の歴史を紹介。

北浦街道

旧厚狭毛利家萩屋敷長屋（萩宿）　山口県萩市堀内八五-二　電話〇八三八（二五）二三〇四　ＪＲ山陰本線萩駅からバスで約二〇分、萩城跡・指月公園入口下車徒歩すぐ　八時～一八時三〇分（一一～二月は八時三〇分～一六時三〇分、三月は八時三〇分～一八時）　無休　有料　厚狭毛利家の屋敷を公開。

萩史料館（萩宿）　山口県萩市堀内八三-三三　電話〇八三八（二五）二三二三　ＪＲ山陰本線萩駅からバスで約二〇分、萩城跡・指月《しづき》公園入口下車徒歩すぐ　九～一七時（一二～二月は～一六時三〇分）　火曜（祝日の場合は翌日）休　有料　萩の歴史を紹介。

菊屋家住宅（萩宿）　山口県萩市呉服町一-一　電話〇八三八（二五）八二八二　ＪＲ山陰本線萩駅からバスで約二〇分、萩城外堀入口下車徒歩すぐ　九～一七時三〇分　無休　有料　毛利氏の御用商人菊屋家の屋敷を公開。

川北街道

美馬《みま》市観光文化資料館（脇町宿）　徳島県美馬市脇町大字脇町九二　電話〇八八三（五三）八五九九（美馬市商工観光課）　ＪＲ徳島線穴吹駅から車で約五分　九～一七時　無休　無料　脇町の歴史資料を展示。

藍商《あいしょう》佐直《さなお》・吉田邸（脇町宿）　徳島県美馬市脇町大字脇町五三　電話〇八八三（五三）〇九六〇　ＪＲ徳島線穴吹駅から車で約一〇分　九～一七時　無休　有料　藍商の吉田家の屋敷を公開。

伊予街道

旧永井家庄屋屋敷（貞光《さだみつ》宿）　徳島県美馬郡つるぎ町貞光西浦三七　電話〇八八三（六二）三一一一（つるぎ町商工観光課）　ＪＲ徳島線貞光駅から徒歩七分　九～一七時　水曜休　無料　二層うだつの貞光宿の庄屋屋敷を公開。

志度《しど》街道

大坂口御番所跡（大坂峠）　徳島県板野郡板野町大坂字ハリ七一-一　電話〇八八（六七二）五九九四　ＪＲ高徳線阿波大宮

駅から徒歩一五分　一〇～一六時　日曜日のみ開館　無料　番所役人宅の旧村瀬館を資料館として公開。

大洲街道

木蝋《もくろう》資料館上芳《かみは》我《が》邸（内子宿）　愛媛県喜多郡内子町内子二六九六　電話〇八九三（四四）二七七一　JR予讃線内子駅から徒歩二五分　九時～一六時三〇分　無休　有料　木蝋製造の芳我家の分家屋敷を公開。

商いと暮らし博物館（内子宿）　愛媛県喜多郡内子町内子甲一〇八二-一　電話〇八九三（四四）五二二〇　JR予讃線内子駅から徒歩一六分　九時～一六時三〇分　無休　有料　大正期の薬商の暮らしを再現。

町家資料館（内子宿）　愛媛県喜多郡内子町内子甲一五七九-一　電話〇八九三（四四）五二一二（八日市・護国町並保存センター）　JR予讃線内子駅から徒歩一八分　九時～一六時三〇分　無休　無料　寛政五年（一七九三）に建てられた町家を公開。

宇和島街道

宇和民具館（卯之町《うのまち》宿）　愛媛県西予市宇和町卯之町三-一〇六　電話〇八九四（六二）一三三四　JR予讃線卯之町駅から徒歩八分　九～一七時　月曜（祝日の場合は翌日）休　有料　白壁の商家群が残る卯之町宿ゆかりの生活用具などを展示。

長崎街道

佐賀市歴史民俗館（佐賀宿）　佐賀市柳町二-九　電話〇九五二（二二）六八四九　JR長崎本線佐賀駅からバスで約一〇分、呉服元町下車徒歩二分　九～一七時　月曜（祝日の場合は翌日）休　無料　旧古賀家・旧古賀銀行・旧牛島家・旧三省銀行・旧福田家など江戸～明治の歴史的建造物が点在。

長崎県歴史文化博物館（長崎宿）　長崎市立山一-一-一　電話〇九五（八一八）八三六六　長崎市電桜町電停から徒歩七分　八時三〇分～一九時　第三火曜（祝日の場合は翌日）休　有料　江戸期の長崎海外交流資料を展示。長崎奉行所も一部復元。

出島《でじま》（長崎宿）　長崎市出島町　電話〇九五（八二九）一一九四（長崎市文化観光部）　長崎市電出島電停下車徒歩すぐ　八～一八時（時間延長あり）　無休　有料　平成二年（一九九〇）に表門が復元。近くには一五分の一サイズのミニ出島を復元した出島和蘭商館跡や出島史料館（有料）や出島シアター（無料）もある。

唐津街道

「博多町家」ふるさと館（博多宿）　福岡市博多区冷泉町六-一〇　電話〇九二（二八一）七七六一　福岡市営地下鉄祇園駅から徒歩五分　一〇～一八時　無休　有料　明治・大正期の博多商人の生活文化を紹介。

伊万里《いまり》市陶器商家資料館（伊万里宿）　佐賀県伊万里市伊万里町甲五五一-一　電話〇九五五（二二）七九三四　JR筑肥線伊万里駅から徒歩三分　一〇～一七時　月曜

（祝日の場合は翌日）休　無料　陶器商旧犬塚家の屋敷を公開。

薩摩《さつま》街道

出水麓《いずみふもと》武家屋敷群（出水宿）　鹿児島県出水市麓町　電話〇九九六（六二）五五〇五　九州新幹線出水駅から車で約一〇分　九～一七時　無休　無料竹添邸・武宮邸を一般公開。

日向《ひゅうが》街道

旧臼杵《うすき》藩主稲葉家下屋敷（臼杵宿）　大分県臼杵市祇園洲六‐六　電話〇九七二（六二）三三九九　ＪＲ日豊本線臼杵駅から徒歩一五分　九～一七時　無休　有料　臼杵藩主であった稲葉家が明治維新後に構えた下屋敷を公開。

島原街道

武家屋敷（島原宿）　長崎県島原市下の丁　電話〇九五七（六三）一〇八七　島原鉄道島原駅から徒歩一五分　九～一七時　無休　無料　山本・篠塚・鳥田邸の三軒を開放。

南島原市口之津《くちのつ》歴史民俗資料館・海の資料館（口之津宿）　長崎県南島原市口之津町甲一六‐七　電話〇五〇（三三八一）五〇八九　島原鉄道口之津駅から徒歩一五分　九～一七時　月曜休　有料　長崎税関口之津支署を修復した資料館で町の歴史を紹介。

日田往還

天領日田資料館（日田宿）　大分県日田市豆田町一一‐七　電話〇九七三（二四）六五一七　ＪＲ九大本線日田駅から徒歩一五分　九～一七時　水曜（祝日の場合は翌日）休　有料　江戸の天領時代の町人文化を紹介。

旧豆田《まめだ》検番所資料館（日田宿）　大分県日田市豆田町九‐二四　電話〇九七三（二三）〇七八六　ＪＲ九大本線日田駅から徒歩一二分　一〇～一六時　木曜休　有料　明治～昭和初期まで芸妓の管理をしていた番所を資料館として公開。

廣瀬《ひろせ》資料館（日田宿）　大分県日田市豆田町九‐七　電話〇九七三（二二）六一七一　ＪＲ九大本線日田駅から徒歩二〇分　九～一七時　月曜（祝日の場合は翌日）休　有料　幕末の儒学者廣瀬淡窓《たんそう》の生家。日田の豪商の屋敷を公開。

海上の道

海の関所資料館（美保《みほ》関）　島根県松江市美保関町美保関五八六　電話〇八五二（七三）〇〇一一　ＪＲ境線境港駅から車で約二〇分。老舗旅館福間館の直営で見学希望者は要事前連絡　有料　明治期の旅籠「浜《はま》延舎《のや》」を公開。

旧上関《かみのせき》番所（上関）　山口県熊毛郡上関町長島　電話〇八二〇（六二）〇〇六九（上関町教育委員会）　ＪＲ山陽本線柳井駅からバスで約四〇分、上関渡船場前下車徒歩五分　八時三〇分～一七時（要事前連絡）土・日曜、祝日休　無料　海上交通の番所を復元。

索　引

本書は 1983 年 11 月 1 日
サンレキシカ・シリーズ 1
『日本の街道事典』の書名で
刊行された。

1993年 7 月 1 日初版第 1 刷発行

日本の街道ハンドブック新版

2006年 6 月10日　第 1 刷発行
2023年 1 月20日　第 3 刷発行

監修者―竹内 誠（たけうち・まこと）
発行者―株式会社 三省堂 代表者 瀧本多加志
発行所―株式会社 三省堂
〒102-8371 東京都千代田区麹町五丁目7番地2
電話（03）3230-9411
https://www.sanseido.co.jp/

印刷所―三省堂印刷株式会社
装 幀―菊地信義

落丁本・乱丁本はお取り替えいたします。

〈新版日本の街道ハンド・272pp.〉
ISBN978-4-385-41051-7